Rainer M. Schröder • Privatdetektiv Mike McCoy

OMNIBUS

DER AUTOR

Rainer M. Schröder, 1951 in Rostock geboren, ist einer der profiliertesten deutschsprachigen Jugendbuchautoren. Er hat zahlreiche Jugendbücher, Romane, Sachbücher sowie Hörspiele und Reiseberichte veröffentlicht. Nachdem er viele Jahre ein wahres Nomadenleben mit zahlreichen Abenteuerreisen in alle Erdteile führte, lebt er heute mit seiner Frau in einem kleinen Ort an der Atlantikküste Floridas.

Von Rainer M. Schröder ist bei OMNIBUS erschienen:

Die Falken-Saga (vier Bände, 20212, 20230, 20176, 20187)
Abby Lynn (zwei Bände, 20080, 20346)
Sir Francis Drake (20126)
Dschingis Khan (20050)
Das Geheimnis der weißen Mönche (20428)
Goldrausch in Kalifornien (20103)
Die Irrfahrten des David Cooper (20061)
Entdecker, Forscher, Abenteurer (20619)
Kommissar Klicker (zehn Bände, 20665, 20666, 20667, 20668, 20669, 20670, 20677, 20678, 20679, 20680)
Privatdetektiv Mike McCoy – Die Mafia lässt grüßen/Heißes Eis (21014)
Privatdetektiv Mike McCoy – Die Millionen-Sinfonie/Freikarte ins Jenseits (210215)
Die letzte Fahrt des Captain Kidd (21038)

Bei C. Bertelsmann ist erschienen:

Abby Lynn – Verraten und verfolgt (12479)

Rainer M. Schröder

Privatdetektiv
Mike McCoy

Wüstenschnee

Unternehmen
Barrakuda

Band 21016

Der Taschenbuchverlag
für Kinder
Verlagsgruppe Random House
München Berlin
Frankfurt Wien Zürich

Umwelthinweis:
Dieses Buch wurde auf chlorfrei gebleichtem
Papier gedruckt.

Erstmals als OMNIBUS Taschenbuch Mai 2002
Gesetzt nach den Regeln der Rechtschreibreform
© 2002 OMNIBUS Taschenbuch/
C. Bertelsmann Jugendbuch Verlag, München
in der Verlagsgruppe Random House GmbH
Alle Rechte vorbehalten
Umschlagbild: Veleana Karush
Umschlagkonzeption: Klaus Renner
go · Herstellung: Peter Papenbrok
Satz: Uhl + Massopust, Aalen
Druck: Clausen & Bosse, Leck
ISBN 3-570-21016-2
Printed in Germany

www.omnibus-verlag.de   10 9 8 7 6 5 4 3 2 1

Privatdetektiv Mike McCoy

Wüstenschnee

Sein fünfter Fall

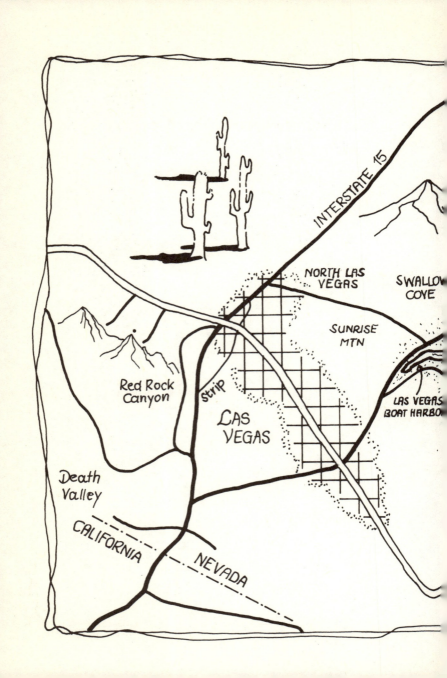

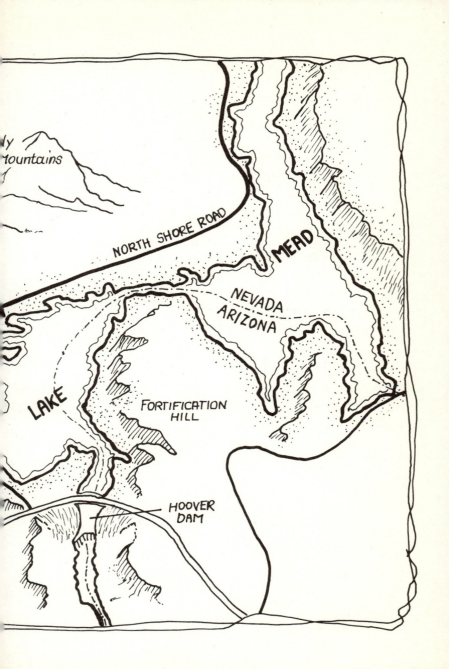

Inhalt

Im Fadenkreuz 9
Der Trip nach Las Vegas 15
Nächtliches Gewehrgewitter 21
Leichen bringen immer Ärger 27
Zellengeflüster 32
Wer ist Vivians Mörder? 40
Mit besten Empfehlungen 50
Knallharte Argumente 56
Berufsrisiko 65
Henkersmahlzeit 74
Eine heiße Spur 81
Der große Unbekannte 89
Die perfekte Tarnung 94
Wüstenschnee 100
Die Sackgasse 104
Gefesselt und geknebelt 108
Feuerball über Lake Mead 114
Die schwarze Liste 120

Im Fadenkreuz

Mit röhrendem Motor jagte der Wüstenbuggy über das unebene Gelände, acht Meilen südlich vom Red Rock Canyon. Die breiten Reifen schleuderten rot-braunen Sand und Steine in die Luft. Wie Irrlichter tanzten die Scheinwerfer über dürres Gras, dornige Büsche und mächtige Kakteen, die wie erstarrte Klauen vorsintflutlicher Tiere in den Nachthimmel von Nevada ragten.

Frank Duran stemmte sich mit beiden Beinen gegen das Bodenblech und hielt sich am vorderen Überrollbügel des Buggys fest, um nicht aus dem offenen Geländewagen geschleudert zu werden. Querrillen und steinige Huckel schickten harte Stöße durch den Buggy, der manchmal mit zwei Rädern gefährlich hoch in der Luft hing.

»Verdammt noch mal, Hank!«, brüllte Frank Duran gegen das Dröhnen des Motors an. »Nimm gefälligst deinen Bleifuß vom Gaspedal, Mann! Du fährst die Karre noch zu Schrott!«

Hank Slight, der sehnige Fahrer, dachte nicht daran, mit der Geschwindigkeit herunterzugehen. Er lachte nur spöttisch und wich einem mannshohen Felsbrocken aus, indem er den Buggy scharf nach rechts riss. Dabei nahm er den Fuß auch nicht einen Millimeter vom Gaspedal.

Die grobstolligen Hinterreifen gerieten in ein weiches Sandbett und warfen eine meterhohe Dreckfontäne auf, als der Buggy mit dem Heck auszubrechen drohte. Er rutschte seitlich auf den Felsen zu, kam dann wieder auf harten, steinigen Boden und schoss fast im rechten Winkel zur vorherigen Fahrtrichtung davon.

Die Zweige eines Dornbusches kratzten an der Beifahrerseite über den sandbraunen Lack und peitschten gegen das Rohr des Überrollbügels. Geistesgegenwärtig hatte Frank Duran den Kopf eingezogen. Doch auf seiner Hand, die den Bügel krampfhaft umklammerte, ließen die Dornen blutige Kratzer zurück.

Frank Duran wurde wütend. »Willst du, dass wir uns das Genick brechen?«, schrie er.

Hank Slight grinste, gab ihm diesmal jedoch eine Antwort. »Sind gleich da, Frankie-Boy!«

Duran hielt plötzlich seinen 45er-Revolver in der Hand. »Runter vom Gas, wenn du nicht willst, dass ich dir 'n Schaufenster in den Bauch blase!«

Diese Sprache verstand Hank Slight. Er war achtundzwanzig Jahre und über die Hälfte davon hatte er in staatlichen Anstalten verbracht. In Erziehungsheimen und Gefängnissen hatte er auf die harte Tour gelernt, wann es ratsam war, einen Rückzieher zu machen. Wie jetzt zum Beispiel. Frank Duran, vier Jahre älter als er, war kalt wie ein Fisch. Ihm war zuzutrauen, dass er den Abzug wirklich betätigte.

»Okay, okay!«, rief Hank beschwichtigend und ging augenblicklich vom Gas. »Ganz wie du willst, Frankie-Boy! Steck den Witwenmacher wieder ins Leder zurück – kein Grund, es gleich persönlich zu nehmen.«

Frank Duran ließ die Waffe in seinem linken Achselholster verschwinden. Auf seinem dunkelhäutigen Gesicht, das seine lateinamerikanische Herkunft verriet, stand noch immer Wut geschrieben.

»Wir sind nicht hier, um mit dem Buggy 'nen Härtetest zu machen ... und schon gar nicht zu unserem Vergnügen«, zischte er. »Wir haben einen Job zu erledigen. Und ich nehme es verdammt persönlich, wenn mir fünfundzwanzig Riesen durch die Lappen gehen, nur weil du die Kiste zu Schrott gefahren hast. Habe ich mich klar ausgedrückt, *Hankie-Boy?*« Kalt und drohend starrte er ihn an.

»Bin nicht auf die Rübe gefallen«, knurrte Hank Slight gereizt. Er gab wieder Gas, achtete jetzt jedoch darauf, dem Wagen und vor allem seinem Beifahrer nicht zu viel zuzumuten. Fast behutsam lenkte er den Wüstenbuggy einen steilen, steinigen Hang hoch und folgte dann einem Arroyo, einem ausgetrockneten Flussbett. Einige Wagenlängen unterhalb der Kuppe des Bergzuges brachte er den Wagen im Schutz eines Gebüschs zum Stehen.

»Endstation«, verkündete Hank Slight lakonisch und schaltete die Scheinwerfer aus. Der Motor erstarb Augenblicke darauf. Eine fremdartige Stille umgab sie plötzlich.

Frank Duran zog sich am Überrollbügel hoch und sprang aus dem Buggy. Er zerrte den schmalen, länglichen Handkoffer unter dem Rücksitz hervor und kletterte bis zum Kamm der felsigen Erhebung. Im tiefschwarzen Schatten einer spitz aufragenden Felsnadel blieb er stehen, setzte den Koffer ab und schaute sich um.

Zu seiner Linken im Nordwesten erstreckten sich die zerklüfteten Felsformationen des Red Rock Canyon, die sich zu dieser nächtlichen Stunde nur als pechschwarze Silhouetten am Horizont abhoben. Gut zwanzig Meilen weiter nördlich lag Las Vegas, das Spielerparadies inmitten der Wüste von Nevada.

Rechts von ihm, also nach Osten hin, ging das karge, felsige Gelände in mehr sanft gewelltes Land über. Irgendwo dort, jenseits der niedrigen Hügelketten, zog sich die Interstate 15 entlang, die von Salt Lake City, Utah, kommend, Nevada durchschnitt und nach Los Angeles in Kalifornien führte.

Frank Duran richtete seinen Blick nun auf den langen Wohnwagen, der am Fuße des hier steil abfallenden Hanges stand. Er war auf Zementblöcken aufgebockt und es führte eine Stromleitung zu dieser primitiven Dauerresidenz. Es war dunkel hinter den verhängten Fenstern. Weit und breit waren kein Wagen und kein menschliches Wesen zu sehen. Wie ausgestorben lag das Land da.

»Gib mir den Sensor!«, verlangte Frank Duran knapp. Er brauchte sich nicht umzudrehen; er wusste auch so, dass Hank hinter ihm stand. Zigarettenrauch trieb an ihm vorbei.

Hank Slight reichte ihm einen kleinen Kasten mit schwarzem Plastikgehäuse. Es hatte das Format eines etwas dickeren Taschenbuches; zwei Kippschalter waren daran angebracht.

Frank Duran betätigte den ersten Schalter und eine schwache Lampe leuchtete über der Tür des Wohnwagens auf. Dann legte er den zweiten Schalter um. Zwei lichtstarke Halogenscheinwerfer, die in großem Abstand auf dem Dach montiert waren, flammten auf und tauchten den Vorplatz in gleißende Helle.

»Erstklassige Bühnenbeleuchtung, was?«, meinte Hank begeistert. »Verdammt schade, dass wir unsere Show ohne Publikum abziehen müssen.«

»Red keinen Stuss!«, antwortete Frank und schaltete die Strahler sofort wieder aus. Er gab ihm den Sensor zurück, kniete sich hin und klappte den länglichen Handkoffer auf. Mit routinierten Handgriffen setzte er das Präzisionsgewehr zusammen, das, in Einzelteile zerlegt, in passenden Schaumstoffaushöhlungen lag. Zum Schluss schraubte er das lichtstarke Zielfernrohr auf den Lauf des Gewehres und stellte die Entfernung ein. Etwa dreihundert Meter. Dann setzte er das Gewehr an die Schulter und visierte die Lampe über der Wohnwagentür an. Sie kam scharf ins Zielkreuz.

Er lächelte zufrieden, setzte das Gewehr wieder ab und drückte zwei Patronen in die Kammer. Doch er würde nur eine Kugel brauchen. Bisher hatte er noch nie zwei Kugeln auf ein

Ziel verschwendet. Nicht mit dem fernrohrversehenen Präzisionsgewehr.

Sie warteten schweigend.

»Mach die Zigarette aus!«, befahl Frank Duran plötzlich. »Es ist so weit!«

Im nächsten Moment hörte auch Hank Slight das Motorengeräusch eines näher kommenden Wagens. Er ließ die Zigarette fallen, trat sie mit dem Absatz aus und griff zum Nachtglas.

Ein Scheinwerferpaar tauchte auf der holprigen Sandpiste auf, die von der nächsten Asphaltstraße zum Wohnwagen führte.

»Halt dich mit dem Sensor bereit«, sagte Frank ruhig.

»Keine Sorge«, brummte Hank. »Ich werd die Bühne schon im richtigen Moment ausleuchten.«

Der Wagen kam schnell näher. Es war ein silbergrauer Mercedes in Sportausführung. Er wurde nun langsamer und rollte auf den Vorplatz des Wohnwagens; es sah so aus, als zögerte der Fahrer. Bremslichter leuchteten glutrot in der Dunkelheit auf, als der Luxuswagen ein wenig quer zur Wohnwagentür zum Stehen kam.

Frank Duran presste den Kolben an seine Schulter. Mit dem Daumen entsicherte er das Gewehr, während sich sein Zeigefinger um den Abzug legte und ihn bis kurz vor den Druckpunkt durchzog. Das Fadenkreuz wanderte über die Windschutzscheibe. Im schwachen Licht der Außenleuchte sah er eine schmale Hand, die auf dem Hebel der Gangautomatik ruhte. Das Fadenkreuz glitt ein wenig nach rechts und dann nach oben.

»Na komm schon, steig aus!«, murmelte Hank ungeduldig, den Sensor in der Hand.

Die Fahrertür bewegte sich nicht.

»Was jetzt?«, wollte Hank wissen.

»Gib Saft!«, befahl Frank.

Hank legte beide Kippschalter gleichzeitig um.

Grell leuchteten die Strahler auf.

Frank sah im Zielfernrohr ein erschrockenes Gesicht – und er drückte ab. Scharf wie ein Peitschenknall hallte der Schuss über das Land.

Das Gewehr ruckte kurz in der Hand des Killers und sein Opfer verschwand aus dem Sichtbereich des Zielfernrohres.

Und dann geschah es. Der Mercedesmotor heulte hochtourig auf und machte plötzlich, wie vom Katapult geschossen, einen Satz nach vorn. Mit Vollgas raste der Sportwagen davon. Querfeldein.

Für eine Sekunde war Frank Duran wie gelähmt. Ungläubig starrte er hinunter. »Ich hab getroffen!... Ich weiß, dass ich getroffen habe!«, stieß er hervor, als glaubte er, den Wagen damit zum Stehen bringen zu können.

»Aber nicht ins Schwarze, verdammt noch mal!«, schrie Hank wütend. Doch schon im nächsten Moment mischte sich grimmige Schadenfreude in seine Wut. »Du mit deiner saublöden Angeberei! Von wegen Präzisionsschütze! Worauf wartest du, Mann ... Benutz gefälligst deine Scheißknarre!«

Frank Duran stieß einen Fluch aus und versuchte, den Mercedes ins Fadenkreuz zu bekommen. Doch der Sportwagen raste mit halsbrecherischer Geschwindigkeit dahin und zog eine gewaltige Staubwolke hinter sich her, die ein genaues Zielen unmöglich machte. Einzige Zielhilfe waren die roten Rückleuchten, die hinter dem Staubvorhang jedoch genauso verschwommen waren wie Positionslichter im Nebel.

Als Frank Duran die zweite Kugel aus dem Gewehrlauf jagte, wusste er, dass er nur auf einen Glückstreffer hoffen konnte. Die Sicht für einen genauen Schuss war mittlerweile zu schlecht und der Mercedes hatte sich schon zu weit entfernt.

Hank Slight hatte indessen seinen Revolver herausgerissen und feuerte alle sechs Kugeln aus der Trommel. Doch der Mercedes raste unbeirrt weiter. Er schoss einen Hügel hoch und war im nächsten Moment aus ihrem Blickfeld verschwunden.

»Wir müssen hinterher!«, fluchte Frank, riss den Gewehrkoffer an sich und rannte zum Buggy.

Hank Slight folgte ihm auf den Fersen, schwang sich auf den Fahrersitz und betätigte die Zündung. »Was für eine elende Pleite, Frankie-Boy! Wenn der Mercedes die nächste Straße ohne Achsenbruch erreicht, sehen wir von ihm noch nicht einmal mehr seine Rücklichter. Und dann schwimmen unsere fünfundzwanzig Riesen den Bach hinunter!«

»Halt die Schnauze und fahr!«, brüllte Frank ihn unbeherrscht an.

»Zu Befehl, Scharfschütze!«, höhnte Hank Slight und trat das Gaspedal durch. Rücksichtslos preschte er den Berghang hinunter. Und er schwor sich, dafür zu sorgen, dass Frankie-Boy diese Tour sein Lebtag nicht vergessen würde.

Der Trip nach Las Vegas

Ärgerlich schlug Privatdetektiv Mike McCoy mit der flachen Hand auf die Straßenkarte von Nevada, die er im Licht der Schminkleuchte über dem Beifahrersitz studiert hatte. »Tut mir Leid, Lucky, aber deine grandiose Abkürzung müssen die Experten, die diese Karte angefertigt haben, glatt übersehen haben!«

»Ich sag's ja immer«, gab sich Lucky Manzoni betrübt und schüttelte den Kopf. »Wo sind die guten alten Zeiten geblieben, als man noch einen Hamburger für dreißig Cent bekam?

Heutzutage kann man sich noch nicht einmal auf die offiziellen Straßenkarten verlassen.«

»Himmel, warum willst du nicht zugeben, dass du dich schlicht und einfach verfahren hast?«

Lucky blickte stur geradeaus. »Davon kann gar keine Rede sein!«, entgegnete er starrköpfig. »Woher willst du schon wissen, auf welcher Straße wir uns befinden? Du hast ja geschlafen wie eine tote Ratte, und zwar über eine Stunde!«

»Danke für den reizenden Vergleich, mein lieber Lucky!«, knurrte der Privatdetektiv. »Aber darf ich deine werte Aufmerksamkeit mal auf die Uhrzeit lenken? Wir haben jetzt zehn Minuten vor zwei Uhr nachts!«

»Wem sagst du das ...?«

»Und darf ich dich daran erinnern, dass das gerade die einzige Stunde war, die ich geschlafen habe, seit wir von San Francisco losgefahren sind?«

Lucky Manzoni zuckte mit den Achseln. »Ich fühl mich topfit.«

»Kein Wunder«, antwortete Mike McCoy mit beißendem Spott. »Das Einzige, was ich von dir auf den ersten vierhundert Meilen gehört habe, war Schnarchen.«

»Diese Bemerkung kann ich absolut nicht komisch finden«, erwiderte Lucky steif.

»Das überrascht mich nicht.«

Sie schwiegen eine Weile. Die schmale asphaltierte Straße, auf die Lucky sich verirrt hatte, war wie ausgestorben. Nirgends ein Licht oder ein Schild, das die nächste Ortschaft anzeigte. Und zu beiden Seiten der Straße nichts als hügeliges, vegetationsarmes Gelände, das in der Schwärze der Nacht einer Mondlandschaft glich. Die schäbige Asphaltpiste schien von nirgendwo zu kommen und nach nirgendwo zu führen.

»Wie weit kommen wir noch mit dem Benzin?«, fragte McCoy.

»Fast bis New York!«, tönte Lucky großspurig.

Mike McCoy beugte sich hinüber. »Klar, fast bis New York!« Der Tankzeiger stand kurz vor »Reserve«! »Weißt du, was passiert, wenn wir hier hängen bleiben, mein Lieber?«

»Deine Schwarzmalerei ...«

McCoy fiel ihm ins Wort. »Du wirst die Kiste schieben und ich werde hinter dem Steuer sitzen, Lucky. Genau das wird passieren!«

»Dein mangelndes Vertrauen trifft mich sehr«, sagte Lucky gekränkt. »Aber ich halte das deiner geringen psychischen Belastbarkeit zugute. Du solltest dir wirklich mehr Schlaf gönnen. Eiergerichte und Parmesankäse sind übrigens gute Nervennahrung ... Altes sizilianisches Familienrezept.«

Mike McCoy kannte seinen Freund schon zu lange, um viel auf solche Bemerkungen zu geben. Wenn Lucky sich in die Verteidigung gedrängt fühlte, spielte er gern den Gekränkten und wechselte geschickt das Thema.

»Du solltest dir eigentlich einen besseren Spitznamen zulegen«, konterte der Privatdetektiv mit gutmütigem Spott. »Trouble-Manzoni wäre treffender als Lucky Manzoni.«

»Ich bin der netteste Mensch, den ich je kennen gelernt habe«, erwiderte Lucky unbeeindruckt.

»Ja, das ist wohl das Kreuz mit dir«, seufzte Mike McCoy.

Lucky, mit bürgerlichem Namen Luciano Manzoni, war wirklich unverbesserlich. Im italienischen Viertel von San Francisco, Little Italy genannt, betrieb er eine Autowerkstatt. Schon der Name, den er seinem inzwischen gut florierenden Betrieb gegeben hatte, war für ihn bezeichnend: *Lucky Manzoni's Happy Garage*. Übersprudelnde Lebensfreude, ein manchmal an Tollkühnheit grenzender Optimismus sowie ein Hang zur Großspurigkeit prägten sein Wesen. Lucky, ein Mann von stämmiger, untersetzter Gestalt, war – genauso wie McCoy – Anfang dreißig. Sein dunkles, krauses Haar war mit Kamm und Bürste kaum zu bändigen. Seine lebhaften Augen unter den buschigen Brauen sprühten meist vor Tatendrang.

Als Freund war er verlässlich – sofern er die Hände vom Glücksspiel ließ. Aber gerade das war seine große Schwäche. Lucky hielt sich für einen begnadeten Spieler, überragend in allen Sparten des Glücksspiels, sei es nun im eleganten Spielkasino, auf der Rennbahn oder in einem verräucherten Hinterzimmer, wo sich berufsmäßige Zocker und Kartenhaie gegenseitig auszunehmen versuchten. All diesen Situationen fühlte sich Lucky mehr als gewachsen. Doch meist trog ihn sein Gefühl, denn ständig geriet er in Schwierigkeiten, die nicht weniger gefährlich waren als die illegalen Pokerrunden, an denen er sich so gern beteiligte. Seinem Spitznamen »Lucky« wurde er eigentlich nur dann gerecht, wenn es darum ging, seinen Hals zu retten. Aber in den meisten Fällen gelang ihm auch das nur mithilfe seines Freundes, des Privatdetektivs.

Die beiden waren beinahe so verschieden wie Tag und Nacht, auch was das Aussehen betraf. Mike McCoy war von sportlicher, hoch gewachsener Gestalt. Er hatte blondes Haar und blaue, wachsame Augen, denen so leicht nichts entging. Ein spöttischer Zug um den Mund gehörte oftmals genauso zu seiner Erscheinung wie abgelaufene Tennisschuhe und eine sehr legere Kleidung.

»Dieser Trip nach Las Vegas war mal wieder eine echte Lucky-Schnapsidee«, brummte McCoy. »Wenn ich daran denke, dass ich jetzt in meinem Bett liegen könnte ...«

»Schnapsidee ist wohl kaum das richtige Wort für meine großzügige Einladung, auf meine Kosten ein paar Tage die Kasinoluft von Las Vegas zu schnuppern!«, protestierte sein Freund.

»Wie bitte? Von Einladung kann ja wohl nicht die Rede sein! Deine Frau hat mich *engagiert*, dir in Vegas auf Schritt und Tritt zu folgen, mein Lieber! Ich bin also rein beruflich hier«, stellte Mike McCoy klar. »Angela kennt dich und deine Spielleidenschaft – und aus diesem Grund hat sie mich beauftragt, ein Auge auf dich zu haben. Und genau das beabsichtige ich auch zu tun.«

»Lächerlich, was du da von dir gibst. Noch bin ich der Herr im Haus. Ich wäre auch so gefahren!«

»Das glaube ich nicht.« McCoys Stimme war ganz sanft. Sie beide wussten, dass Angela ihn nicht hätte fahren lassen, wenn McCoy sich nicht bereit erklärt hätte, ihn zu begleiten. Und sosehr Lucky es auch bestritt, ohne die Zustimmung seiner Frau wäre er in San Francisco geblieben.

»Freie Unterkunft in einem der Tophotels von Vegas und freies Essen – das kostet eine Stange Geld. Und aus welcher Tasche kommen die Kröten, die dir diese vier sorglosen Tage in Vegas ermöglichen? Aus meiner Tasche! Ein bisschen Dankbarkeit wäre da schon angebracht!«

»Du hast die beiden Mitternachtsshows vergessen«, erinnerte McCoy ihn schmunzelnd. »Das ist fester Bestandteil unserer Abmachung. Und auch, dass du mitkommst!«

»Das sind zweimal drei verlorene Stunden! In der Zeit könnte ich am Bakkarattisch schon den Geldtresor des Kasinos ausgeräumt haben!«

»Oder aber Haus und Werkstatt verspielt haben«, erwiderte Mike McCoy. »Nein, kommt nicht infrage. Du kommst mit oder aber du kannst den Vegas-Rummel gleich vergessen.«

»Du willst mein Freund sein? Eine Schande ist das! Ich nehme dich unter meine Fittiche und gebe dir die einmalige Chance, an meiner Seite ein Vermögen am Spieltisch zu machen – und was tust du? Du mäkelst an mir herum. Andere würden ihre rechte Hand dafür geben, um bei mir in die Lehre gehen zu dürfen …«

»Danke, habe nicht vor, Meister im Pleitegehen zu werden«, gab der Privatdetektiv trocken zurück. »Und ich könnte mir was Besseres vorstellen, als mit dir von Kasino zu Kasino zu ziehen.«

»So? Was denn? Vielleicht auf den nächsten kleinen Ganoven warten, der dir das Honorar am Schluss schuldig bleibt? Du hast eine glückliche Hand, solch miese Fälle an Land zu ziehen. Aber das ist ja auch kein Wunder. Ein einigermaßen zahlungskräftiger Kunde wird sich hüten, seinen Fuß auf deinen lausigen, verrotteten Kahn zu setzen!«

Mike McCoy zog die Augenbrauen hoch. »Gehe ich recht in der Annahme, dass du von der *Titanic* sprichst?«

»Ha, *Titanic*! Was für ein Name für deinen Rostdampfer! Hättest ihn besser *Submarine* genannt, Mike! Eines Tages sackt dir der Kahn nämlich gerade dann weg, wenn du friedlich schläfst. An deiner Stelle würde ich im Taucheranzug zu Bett gehen!«

»Ich werde mir deinen gut gemeinten Rat durch den Kopf gehen lassen«, sagte Mike McCoy kühl.

Ganz so Unrecht hatte Lucky gar nicht. Der Privatdetektiv wohnte in Sausalito, auf der Nordseite der San Francisco Bay, auf einem schon recht altersschwachen Hausboot in der dortigen Hausbootkolonie. Diese schwimmende Siedlung stand nicht gerade in bestem Ruf. Eigenwillige Individualisten, Künstler, solche, die sich dafür hielten, sowie ein paar lichtscheue Burschen bewohnten dort Hausboote, die zum Teil reichlich skurril aussahen. Hunderte von Wohnbooten, ausrangierte Kähne und selbst gezimmerte Unterkünfte auf Pontons drängten sich in dieser kleinen Bucht.

Mike McCoy war im Zuge der Hippie- und Blumenkinderbewegung Ende der Sechzigerjahre nach San Francisco gekommen und in Sausalito hängen geblieben. Er hatte das Hausboot billig von einem ehemaligen Freund erstanden, der mittlerweile Juniorchef einer großen Versicherungsfirma geworden war. Und um stets daran erinnert zu werden, dass seine schwimmende Wohnung alles andere als unsinkbar war, hatte er dem Boot den Namen *Titanic* gegeben. Es hatte sich bis jetzt tapfer und allen Unkenrufen zum Trotz über Wasser gehalten. Die Frage war nur: Wie lange würden die Nieten den Rost noch zusammenhalten?

Besser nicht dran denken!, sagte sich Mike McCoy.

»Wir bekommen Gesellschaft!«, rief Lucky plötzlich, und Erleichterung sprach aus seiner Stimme. »Die Straße belebt sich. Ich wusste doch, dass wir hier richtig sind!«

Der Privatdetektiv drehte sich um. Ein Scheinwerferpaar war weit hinter ihnen aufgetaucht. Die Lichter kamen schnell näher ...

Nächtliches Gewehrgewitter

»Da hat es einer aber verdammt eilig«, meinte Mike McCoy. »Ich glaube kaum, dass der anhält, um uns zu sagen, in welcher gottverlassenen Ecke von Nevada wir herumgurken.«

Lucky starrte in den Rückspiegel und runzelte die Stirn. »Merkwürdig ...«

»Was?«

»Der Wagen hinter uns, er ist überhaupt nicht auf unserer Straße. Es muss noch eine zweite geben, die genau parallel zu dieser verläuft.«

Der Privatdetektiv wandte sich wieder um und fand Luckys Beobachtung bestätigt. Das Lichterpaar raste parallel zur asphaltierten Straße dahin. Die Lichtkegel tanzten dabei wild auf und ab. Angestrengt blickte McCoy nun nach rechts und suchte nach einer Schotterstraße oder einer Sandpiste. Doch da war nichts als unebenes, steiniges Gelände mit vereinzelten Sträuchern, Kakteen und Felsen.

»Du wirst mich für verrückt halten, aber ich habe das merkwürdige Gefühl, dass dieser Wagen hinter uns querfeldein fährt«, sagte Mike McCoy.

»Heiliger Moses! Das kann nicht dein Ernst sein!«

»Sieh selbst!«

Lucky ging vom Gas und drehte sich um. Der Wagen war inzwischen so nah hinter ihnen, dass sie die Umrisse der silbergrauen Karosserie erkennen konnten.

»Gott, ist der Kerl lebensmüde?«, stieß Lucky ungläubig hervor, als er sah, wie der Sportwagen rücksichtslos durch eine niedrige Buschgruppe raste und einen kleinen Kaktus mit dem rechten Kotflügel abrasierte.

»Das gefällt mir nicht«, murmelte der Privatdetektiv und öffnete das Handschuhfach. Dort hatte er seinen Revolver deponiert. Bei Nachtfahrten in dünn besiedelten Gebieten war es ganz angebracht, eine »Kugelspritze« griffbereit im Wagen zu haben.

Er hatte gerade die Waffe aus dem Fach genommen, als Lucky laut aufschrie. McCoy fuhr herum, und im selben Augenblick blendeten ihn die grellen Scheinwerfer des fremden Wagens, der nun auf sie zugerast kam. Er riss den Arm schützend vors Gesicht.

»Bremsen!«, rief Mike McCoy.

Lucky trat voll auf das Pedal. Die Reifen radierten laut kreischend über den Straßenbelag. Lucky und McCoy wurden nach vorn in die Gurte gepresst.

Der silbergraue Mercedes schoss an ihnen vorbei; offensichtlich versuchte der Fahrer, auf die Straße zu gelangen. Doch wenige Yards davor geriet er mit dem rechten Vorderrad in eine Bodenrinne.

Entsetzt sahen Lucky und McCoy, wie der Wagen herumgerissen wurde, aus der Spur brach und mit dem Heck rechts am Straßenrand vorbeischlitterte, wobei er eine gewaltige Staubwolke aufwirbelte. Dann raste der Wagen weiter, rammte Sekunden später mit der Beifahrerseite einen Riesenkaktus, prallte heftig zurück, drehte sich fast ganz um seine Achse und krachte zwanzig Yards weiter gegen einen aus dem Boden ragenden Felsen.

Mike McCoy zuckte zusammen, als er hörte, wie Glas splitterte und Blech knirschte. Der Motor heulte noch einmal auf und erstarb dann jäh.

»Heiliger Wüstenderwisch, ein Wahnsinniger ... Ein Selbstmörder!«, keuchte Lucky ungläubig.

»Verdammt, gib Gas und fahr da hinüber! Hoffentlich können wir für den Fahrer noch was tun ... Beeil dich, Lucky. Jetzt ist jede Sekunde kostbar!«

Lucky fluchte, weil er nun auch querfeldein fahren musste. Doch er schlug das Steuer scharf ein, gab Gas und lenkte den Wagen zum Unfallort hinüber.

McCoy steckte den Revolver in die Jackentasche, stieß die Beifahrertür auf, als Lucky zwanzig Yards vor dem Mercedes abbremste, und sprang heraus. Er rannte zum Wrack, sah die über dem Steuer zusammengesackte Gestalt und zerrte an der Fahrertür.

»Hilf mir!«, brüllte er Lucky zu.

Gemeinsam rüttelten sie an der verklemmten Tür. Endlich sprang sie auf. Mike McCoy beugte sich vor und zog die leblose Gestalt vorsichtig vom Steuer weg.

»Eine Frau?!« Lucky war fassungslos.

»Ja.«

Die Frau war jung – sicher nicht älter als achtundzwanzig – und sie war eine Schönheit. Blondes, halblanges Haar umschloss ihr gebräuntes Gesicht, das noch nicht einmal im Tod entstellte Züge aufwies.

»Nun sag schon, was mit ihr ist!«

Ein kalter Schauer rann Mike McCoy den Rücken hinunter, als er die blutgetränkte Bluse sah. Eine Kugel hatte den Stoff über dem Herzen aufgefetzt. »Sie ist tot ... Erschossen.«

Lucky wurde blass. »Unmöglich! Sie ist doch gerade noch ...« Er kam nicht mehr dazu, den Satz zu Ende zu führen.

Die Scheibe der Beifahrertür splitterte plötzlich, begleitet vom scharfen Krachen eines Gewehrschusses. Sofort darauf folgte eine zweite Detonation und ein Geschoss schlug ins Armaturenbrett ein.

»Deckung!« Mike McCoy riss seinen Freund geistesgegenwärtig zu Boden. Sie kauerten im Schutz des Kofferraumes.

Eine dritte Kugel heulte über ihre Köpfe hinweg und bohrte sich wenige Meter hinter ihnen in die steinige Erde. Sand spritzte auf.

»Leide ich schon unter Halluzinationen oder nimmt uns da wirklich jemand unter Feuer?«, keuchte Lucky.

»Du leidest nicht«, antwortete McCoy grimmig. »Zumindest nicht daran.«

»Aber, zum Teufel noch mal, wir haben doch mit der Geschichte nichts zu tun, was immer diese ›Geschichte‹ auch sein mag!«, empörte sich Lucky. »Am besten verschwinden wir von hier, so schnell es geht.« Er machte Anstalten, in gebückter Haltung zu seinem Wagen zu laufen. Er kam nicht mal zwei Schritte weit. Sowie er aus der Deckung trat, fiel erneut ein Schuss.

Lucky spürte, wie etwas an seiner linken Schulter zupfte, und lag im nächsten Moment flach wie eine Flunder auf dem Bauch. Fluchend kroch er zu McCoy zurück. »Verbrecherpack! Fast hätte es mich erwischt! Sieh dir das an!« Er steckte den Zeigefinger durch das Loch, das der Streifschuss gerissen hatte.

»Zwei Handbreit weiter nach rechts, und du hättest dich zu ihr legen können«, meinte McCoy und deutete mit dem Kopf zur Toten, die aus dem Fahrersitz gerutscht war. Ihre Hände berührten den Wüstenboden.

»Verdammt, das finde ich überhaupt nicht witzig«, sagte Lucky mit belegter Stimme und fuhr sich mit der Hand über die Stirn, wo kalter Schweiß perlte. »Na los!«

»Na los *was*?«

»Unternimm gefälligst etwas!«, verlangte Lucky.

»Kannst du mir mal sagen, was ich unternehmen soll?«, fragte Mike McCoy gereizt. »Wir sitzen hier fest! Die Schüsse kommen von dem Hügel da drüben. Und zwischen uns und dem Schützen liegen gut und gern zweihundert Meter. Weißt du, was das heißt?«

»Dass du mit deinem Kracher nur lausige Luftlöcher in den Himmel ballern kannst!«, mutmaßte Lucky grimmig.

»Richtig. Aber das ist noch das Wenigste. Viel schlimmer ist etwas anderes. Die Schüsse liegen trotz der Entfernung so sauber, dass es dafür nur eine Erklärung geben kann – der Heckenschütze hat ein Zielfernrohr auf seiner Donnerbüchse!«

Lucky stöhnte auf. »Dann Weidmannsheil!«

Eine Kugel zertrümmerte über ihren Köpfen die Heckscheibe des Wagens.

»Himmelherrgott, lass dir was einfallen!«, beschwor Lucky seinen Freund. »Wenn der Kerl auf die Idee kommt, ein paar Kugeln in den Benzintank zu jagen, heben wir vom Boden ab!«

»Zuerst einmal müssen wir hier für Verdunklung sorgen«, erwiderte Mike McCoy und drehte sich zu Luckys Wagen um. Der Ford stand halb schräg zu ihnen, etwa zwanzig Meter entfernt; die Scheinwerfer waren eingeschaltet …

Lucky begriff sofort, was er vorhatte. »Mike, das kannst du nicht machen! Der Wagen ist so gut wie neu!«

»Ich muss, Lucky. Sorry.« Der Privatdetektiv hob den Revolver mit beiden Händen und zielte sorgfältig. Jeder Schuss musste sitzen.

Zweimal bellte der Revolver auf. Die Kugeln zerschmetterten die Scheinwerfer. Es wurde dunkel um sie herum. In ohnmächtiger Wut rammte Lucky die Faust in den Sand.

»So, jetzt sind die Karten schon ein bisschen besser verteilt«, sagte McCoy zufrieden.

»Und was machen wir jetzt?«

»Warten.«

»Worauf?«

»Dass sich unser Heckenschütze entscheidet, wie das Spiel weitergehen soll. Entweder kommt er aus der Deckung und wagt sich über das offene Gelände näher an uns heran oder aber er ist schlau und macht einen Rückzieher. Er weiß jetzt, dass wir bewaffnet sind. Er muss also damit rechnen, dass er sich eine Kugel fängt, wenn er näher herankommt«, erklärte McCoy. »Und jetzt sieh zu, dass du hinter den Felsen kommst, ohne viel von dir sehen zu lassen. Falls der Tank wirklich hochgeht, sind wir dahinter einigermaßen sicher.«

Sie robbten vom Wrack weg hinter den Felsen, begleitet von einer Serie schnell aufeinander folgender Schüsse. Aber diesmal kam ihnen nicht eine Kugel gefährlich nahe.

Mike McCoy lächelte. »Ich wette, unser Heckenschütze kocht vor Wut, weil wir ihm die Suppe versalzen haben. Ohne Festbeleuchtung kann er mit seinem verdammten Zielfernrohr nicht mehr viel anfangen.«

Lucky hüllte sich in düsteres Schweigen.

Mike McCoy spähte hinter dem Felsen hervor und beobachtete das vor ihm liegende Gelände. Er richtete sein Augenmerk besonders auf den Hügel, von dem bisher die Schüsse gekommen waren. Doch nichts regte sich. Es blieb ruhig. Minuten vergingen.

Und dann hörten sie, wie ein schwerer Motor ansprang.

»Schätze, wir bekommen Las Vegas doch noch lebend zu Gesicht«, sagte Mike McCoy mit einem Stoßseufzer der Erleichterung, als er weiter weg die Umrisse eines jeepähnlichen Wagens erblickte, der sich schnell entfernte.

Aus Sicherheitsgründen bestand der Privatdetektiv jedoch darauf, dass sie noch eine Weile abwarteten – für den Fall, dass man sie auszutricksen versuchte. Das Motorengeräusch verklang in der Ferne und dann störte nichts mehr die nächtliche Stille.

Leichen bringen immer Ärger

Vorsichtig trat Mike McCoy hinter dem Felsen hervor, den Revolver schussbereit in der Hand. Aber nichts rührte sich. Erleichtert atmete McCoy auf. »Die Luft ist rein, Lucky. Du kannst dich wieder zeigen. Mein Gott, wir sind wirklich noch mal mit einem blauen Auge davongekommen.«

Lucky verließ nur zögernd den Schutz des Felsens. Doch als niemand das Feuer auf ihn eröffnete, lief er zu seinem Wagen und trat wütend gegen den Vorderreifen. »Du hast gut reden, Mike! Schau dir mal an, was du angerichtet hast! Hast du überhaupt eine Ahnung, was mich dieser Blechschaden kostet?«

»Bestimmt weniger, als Angela für deine Beerdigung hätte ausgeben müssen«, gab McCoy zur Antwort. »Und jetzt hör auf zu lamentieren. Hilf mir, die Leiche aus dem Auto zu schaffen.«

»Wie soll ich das verstehen?«

»Du sollst mit anpacken!«, sagte McCoy unwillig. »Oder

willst du sie hier einfach liegen lassen? Also komm schon. Mach den Kofferraum auf und hilf mir!«

Perplex starrte Lucky ihn an. »In *meinem* Kofferraum? Kommt gar nicht infrage!«

»Die Frau kann auf keinen Fall hier liegen bleiben!«, entgegnete Mike McCoy scharf. »Sie ist ermordet worden und wir müssen die Leiche der Polizei übergeben. Oder kannst du mir garantieren, dass der Mörder nicht vielleicht doch noch mal zurückkommt und sein Opfer verschwinden lässt?«

Lucky schwieg.

»Also, dann setz dich endlich in Bewegung. Ich will hier nicht noch den Sonnenaufgang erleben.«

»Mike, ich stelle meinen Wagen nur unter schärfstem Protest zur Verfügung!«

»Zur Kenntnis genommen«, antwortete der Privatdetektiv unbeeindruckt. »Und nun hoch die Klappe und mit angefasst!«

Unverständliches vor sich hin murmelnd, schloss Lucky den Kofferraum auf, holte seine und McCoys Gepäckstücke heraus und half seinem Freund, die Leiche der Frau dort hineinzulegen. Mike McCoy durchsuchte den Mercedes, nahm die Handtasche an sich und warf im Schein von Luckys Taschenlampe einen Blick auf die Wagenpapiere, die er im Handschuhfach gefunden hatte.

Der Name der Ermordeten lautete Vivian Curtis.

»Kannst du mir vielleicht mal sagen, wie ich ohne Licht fahren soll?«, fragte Lucky, als McCoy zu ihm zurückkehrte.

Mike McCoy überlegte einen Augenblick, dann rammte er das Ende der Taschenlampe mit aller Kraft in das Loch, das seine Kugel in die linke Scheinwerferfassung gerissen hatte. »So wird's gehen müssen!«

Sie fuhren vorsichtig auf die Straße zurück. Die Taschenlampe war als Beleuchtung so gut wie wertlos. Sie diente bestenfalls einem entgegenkommenden Fahrer als Warnung, dass da irgendein Gefährt angekrochen kam.

Lucky jammerte und fluchte abwechselnd. Die zerschossenen Scheinwerfer und das durchlöcherte Blech setzten ihm mehr zu als die Tatsache, dass er dem Tod nur knapp entronnen war. Er beklagte sich bitterlich, dass seinem Freund nichts Besseres eingefallen war.

Mike McCoy gab nichts auf das Gejammer. Das gehörte nun mal zu Lucky. Er grübelte über den Mord nach. Vivian Curtis war schon vor dem Unfall tot gewesen. Vermutlich hatte sie im Todeskampf das Gaspedal durchgetreten und den Schalthebel zurückgerissen. Ihr Fuß war zwischen Bremse und Gaspedal verklemmt gewesen, als Lucky und er sie aus dem Wrack gezerrt hatten, und er hatte Schwierigkeiten gehabt, ihre rechte Hand zu lösen, die sich noch im Tod um die Schaltung gekrampft hatte. Sie war schon tot gewesen, als der Mercedes an ihnen vorbeigerast war. Doch wo und warum war der Mord geschehen? Und wer war der Mörder?

Mike McCoy zwang sich, nicht weiter darüber nachzudenken. Er wollte nichts damit zu tun haben. Lucky würde ihn in Las Vegas auch so schon genug in Atem halten. Weiteren Ärger konnte er deshalb nicht gebrauchen. Er würde die Leiche der Polizei übergeben, seine Aussage machen und den Vorfall für sich zu den Akten legen...

Plötzlich tauchte vor ihnen eine Kreuzung auf. Sie hatten auf die Interstate 15 zurückgefunden, die geradewegs nach Las Vegas führte. Ein Schild zeigte an, dass es nur noch siebenundzwanzig Meilen bis zum Paradies der Spieler waren.

»Ich wusste doch, dass wir mit dem Sprit locker hinkommen würden«, tönte Lucky, der auf einmal wieder Oberwasser bekam. Er vergaß sogar den Blechschaden, den McCoys Revolverschüsse angerichtet hatten. Er »roch« die Spieltische. Und je näher sie Las Vegas kamen, desto aufgekratzter wurde er.

»Wir sind dem Tod von der Schippe gesprungen, und das beweist, dass die Vorsehung noch große Aufgaben für mich bereithält!«, verkündete er pathetisch.

»Als da wären?«

»Heute Nacht räume ich am Kartentisch ab! Ich weiß, dass ich heute nicht zu schlagen bin! Mike, diese Nacht wird dir ewig in Erinnerung bleiben ...«

Mike McCoy kam nicht mehr dazu, etwas zu erwidern. Hinter ihnen heulte eine Polizeisirene auf. Ein Streifenwagen fuhr mit eingeschaltetem Rotlicht dicht auf.

»Fahr rechts ran und überlass das Reden mir«, sagte der Privatdetektiv.

»Sieh zu, dass wir die Leiche loswerden«, sagte Lucky, lenkte den Ford auf den Randstreifen und hielt.

Der Streifenwagen stoppte ebenfalls. Der schrille Sirenenton brach ab, doch das Licht auf dem Dach des Wagens warf weiterhin seinen zuckenden Schein in die Nacht. Zwei Streifenpolizisten stiegen aus. Sie trugen Stabtaschenlampen.

Lucky betätigte die Fensterautomatik und die Scheibe an seiner Seite glitt hinunter in die Fahrertür. Der Fahrer des Streifenwagens, ein Bulle von einem Mann, leuchtete in den Ford.

»Ihre Papiere bitte!«, verlangte er.

»Aber sicher doch.« Lucky zog seine Brieftasche hervor und reichte ihm Führerschein und Wagenzulassung.

Mike McCoy beobachtete, wie der andere Polizist indessen um den Wagen herumging und den Lichtkegel seiner Taschenlampe auf die zerschmetterten Scheinwerfer richtete. Er ging in die Hocke, um das zersplitterte Plastikgehäuse und das aufgerissene Blech näher zu untersuchen.

Der Privatdetektiv dachte an die Leiche im Kofferraum. Es würde nicht leicht sein, den beiden Streifenpolizisten klar zu machen, dass sie mit dem Mord an Vivian Curtis nichts zu tun hatten. Er musste sich seine Worte gut überlegen.

Er beugte sich zur Fahrerseite hinüber. »Officer, mein Name ist Mike McCoy. Ich habe ...«

Der Polizist ließ ihn nicht aussprechen. »Immer der Reihe nach, Mister!«, knurrte er und warf einen Blick auf Luckys Papiere. »Sie sind ohne vorschriftsmäßige Beleuchtung gefahren ...«

»Wem sagen Sie das.«

Der andere Polizist trat hinzu und raunte ihm etwas zu.

»Ihre Scheinwerfer sind total zertrümmert, Mister Manzoni«, sagte der bullige Polizist mit gerunzelter Stirn. »Hatten Sie einen Unfall?«

»Nein, Officer, mein Freund hier hat sie mit seinem Revolver zerschossen.«

»Zerschossen?«, wiederholte der Polizist ungläubig. »Haben Sie getrunken, Mann?«

»Keinen Tropfen, Officer. Mike, erzähl ihnen von der Leiche. Je eher wir die Tote loswerden, desto besser.«

»Bist du noch zu retten?«, zischte McCoy, bestürzt über die Naivität des Freundes.

»Leiche? Zum Teufel, wovon reden Sie?!«

»Von der Frau hinten im Kofferraum ...«, begann Lucky.

Der Polizist trat einen Schritt zurück und zog seinen Dienstrevolver. »Aussteigen! Beide ... Und zwar ganz langsam!«, befahl er.

Mike McCoy versuchte, die Situation zu retten. »Officer, geben Sie mir fünf Minuten und ich erkläre Ihnen alles!«

»Aussteigen!«

Lucky blickte seinen Freund an. »Was ist? Habe ich was Falsches gesagt, Mike?«

»Du hast dich mal wieder übertroffen, du Armleuchter!«

Sie stiegen aus dem Wagen und mussten sich mit gespreizten Beinen und ausgestreckten Armen gegen die Motorhaube lehnen, während der zweite Polizist sie abtastete.

»Der Revolver steckt in meiner rechten Jackentasche«, sagte Mike McCoy resigniert. Jetzt war nichts mehr zu retten. Diese Nacht würden sie kein Hotelbett mehr zu sehen bekommen. Dafür hatte Lucky mit seinen unbedachten Äußerungen gesorgt.

»Ich werd verrückt, der Bursche trägt wirklich eine Waffe!«, sagte der Uniformierte hinter McCoy und roch an der Mündung des Revolvers. »Und sie ist erst vor kurzem abgefeuert worden, Leslie!«

Leslie, der bullige Polizist, zog die Wagenschlüssel vom Zündschloss ab. »Vielleicht sollten wir wirklich mal einen Blick in den Kofferraum werfen.«

Augenblicke später trugen Lucky und McCoy stählerne Handschellen. Und Leslie alarmierte über Funk die Mordkommission in Las Vegas und meldete die Verhaftung zweier mutmaßlicher Mörder.

Zellengeflüster

Lucky hielt es nicht länger auf der harten Pritsche aus. Er sprang auf, ging zur Zellentür und rüttelte an den massiven Gitterstäben. »Aufmachen!«, brüllte er wütend.

»Spiel jetzt bloß nicht den Wilden!«, mahnte ihn Mike McCoy zur Ruhe. Er saß auf der Pritsche, mit dem Rücken gegen die olivfarbene Zellenwand gelehnt, und rauchte. »Oder bist du ernstlich dem Irrglauben verfallen, mit deinem Tarzangeschrei irgendetwas zum Guten wenden zu können?«

Lucky drehte sich zu ihm um. »Deine Ruhe möchte ich haben! Weißt du, wie lange wir schon in dieser verdammten Zelle hocken?«

Der Privatdetektiv warf einen Blick auf seine Uhr. »Nicht ganz neunzehn Stunden.«

»Neunzehn Stunden, jawohl! Fast einen ganzen Tag sitzen wir schon in diesem mistigen Käfig. Aber dich scheint das ja völlig kalt zu lassen!«, empörte sich Lucky.

»Was erwartest du von mir? Soll ich vielleicht mit dir zusammen einen Affentanz aufführen?«, fragte der Privatdetektiv gelassen. »Außerdem bist du ja nicht ganz unschuldig daran, dass man uns eingelocht hat.«

»Ich habe diesen Streifenheinis nichts weiter als die nackte Wahrheit gesagt!«, verteidigte er sich.

»Ja, und mit was für einem Feingefühl!«

»Mein Feingefühl ist über jeden Zweifel erhaben! Ich wusste, dass wir Ärger kriegen würden. Leichen bringen immer Ärger. Den Spruch hab ich von dir gelernt. Aber anstatt aus deinen eigenen Lebensweisheiten die richtigen Konsequenzen zu ziehen, hast du darauf bestanden, dass wir die Leiche durch die Gegend kutschieren. Himmel, das musste ja ins Auge gehen!«

»Du weißt genau, weshalb ich darauf bestanden habe«, entgegnete der Privatdetektiv ruhig. »Und jetzt hör auf zu lamentieren. Das bringt uns auch nicht weiter.«

»Du hast gut reden! Dir kann es ja egal sein, wo du deine Tage in Las Vegas verbringst. Fast habe ich das Gefühl, du freust dich noch, dass ich statt am Spieltisch in dieser elenden Zelle hocke!«

Mike McCoy grinste nun. »Ich muss zugeben, dass mir diese gute Seite unserer ... Zwangslage auch schon in den Sinn gekommen ist.«

»Gute Seite? Ein Skandal ist das!«, empörte sich Lucky. »Gestern Nacht hätte ich Geschichte gemacht, Mike! Überall hätte ich abgeräumt! Mit eiskalter Pokermiene hätte ich den geschniegelten Croupiers gezeigt, was es heißt, mit Lucky

Manzoni an einem Tisch zu sitzen! Man hätte mich ›Der unschlagbare Lucky Manzoni‹ genannt... oder aber ›Der Mann, der Las Vegas das Fürchten lehrte‹!«

Mike McCoy verdrehte die Augen. »Ich weiß, was es heißt, mit dir an einem Tisch zu sitzen. Und was den ›Unschlagbaren Lucky‹ betrifft, so wage ich aufgrund meiner reichhaltigen Erfahrungen mit dir die Bemerkung, dass deine Frau und ich bisher noch die Einzigen sind, die du mit deiner Spielleidenschaft das Fürchten gelehrt hast.«

»Lächerlich! Aus deinen Worten spricht die Unwissenheit eines mit Blindheit geschlagenen Mannes, dem die Magie des Spiels wohl für ewige Zeiten verschlossen bleiben wird!«, antwortete Lucky hochtrabend. »Aber tröste dich, mein lieber Mike. Es werden nun mal nicht jedem solche Gaben mit in die Wiege gelegt wie mir...«

»Es wäre sicherlich ergiebiger, darüber zu reden, welche Gaben man *vergessen* hat, dir in die Wiege zu legen«, konterte der Privatdetektiv, ohne die Miene zu verziehen.

Die beiden ungleichen Freunde lagen sich eine halbe Stunde später noch immer in den Haaren. Diese Meinungsverschiedenheiten waren in gewisser Weise schon seit Jahren fester Bestandteil ihrer Freundschaft. Und wie heftig der Schlagabtausch mit Worten manchmal auch geführt wurde, er war doch immer frei von Bösartigkeit.

Ihr Wortgefecht fand ein vorübergehendes Ende, als zwei Polizisten bei ihnen im Sicherheitstrakt des Polizeihauptquartiers von Las Vegas erschienen, sie aus der Zelle holten und aufforderten, mitzukommen.

»Würden die Gentlemen vielleicht die Großzügigkeit besitzen, uns mitzuteilen, wohin der Spaziergang geht?«, fragte Lucky bissig.

»Der Captain will mit Ihnen reden!«, lautete die knappe, unfreundliche Antwort.

Captain Victor Chapman leitete die Mordkommission. Er hatte die beiden im Morgengrauen verhört und ihre Aussage mit einem zynischen Lächeln zu Protokoll nehmen lassen. Seitdem hatten sie von ihm weder etwas gehört noch gesehen.

»Wie reizend von Ihrem Boss, sich an uns zu erinnern«, sagte Lucky erbost und achtete nicht auf McCoys Rippenstöße. »Ich dachte schon, er wollte sich dort unten in den Zellen eine Mumienkollektion zulegen und mit uns den Anfang machen.«

»Ihre Art von Humor lässt zu wünschen übrig, Mister«, gab einer der beiden Polizisten wütend zur Antwort.

»Ich passe mich nur dem geistigen Niveau dieses Polizeireviers an!«, fauchte Lucky zurück. »Und das ist so verteufelt niedrig, dass ein Dorftrottel keine Aussicht hätte, hier einen Job zu finden ... weil er für die Arbeit nämlich überqualifiziert wäre! Denn nur ein geistiger Gnom kann uns für Vivians Mörder halten!«

Die beiden Polizisten blieben abrupt stehen.

O Lucky!, dachte Mike McCoy alarmiert. Du hast das einzigartige Talent, mit traumwandlerischer Sicherheit unter zwei Möglichkeiten stets die falsche zu wählen! Mit einem gequälten Lächeln sagte er zu den Polizisten: »Was mein Freund da von sich gegeben hat, sollten Sie nicht auf die Goldwaage legen. Sie kennen doch den Spruch: ›Raue Schale, weicher Kern‹. In Wirklichkeit ist er ein großer Bewunderer der Polizei.«

»So?«, sagte der eine mit finsterer Miene.

»Ist es nicht so, Lucky?« McCoy funkelte ihn drohend an.

Lucky verzog das Gesicht zu einem breiten Grinsen. »Aber meine Herren! Zweifeln Sie etwa daran, dass Ihre brillante Arbeit, die ein so überragendes Kombinationsvermögen verrät, Bewunderung verdient?«

Das war reichlich zweideutig und die beiden Polizisten sahen sich einen Moment verunsichert an. Sie wussten nicht, wie sie darauf reagieren sollten. Schließlich zuckte der eine mit den Achseln. »Ach, zum Teufel«, murmelte er seinem Kollegen zu. »Lass ihn reden.« Er warf Lucky einen nicht eben freundlichen Blick zu und ging weiter.

»Du bringst uns noch mal um Kopf und Kragen!«, raunte McCoy seinem Freund ärgerlich zu.

»Ich werde ja wohl noch die Wahrheit aussprechen dürfen, oder?«, murrte Lucky.

Captain Chapman wartete schon in seinem Büro auf sie. Er war ein kantiger Mann Anfang fünfzig mit einem penibel getrimmten Schnauzbart.

»Danke, Sie können gehen«, sagte er zu den beiden Polizisten und wandte sich dann Lucky und McCoy zu. »Nehmen Sie Platz!« Es klang wie ein Befehl.

Aggressiv reckte Lucky das Kinn vor. »Ich stehe lieber, Captain. Zu viel Sitzen beeinträchtigt die Denkfähigkeit!«

Victor Chapman runzelte befremdet die Stirn und räusperte sich dann. »Ganz wie Sie wollen, Mister Manzoni.«

»Ich nehme an, Sie sind inzwischen zu der Erkenntnis gekommen, dass Sie uns den Mord an Vivian Curtis nicht anhängen können«, sagte Mike McCoy. Auch er hatte darauf verzichtet, auf einem der Stühle vor Chapmans Schreibtisch Platz zu nehmen.

»Und was macht Sie so sicher?«, fragte der Captain gedehnt.

»Ihre Leute von der Spurensicherung hatten einen ganzen Arbeitstag Zeit, um unsere Angaben am Tatort zu überprüfen. Gewiss werden Sie festgestellt haben, dass Vivian Curtis nicht mit meinem Revolver erschossen wurde, sondern vermutlich mit einem Gewehr. Und Sie werden auch die Reifenspuren vor Ort geprüft und leere Patronenhülsen von Gewehrmunition auf jenem Hügel gefunden haben, den wir Ihnen beschrieben haben. Wahrscheinlich haben Ihre Männer noch eine Menge mehr entdeckt, nur eben nichts, was Sie gegen uns verwenden können. Ich wette, dass eher das Gegenteil zutrifft und alle Indizien *für* unsere Version sprechen. Ist es nicht so, Captain?«

Captain Chapman schwieg einen Augenblick. »Ja, Ihre Angaben haben einer eingehenden Prüfung in der Tat standgehalten«, räumte er ein.

»Was im Klartext heißt, dass Sie großen Mist gebaut haben, als Sie heute Morgen mit so forscher Lippe den Befehl gaben, uns einzubuchten!«, platzte Lucky wutschnaubend heraus.

»An Ihrer Stelle würde ich in der Wahl meiner Worte vorsichtiger sein, Mister Manzoni!«, erwiderte der Captain eisig. »Es könnte sonst passieren ...«

»Gar nichts wird passieren, es sei denn, Sie legen es darauf an!«, fuhr Mike McCoy ihm mit schneidender Stimme ins Wort. »Sie haben uns neunzehn Stunden in unserem eigenen Fett schmoren lassen und uns keine Möglichkeit gegeben, mit einem Anwalt Kontakt aufzunehmen. Und das ist verdammt noch mal gegen das Gesetz! Also sparen Sie sich Ihre sinnlosen Drohungen. Sie wissen doch längst, dass wir Vivian Curtis nicht umgelegt haben, sondern beinahe selbst Opfer des Killers oder der Killer geworden wären. Ich möchte nicht übertreiben, aber die Presse könnte aus der ganzen Geschichte einen netten Polizeiskandal machen ...«

»Das reicht!«, knurrte Victor Chapman.

»Das freut mich zu hören«, fuhr der Privatdetektiv fort, und er hielt dem stechenden Blick von Victor Chapman ohne mit der Wimper zu zucken stand. Es war Chapman, der das stumme Duell verlor. Und Mike McCoy sagte frostig: »Vielleicht haben Sie aber dennoch das Format, sich für Ihre Rechtsbeugung zu entschuldigen!«

Der Captain hatte das Format, erstaunlicherweise, doch es bereitete ihm sichtlich Mühe, ein paar Worte des Bedauerns zu finden. Er hatte es plötzlich sehr eilig, ihnen mitzuteilen, dass die Haftverfügung aufgehoben war und sie gehen konnten.

»Ihren Revolver können Sie sich morgen abholen. Er befindet sich noch im Labor. Dasselbe gilt für den Wagen«, erklärte er mit dienstlich-steifer Miene.

»Himmel, glauben Sie, ich latsche von Kasino zu Kasino?«, brauste Lucky wieder auf. »Mit hunderttausenden in den Taschen? Für wen halten Sie mich?«

»Die Liste Ihrer persönlichen ... Habseligkeiten weist keine solchen Beträge auf!«, erwiderte der Captain mit beißendem Spott.

»Ja, noch nicht!«, blaffte Lucky zurück. »Aber morgen dürfen Sie gern bei mir noch mal nachfragen, Cap!«

»Es steht Ihnen frei, sich ein Taxi zu nehmen. Und noch etwas. Der Haftbefehl ist zwar aufgehoben, aber ich muss dennoch darauf bestehen, dass Sie Las Vegas nicht verlassen!« Sein Gesicht war steinern. »Das ist alles. Ihre persönlichen Sachen und Ihr Gepäck erhalten Sie im Nebenzimmer. Ich habe schon alles veranlasst.«

Der Privatdetektiv nickte nur.

»Ich wäre auch so geblieben«, knurrte Lucky, während McCoy ihn aus dem Büro drängte. »Nicht einmal ein Captain Chapman kann mir Las Vegas verleiden und mich davon abhalten, dieses Glücksspielparadies in seinen Grundfesten zu erschüttern!«

Mike McCoy ließ ihn reden und sorgte dafür, dass man ihnen ihr Gepäck aushändigte. Zehn Minuten später standen sie auf der Straße und hielten Ausschau nach einem Taxi. Es war schon dunkel. Die Spielerstadt erstrahlte in einem fantastischen Lichterglanz. Gigantische, farbige Neonreklamen bestimmten das Bild der Stadt in der Wüste. Las Vegas bei Nacht war ein Erlebnis und auch Mike McCoy vermochte sich der pulsierenden, elektrischen Ausstrahlung dieser »Welthauptstadt des Glücksspiels« nicht zu entziehen.

Lucky atmete tief durch und strahlte selig. »Mike, diese Nacht gehört uns! Heute Nacht werden die Würfel in meiner Hand zu purem Gold, du wirst sehen!«

»Im Augenblick sehe ich etwas ganz anderes«, erwiderte McCoy, und höchste Wachsamkeit klang aus seiner Stimme.

»So? Was denn?«

»Dass uns ein Wagen folgt.«

Lucky blieb stehen und drehte sich um. »Du meinst doch nicht etwa den Rolls?«

»Genau den meine ich.«

Ein schwarzer Rolls-Royce glitt lautlos auf sie zu. Die Scheiben waren verspiegelt, sodass man nicht ins Wageninnere blicken konnte. Und das gefiel dem Privatdetektiv überhaupt nicht.

Die Luxuslimousine rollte heran und hielt auf ihrer Höhe. Auf den Türen prangte das kunstvoll gemalte Abbild eines goldenen Adlers.

Die rechte Fondtür schwang auf und ein dickleibiger Mann von kleiner Statur beugte sich zu ihnen hinaus. Sein kahler Schädel glich einer polierten Kugel und schien ohne Hals auf einem massigen Rumpf zu ruhen. »Mister Mike McCoy, nehme ich an?«, fragte er mit sonorer Stimme.

»Ja.«

»Mein Name ist Rick Waever«, stellte sich der kahlköpfige Dicke vor. »Dürfte ich Sie und Ihren Freund bitten, zu mir in den Wagen zu steigen?«

»Bitten dürfen Sie, Mister Waever. Doch ich sehe keine Veranlassung, Ihrer Bitte nachzukommen«, antwortete der Privatdetektiv reserviert. »Zumindest, solange ich nicht weiß, was Ihr Anliegen ist.«

»Ich überbringe Ihnen von meinem Boss die Einladung zu

einem Gespräch, Mister McCoy«, erklärte Rick Waever. »Ihm gehört hier in Las Vegas der *Golden Eagle*, der zu den größten Hotels und Spielkasinos zählt.«

»Und wie ist sein Name?«

»Dan Curtis.«

Wer ist Vivians Mörder?

Lucky erholte sich zuerst von der Überraschung. »Sagen Sie, liegt der *Golden Eagle* zufällig am Strip?«, erkundigte er sich höchst interessiert.

Der »Strip« war der glanzvollste Boulevard von Las Vegas, an dem fast all die glitzernden Hotelpaläste und Spielkasinos lagen, sozusagen die Lebensader der Stadt.

»Selbstverständlich«, antwortete der Dicke.

Lucky klatschte in die Hände. »Das trifft sich ja ausgezeichnet. Genau da wollen wir hin.«

Mike McCoy hielt seinen Freund zurück, der schon drauf und dran war, es sich im Rolls-Royce bequem zu machen. »Augenblick, Lucky.«

»Was ist denn? Wenn's doch auf dem Weg ist, sparen wir uns das Taxi.«

»Was will Mister Curtis von uns?«, wollte der Privatdetektiv von Rick Waever wissen.

»Diese Frage kann Ihnen nur er selbst beantworten, Mister McCoy. Doch ich nehme an, dass seine Bitte um ein Gespräch mit dem grässlichen Mord an seiner Frau in Zusammenhang steht. Er erwartet Sie.«

»Also gut«, sagte Mike McCoy, und sie stiegen ein. Sanft und ohne dass man den Motor hörte, fuhr der Rolls an. Das

Innere des Wagens war mit goldenem Samt ausgeschlagen. Zur Ausstattung gehörte auch eine kleine kristallverspiegelte Bar.

»Alles vom Allerfeinsten!«, lobte Lucky und strich ehrfürchtig über den kostbaren Stoff. »Was muss man denn für solch ein Wägelchen auf den Tisch blättern?«

Rick Waever verzog das Gesicht über diese taktlose Frage. »Der Preis dürfte um die zweihunderttausend liegen«, antwortete er unwillig.

»Dollar?«

»Lire bestimmt nicht!«

Lucky stieß einen Pfiff aus. »Heiliger Bimbam! Zweihundert Riesen auf Rädern! Das ist wahrlich nicht schlecht. Wenn ich mit Las Vegas fertig bin, gondeln wir auch in so einer Nobelkiste nach Hause, Mike!«

Der Privatdetektiv warf dem Dicken einen entschuldigenden Blick zu. Er bemerkte nun, dass Rick Waever reichlich nervös war und schwitzte. Es schien so, als wäre er nicht gerade erbaut davon, dass sein Boss sie zu sprechen wünschte.

»Ich wüsste nicht, womit ich Mister Curtis helfen könnte«, sagte Mike McCoy, als das Schweigen peinlich zu werden begann.

»Ehrlich gesagt, ich auch nicht«, erwiderte Rick Waever, zog sein Taschentuch hervor und tupfte sich den Schweiß von der Stirn. »Eine schreckliche Tragödie. Sie waren erst zwei Jahre verheiratet. Es ... es war eine glückliche Ehe. Ich kann das beurteilen, ich bin nämlich schon seit über fünfzehn Jahren sein Vertrauter ...«

Der Rolls bog auf den Strip ein, der nachts ein einziges flimmerndes Lichtermeer war. Zu beiden Seiten des mehrspurigen Boulevards reihten sich die Hotelkästen und Kasinos wie Perlen einer schier endlosen Kette aneinander. Und jedes Kasino versuchte, das andere an Pracht, architektonischem Einfallsreichtum und an der Buntheit der Leuchtreklamen zu übertreffen. Der Spielbetrieb in den Kasinos machte zwischen Tag und Nacht keinen Unterschied. Nicht von ungefähr nannte man Las Vegas auch »Die Stadt ohne Schlaf«, denn es wurde rund um die Uhr gespielt. Niemals standen die Rouletteräder still, hörten die Würfel zu rollen auf oder ruhten die Karten.

Mit glänzenden Augen hing Lucky an den turmhohen Neonreklamen der schon legendären Spielkasinos wie *Sands, MGM, Grand, Aladdin, Caesar's Palace, Frontier, Circus Circus, Sahara* und ... und ... und ... Ihm war förmlich anzusehen, dass ihn das Spielfieber gepackt hatte.

Und dann tauchte vor ihnen der *Golden Eagle* auf, wie die meisten der Las-Vegas-Unternehmen eine Kombination aus Luxushotel und Spielkasino. Denn eine der altbewährten Regeln in dieser unvorstellbar aufwändigen Spieleroase mitten in der Wüste von Nevada lautete: Wo der Besucher schläft und isst, da verspielt er auch sein Geld!

Das Hotelkasino hatte die Form eines zum Strip hin offenen Halbmondes. In der Mitte ragte der Hotelkomplex wie ein riesiger Festungsturm aus Glas und Stahl auf. Zu seinen beiden Seiten erstreckte sich jeweils ein langer Seitenflügel. Die imposante Auffahrt zum Portal, über dem ein haushoher goldener Adler aus Neonleuchten aufragte, wurde von einem halben Dutzend Springbrunnen gesäumt. Gewaltige Wasserfontänen schossen, von unzähligen Farbstrahlern illuminiert, in den Nachthimmel und erinnerten einen an die Märchen aus Tausendundeiner Nacht.

Hotelangestellte in goldenen Livreen eilten die breiten Marmorstufen hinunter, als der Rolls-Royce vor dem Portal hielt.

Rick Waever führte sie durch die Halle des Hotelkasinos zu einem Privatfahrstuhl. Goldbrauner Teppichboden erstreckte sich von Wand zu Wand. An die Hotelhalle schloss sich übergangslos das Kasino an, in dem sich tausende von Spielern aus allen sozialen Schichten und aus aller Herren Länder an den Spieltischen oder Geldautomaten dem Glücksspiel hingaben.

»Nicht übel, gar nicht mal so übel«, meinte Lucky, als sie mit dem Fahrstuhl zum Penthouse von Dan Curtis hochfuhren. Und er raunte seinem Freund zu: »Sieh zu, dass du bei diesem Curtis was für uns rausschlagen kannst. Der muss doch im Geld schwimmen, Mike! Auf ein kleines Tablett voll Spieljetons wird es dem bestimmt nicht ankommen.«

»Du hältst dich zurück!«, zischte Mike McCoy. »Und wenn du wieder dumme Sprüche von dir gibst, sind wir morgen früh schon wieder auf dem Rückweg. Hast du das mitbekommen?«

»Solche erpresserischen Worte fallen bei mir grundsätzlich auf unfruchtbaren Boden!«, erwiderte Lucky mit trotzig gerecktem Kopf.

Der Lift hielt, die Türen glitten zurück und vor ihnen lag eine kleine Halle. Eine lederne Sitzgarnitur, Zimmerpalmen und kostbare Gemälde an den Wänden gaben diesem Vorraum eine exquisite Note.

»Bitte hier entlang, Mister McCoy«, sagte der Dicke und öffnete eine schwere Palisandertür. Lucky schien für ihn Luft zu sein. »Mister Curtis erwartet Sie in seinem Arbeitszimmer.«

Der Raum jenseits der Tür war imponierend, was Ausmaße und Einrichtung betraf. Das Eckzimmer an der Spitze des Hotelturmes war riesig. Dieser Eindruck wurde noch durch die Außenwände verstärkt, die aus getöntem Glas bestanden. Der Ausblick auf den glitzernden Neondschungel des Strips war fantastisch und die Einrichtung des Arbeitszimmers stand dem in nichts nach: erlesene Antiquitäten, chinesische Seidenteppiche und kostbare Gemälde.

Zwei Männer standen vor dem antiken Schreibtisch, als Rick Waever McCoy und Lucky in den Raum führte. Der eine war von schmaler, drahtiger Gestalt, schätzungsweise Anfang fünfzig. Er trug einen schiefergrauen Seidenanzug und eine

Brille mit einem feinen Goldrahmen. Graue Strähnen durchzogen sein noch volles, dunkles Haar.

Der andere Mann war ein gutes Jahrzehnt jünger, kräftiger im Körperbau und einen Kopf größer. Er besaß markante Gesichtszüge und sah in seinem perfekt sitzenden schwarzen Smoking wie ein professioneller Tennisspieler auf einem offiziellen Empfang aus.

Die beiden Männer drehten sich nun um.

Der drahtige Mann mit der Brille kam ihnen einen Schritt entgegen.

»Mister Curtis, das ist Mister McCoy«, stellte Rick Waever sie einander vor und fügte dann nach einem kurzen Zögern hinzu: »Mister Manzoni.«

Mike McCoy blickte in das aschgraue Gesicht des Kasinobesitzers und wünschte, ihm wäre diese Begegnung erspart geblieben. »Mein aufrichtiges Beileid, Mister Curtis. Es gab nichts mehr, was wir für Ihre Frau hätten tun können.«

»Danke«, sagte Dan Curtis. Seine Stimme war fest und beherrscht. »Ich danke Ihnen auch, dass Sie gekommen sind. Oh, entschuldigen Sie, Mister McCoy. Darf ich Sie mit meinem Kasinomanager bekannt machen, Phil Scarrow...«

Der Mann im Smoking nickte McCoy zu. »Sie sind der Privatdetektiv, der... Vivian gefunden hat?«, fragte er.

»Ja, Mister Scarrow.«

»Sind Sie beruflich in Las Vegas?«, erkundigte sich der Kasinomanager mit höflichem Interesse.

»Ja, so könnte man sagen«, antwortete Mike McCoy und warf seinem Freund einen Blick zu. Dabei bemerkte er, wie Rick Waever wieder sein Taschentuch hervorzog und sich damit die Stirn abtupfte. Er machte einen sichtlich nervösen Eindruck.

»Rick... Phil... das wäre es im Augenblick«, sagte der Kasinobesitzer und gab ihnen zu verstehen, dass er mit seinen beiden Besuchern allein sein wollte. Als Scarrow und Waever gegangen waren, trat Dan Curtis an die wohl sortierte Bar. »Kann ich Ihnen einen Drink anbieten, Gentlemen?«

Der Privatdetektiv nickte. »Ja, danke. Scotch pur.«

»Ebenfalls«, sagte Lucky.

Schweigend füllte Dan Curtis drei Gläser. Seine Hand zitterte ein wenig, als er ihnen die Drinks reichte. Sein Glas leerte er mit einem Schluck und er goss sich sofort wieder nach.

»Entschuldigen Sie, aber ...« Er brach ab und machte eine vage Handbewegung. Er sah einen Moment lang sehr zerbrechlich aus und schien mit seinen Nerven am Ende zu sein. Die Schatten um seine Augen verrieten mehr als nur fehlenden Schlaf.

Doch dann hatte er sich wieder in der Gewalt. Er blickte den Privatdetektiv offen an. »Sicher werden Sie wissen wollen, weshalb ich Sie zu mir gebeten habe. Und ich will auch sofort zur Sache kommen, Mister McCoy. Vivian ... hat mir mehr bedeutet, als ich Ihnen sagen kann. Und ich werde nicht eher ruhen, bis ihr Mörder gefasst ist.«

»Ich bin überzeugt, dass Captain Chapman das Verbrechen aufklären wird«, erklärte Mike McCoy, der den Braten schon roch.

»Möglich, dass er das tut«, erwiderte Dan Curtis. »Aber allein darauf möchte ich mich nicht verlassen. Deshalb habe ich Sie um dieses Gespräch gebeten.«

»Beabsichtigen Sie, mir ein Angebot zu machen?«, erkundigte sich Mike McCoy.

»Sehr richtig.«

»Handeln Sie da nicht ein wenig vorschnell? Ich meine, was wissen Sie schon über mich?«

Ein schwaches Lächeln glitt über das eingefallene Gesicht des Kasinobesitzers. »Die letzten fünfzehn Stunden habe ich fast ausschließlich damit verbracht, eine Erklärung für dieses scheinbar unerklärliche Verbrechen zu finden – und Informationen über Sie einzuholen, Mister McCoy. Ich habe Freunde überall, auch in San Francisco. Und die Auskünfte, die ich über Sie erhielt, waren ausgesprochen positiv. Ich möchte Sie gern engagieren, damit Sie neben den offiziellen Ermittlungen der Polizei eigene Nachforschungen anstellen. Ich zahle Ihnen zweitausend Dollar pro Tag plus Spesen. Zudem stehen Ihnen und Ihrem Freund für die Dauer Ihres Aufenthaltes eine Suite zur Verfügung sowie alle anderen Annehmlichkeiten, die mein Unternehmen zu bieten hat.«

»Auch Freichips zum Spielen?«, erkundigte sich Lucky wie elektrisiert.

Dan Curtis blickte ihn irritiert an. »An einigen Tausendern in Spieljetons soll unser Geschäft sicherlich nicht scheitern«, erklärte er.

»Danke, aber ich glaube nicht, dass ich an Ihrem Angebot interessiert bin.«

»Bist du verrückt?«, stieß Lucky aufgeregt hervor. »Solch ein Angebot lehnt man nicht ab!«

Mike McCoy sah ihn scharf an. »Diese Entscheidung überlässt du besser mir. Ich habe nicht vor, mir noch mehr Ärger auf den Hals zu laden. Es wird mich schon genug Nerven kosten, dich unter Kontrolle zu halten.«

Lucky schnaubte aufgebracht und wandte sich an Dan Curtis. »Glauben Sie ihm kein Wort, Mister Curtis! Das ist seine Art von Humor. Geben Sie mir nur fünf Minuten allein mit ihm und ich bringe ihn schon zur Vernunft. Wissen Sie, diese neunzehn Stunden in der Zelle sind ihm doch ganz schön an die Nieren...«

»Das reicht!«, herrschte McCoy ihn an. »Ich habe Nein gesagt und dabei bleibt es!«

»Beabsichtigen Sie, ein paar Tage in Las Vegas zu bleiben?«, erkundigte sich Dan Curtis ruhig.

»Und ob wir das beabsichtigen!«, knurrte Lucky.

»Nun, dann wird Ihnen der Ärger so oder so kaum erspart bleiben, Mister McCoy.«

»Wie darf ich das verstehen?«

Curtis nippte an seinem Drink. »Immerhin waren Sie Zeuge des Mordes ...«

»Das stimmt nicht ganz. Als wir Ihre Frau aus dem Wagen trugen, war sie schon tot.«

Der Kasinobesitzer lächelte grimmig. »Ja, aber der Mörder weiß das nicht! Und er weiß ebenfalls nicht, ob Vivian vor ihrem Tod noch irgendetwas zu Ihnen gesagt hat, was ihm gefährlich werden könnte.«

»Sie hat nicht!«, erklärte Mike McCoy mit fester Stimme.

»Möglich, aber der Mörder wird sichergehen wollen und versuchen, Sie auszuschalten. Ihre Beteuerung, nichts zu wissen, wird Ihnen nichts nützen. Vivians Killer kann nicht ausschließen, dass Sie lügen, um ihn in Sicherheit zu wiegen. Sie werden also auch dann mit Ärger rechnen müssen, wenn Sie mein Angebot nicht annehmen. Nur werden Sie dann nicht dafür bezahlt.«

»Ich kann Las Vegas auf der Stelle verlassen!«

»San Francisco liegt nicht am Ende der Welt«, erwiderte Dan Curtis augenblicklich und verriet mit seiner schnellen Antwort, dass er diese Reaktion erwartet hatte. »Falls sich Vivians Mörder von Ihnen bedroht fühlen sollte, sind Sie nirgends vor ihm sicher.«

Mike McCoy unterdrückte einen Fluch. »Verdammt, ich glaube, ich brauche noch einen Drink. Diesmal aber einen doppelten!«

Dan Curtis wusste, dass er gewonnen hatte. Doch er zeigte keine Genugtuung. Er hatte es vorausgesehen. Er füllte das Glas des Privatdetektivs. »Ich bedaure, dass Ihnen die Umstände keine andere Wahl lassen.«

Mike McCoy nahm das Glas mit düsterer Miene entgegen. »Welches Motiv könnte der Mörder gehabt haben?«

Ein gequälter Ausdruck trat auf Dan Curtis' Gesicht. »Seit man mir die Nachricht vom Mord an meiner Frau überbracht hat, zermartere ich mir das Gehirn, um darauf eine Antwort zu finden. Vergeblich! Ich kann mir kein Motiv vorstellen, Mister McCoy. Vivian und ich führten eine glückliche Ehe, trotz des nicht unbeträchtlichen Altersunterschiedes. Sie hatte nur Freunde. Und ich wüsste keinen, der auch nur im Entferntesten Grund gehabt hätte, ihr nach dem Leben zu trachten.«

»Mister Waever sagte, Sie wären zwei Jahre verheiratet gewesen...«

Dan Curtis nickte. »Ich lernte Vivian während eines Kurzurlaubs am Lake Tahoe kennen. Es war Liebe auf den ersten Blick und zwei Wochen später waren wir verheiratet.«

Mike McCoy räusperte sich. »Sicherlich war Vivian nicht die erste Frau in Ihrem Leben, Mister Curtis...«

»Natürlich nicht. Vivian war meine zweite Ehefrau«, räumte er ein. »Meine erste Ehe wurde aber schon vor mehr als sieben Jahren geschieden. Meine geschiedene Frau erhielt eine großzügige Abfindung und lebt meines Wissens irgendwo in Australien. Und eine ernsthafte Geliebte, die auf Vivian hätte eifersüchtig sein können, hat es nicht gegeben.«

»Kinder?«

»Keine.«

»Tja, das wäre wohl auch zu leicht gewesen«, meinte Mike McCoy achselzuckend. »Erzählen Sie mir etwas über Vivian. Wer sie war, woher sie kam und was sie beruflich machte, alles, was Sie wissen.«

Dan Curtis zögerte. »Viel weiß ich nicht, weil ich nach ihrem Vorleben nicht gefragt habe, Mister McCoy. Es interessierte mich auch nicht.« Er lachte bitter auf. »Phil, mein

Kasinomanager, war da anderer Meinung. Ohne mein Wissen ließ er diskrete Nachforschungen anstellen. Doch noch nicht einmal er konnte irgendeinen schwarzen Punkt in ihrer Vergangenheit finden. Und dass Vivian ihren Lebensunterhalt als Fotomodell verdient hatte, störte mich nicht.«

»Das ist alles, was Sie über sie wissen?«

»So gut wie. Phil kann Ihnen sicherlich mehr erzählen, doch ich bezweifle, dass Sie das weiterbringt.«

»Familienangehörige?«, fragte der Privatdetektiv.

»Nur eine Halbschwester, soviel ich weiß. Emily Montford. Sie arbeitet irgendwo in Santa Monica in einem Blindenheim. Sie hatten aber keinen Kontakt mehr miteinander.«

»Und natürlich wissen Sie auch nicht, was Ihre Frau gestern Nacht um zwei da draußen in der Wüste wollte, nicht wahr?«

»Nein. Sie hat sich eine der neuen Mitternachtsshows angesehen und ich erwartete sie gegen drei zurück. Es ist mir ein Rätsel, was sie bewogen hat, mitten in der Nacht in diese einsame Gegend zu fahren.«

»Dünn, sehr dünn«, brummte Mike McCoy und schüttelte den Kopf. »Kein Anhaltspunkt, kein Motiv, rein gar nichts.«

»Ich weiß«, sagte Dan Curtis bedrückt. »Vielleicht war dieser Mord die sinnlose Tat eines Verrückten oder ganz einfach ein schrecklicher Irrtum. Vielleicht gibt es überhaupt kein Motiv...«

»Möglich ist alles«, erwiderte McCoy achselzuckend. »Kann der Mord irgendetwas mit Ihren Geschäften zu tun haben? Ich meine, ein Spielkasino zieht bekanntlich nicht nur brave Bürger an, sondern auch Gauner und Ganoven, manchmal sogar Gangster schweren Kalibers.«

»Vivian nahm regen Anteil an meiner Arbeit, interessierte sich jedoch nicht für Details. Was nun Gauner und Ganoven betrifft, so haben Sie Recht. Las Vegas zieht Trickspieler und anderes Gesindel an wie das Licht die Motten. Aber jedes Kasino verfügt über ein raffiniertes Netz an Sicherheitsmaßnahmen.«

»Kein Sicherheitsnetz ist perfekt.«

»Natürlich nicht. Aber was hat das mit Vivian zu tun? Es ist absurd, überhaupt in Erwägung zu ziehen, dass meine Frau in irgendeine krumme Sache verwickelt gewesen sein könnte. Das ist ausgeschlossen!«, erregte sich Dan Curtis.

»Wenn Sie wollen, dass ich auf meine Art Licht in diesen Mordfall bringe, müssen Sie sich auch damit abfinden, dass ich unbequeme Fragen stelle!«, erwiderte der Privatdetektiv scharf. »Sonst sollten Sie sich gleich nach einem anderen umsehen, Mister Curtis!«

»Sicher ... natürlich«, murmelte der Kasinobesitzer. »Entschuldigen Sie. Tun Sie Ihre Arbeit, wie Sie es für richtig halten. Sie haben in meinem Unternehmen völlig freie Hand. Und scheuen Sie sich nicht, Spesen zu machen, um an Informationen zu kommen, Mister McCoy. Nur bringen Sie mir Vivians Mörder!«

Mit besten Empfehlungen

»Ich verstehe überhaupt nicht, weshalb du so finster dreinblickst«, sagte Lucky und schaute sich in der herrschaftlichen Suite um, die ihnen so lange kostenlos zur Verfügung stand, wie Mike McCoy für Dan Curtis arbeitete. »Besser hätten wir es doch gar nicht treffen können!«

»Was du nicht sagst!«

Lucky stutzte plötzlich. »Ich werd verrückt! Jetons!« Er stürmte förmlich durch den luxuriösen Wohnraum der Suite, hinüber zum Tisch. Auf der schweren Kristallglasplatte standen eine Vase mit frischen Schnittblumen, eine Flasche Champagner im Eiskübel, zwei Gläser sowie drei kleine Säulen Spielchips im Wert von jeweils fünfzig Dollar. Es waren insgesamt dreißig Jetons. Davor lag eine Karte mit dem *Golden-Eagle*-Emblem und der schlichten Aufschrift: »Mit besten Empfehlungen und viel Glück – Dan Curtis«.

»Tausendfünfhundert Mäuse frei Haus!«, rief Lucky begeistert. »Das nenne ich eine noble Geste! Dieser Dan Curtis hat Stil, Mike. Den müssen wir uns warmhalten.«

Mike McCoy ging kopfschüttelnd zum Tisch, nahm die Champagnerflasche aus dem Eiskübel und ließ sich mit einem schweren Seufzer in einen der weichen Ledersessel fallen. »Dir scheint offenbar völlig entgangen zu sein, dass wir bis über die Ohren in Schwierigkeiten stecken«, sagte er unwillig und ließ den Korken knallen.

»Präsidentensuite, Champagner, Jetons – alles auf Kosten des Hauses! Und das nennst du Schwierigkeiten? Wir sitzen hier doch wie die Maden im Speck!«

»Mit Speck fängt man Mäuse«, knurrte der Privatdetektiv und füllte beide Gläser.

»Unsinn. Curtis weiß einfach, wie man überragende Persönlichkeiten zu behandeln hat!«, meinte Lucky.

»Bescheidenheit war nie deine Stärke.«

Lucky hob sein Glas. »Komm, lass uns feiern! Wir haben allen Grund dazu.«

»Feiern? Bist du übergeschnappt?« Mike McCoy wurde nun ernstlich ärgerlich. »Vivians Mörder läuft frei herum und du redest vom Feiern! Kapierst du denn nicht, dass genau das eintreten kann, was Curtis gesagt hat? Wir können jetzt schon auf der Abschussliste stehen!«

»Du nimmst das alles zu ernst.« Lucky schlürfte genüsslich am Champagner. »Vivians Mörder wird nicht so dumm sein, das Risiko eines zweiten Mordes einzugehen… es sei denn, du zwingst ihn dazu. Aber wenn du dich ruhig verhältst und keinen Staub aufwirbelst, wird dir auch keiner auf die Zehen treten.«

»Wenn ich dich richtig verstanden habe, erwartest du von mir, dass ich mich von Curtis bezahlen lasse, ohne einen Handschlag für das Honorar zu tun. Nein, Lucky, das ist nicht mein Stil. Wer mich als Privatdetektiv anheuert, bekommt auch was für seinen Dollar.«

»Wir haben dem Mörder die Leiche unter Einsatz unseres Lebens entrissen. Wir haben unsere Stellung im Kugelhagel behauptet!«, hielt Lucky ihm pathetisch vor. »Außerdem haben wir neunzehn endlose Stunden in dieser elenden Zelle verbracht! Ist all das nicht auch ein paar Tausender wert? Ich finde schon!«

»Das ist nicht das, was ich mit Dan Curtis abgemacht habe, und das weißt du ganz genau. Ich bin mir zudem nicht so sicher, dass der Mörder uns in Ruhe lässt, wenn wir nur Vogel Strauß spielen und den Kopf in den Sand stecken.«

»Tu, was du nicht lassen kannst«, lenkte Lucky auf einmal ein. »Es kann ja nicht schaden, wenn wir uns ein bisschen umhören. Am besten marschieren wir getrennt. Auf diese Weise haben wir bessere Chancen...«

»Ja, vor allem hast du bessere Chancen, ungestört von Spieltisch zu Spieltisch ziehen zu können«, argwöhnte McCoy sofort.

»Ich würde dich nie hintergehen!«, beteuerte Lucky.

»Nein, du würdest dich natürlich nur als Spieler ›tarnen‹, nicht wahr?«

»Nun, wenn die Umstände das erfordern sollten... Mike, wir sollten heute noch mit den Nachforschungen beginnen. Ich geh nur kurz unter die Dusche. Dann können wir los!« Er füllte sein Glas auf und nahm es mit ins Bad.

Kopfschüttelnd blickte Mike McCoy ihm nach. Natürlich

war es ein Ding der Unmöglichkeit, Lucky von den Spieltischen fern zu halten. Aber das war ja auch nicht seine Aufgabe. Er musste nur darauf achten, dass Lucky nicht mehr verspielte, als für den Las-Vegas-Trip eingeplant war. Auf keinen Fall durfte er Schulden machen. Aber das würde er, Mike McCoy, schon zu verhindern wissen.

Der Privatdetektiv nippte an seinem Champagner und überdachte, was er von Dan Curtis erfahren hatte. Wo sollte er beginnen?

Als Lucky fünfzehn Minuten später frisch und munter aus dem Bad kam, war Mike McCoy gerade zu einem Entschluss gekommen und griff zum Telefon.

»Wen rufst du an?«, fragte Lucky.

»Jenny.«

»Und warum?«

»Weil sie uns helfen kann.«

»Keine üble Idee. Sie kann dich begleiten. Ein Liebespaar fällt weniger auf.« Er grinste sichtlich erleichtert, nahm seine Brieftasche aus dem am Ärmel aufgerissenen Jackett und steckte zwanzig Jetons ein. »Für den Fall der Fälle, Mike. Man weiß ja nie. Also, viel Glück!«

»Wo kann ich dich finden?«

»Ach, ich seh mich hier nur ein bisschen im Kasino um. Es ist immer gut, wenn man mit den Örtlichkeiten vertraut ist«, sagte er ausweichend und ging schnell, bevor McCoy ihm noch irgendwelche Auflagen machen konnte.

Mike McCoy wählte Jennys Nummer.

Jennifer Blake war seine Nachbarin in Sausalito. Sie wohnte auf einem kleinen ehemaligen Fischkutter, den sie *Sunflower* getauft hatte. Den größten Teil des Jahres überzog ein liebevoll gepflegter, farbenprächtiger Blumen- und Gemüsegarten das Oberdeck des Kutters, der neben der *Titanic* verankert lag.

Jenny war fünfundzwanzig und auf dem besten Weg, sich

als freiberufliche Journalistin einen Namen zu machen. Der Konkurrenzkampf in der Branche war hart, manchmal sogar rücksichtslos, und ihr wurde nichts erspart. Doch Jenny war nicht nur sehr hübsch und intelligent, sie wusste sich auch durchzusetzen.

Sie hätte es viel leichter haben können, war sie doch das einzige Kind steinreicher Eltern. Ihr Vater besaß in Nappa Valley ein riesiges, sehr ertragreiches Weingut. Und so konnte er seiner Tochter jeden Wunsch erfüllen.

Vor drei Jahren hatte Jenny sich mit ihrem Vater überworfen. Sie war dieses Leben in verschwenderischem Luxus satt gewesen. Der Wunsch, unabhängig zu sein und etwas aus eigener Kraft zu schaffen, ohne die Millionen ihrer Eltern im Rücken, hatte sie nach Sausalito gebracht. Anfangs war McCoy voller Skepsis gewesen. Doch inzwischen waren sie längst gute Freunde geworden, die einander schätzten und respektierten, möglicherweise sogar noch mehr als das...

»Na komm schon«, murmelte der Privatdetektiv ungeduldig. »Nimm schon ab!«

Mike McCoy wollte schon auflegen, als Jenny sich endlich meldete. Ihre Stimme klang verschlafen. »Wie kannst du mich nur mitten in der Nacht stören? Was gibt es denn so Dringendes? Wenn ihr schon alles Geld auf den Kopf gehauen habt und glaubt, mich anpumpen zu können, seid ihr auf dem Holzweg! Bei mir ist nichts zu holen. Meine letzte Story wurde abgelehnt, weil sie dem Chefredakteur nicht reißerisch genug war.«

McCoy lachte. »Sei unbesorgt. Lucky fängt in diesem Augenblick erst an, das Geld zum Fenster rauszuschmeißen.«

»Jetzt erst? Was habt ihr den ganzen Tag in Vegas gemacht? Ist Lucky krank? Zurückhaltung beim Spielen ist doch sonst nicht seine Art.«

»Es hat eine kleine Verzögerung gegeben«, antwortete McCoy und berichtete kurz, was sich ereignet hatte.

»Mord? Um Gottes willen, Mike!«, stieß sie erschrocken hervor. »Aber irgendwie sieht euch das ähnlich. Kaum lässt man euch aus den Augen und schon steckt ihr in Schwierigkeiten.«

»Du kannst uns helfen, da wieder herauszukommen.«

»Nein, danke! Ich bin allergisch gegen Revolverkugeln!«

»Jenny, du sollst dich ja auch nicht ins Kreuzfeuer stellen, sondern nur ein paar Informationen für mich einholen. Nichts Riskantes. Nur Recherchen in Los Angeles, genauer gesagt Santa Monica. Die Halbschwester der Ermordeten lebt da. Emily Montford. Sie arbeitet in einem Blindenheim. Es sollte nicht übermäßig schwer sein, sie aufzustöbern.«

»So«, sagte Jenny nur.

»Du bekommst für den Trip einen Tausender plus Spesen.«

»Einen Tausender, sagst du?«

»Ja, und du brauchst deinen Fuß noch nicht einmal auf den sündigen Boden von Las Vegas zu setzen«, redete Mike McCoy schnell weiter. »Sieh zu, was du über Vivian Curtis und ihre Vergangenheit herausfinden kannst, und ruf mich hier im *Golden Eagle* an.«

»Allmählich werde ich wach, Mike. Kein übles Angebot. Vielleicht sollte ich das ernstlich in Erwägung ziehen...«

»Jenny, wir brauchen deine Hilfe! Ich kann im Moment von hier nicht weg, das weißt du doch. Lucky versetzt sein letztes Paar Socken, um an Spielgeld zu kommen, wenn ich ihn nicht bremse. Du kennst ihn ja.«

»Nur zu gut!«

»Also, was ist?«

»Okay, ich fliege morgen früh sofort nach L. A. und sehe, was ich herausfinden kann. Ich ruf dich dann morgen Mittag an.«

»Jenny, du bist ein Goldstück!«

»Das war mir klar, Mike. Aber versteck meinen Tausender

vor Lucky! Ganz egal, mit was für einem angeblich todsicheren Tipp er dir das Geld abzuluchsen versucht.«

»Abgemacht!«

Knallharte Argumente

Der Privatdetektiv gönnte sich eine ausgiebige Dusche. Erfrischt und in einem leichten beigefarbenen Anzug stieg er eine halbe Stunde nach seinem Telefongespräch mit Jenny in den Aufzug und fuhr ins Kasino hinunter.

Fast alle Spieltische waren besetzt. Mit bewundernswerter Fingerfertigkeit teilten die Croupiers Karten aus, schnippten die Elfenbeinkugel in die Laufrinne beim Roulette und schoben mit ihrem Rechen Jetons über den grünen Filz. Sie sahen mit einem Blick, wer verloren und wer wie viel gewonnen hatte. Kleine und manchmal auch große Vermögen wechselten innerhalb weniger Augenblicke die Besitzer.

In den Arkaden, wo hunderte von Geldautomaten in langen Reihen standen, ging es nicht weniger hektisch zu. Manche Spieler fütterten gleich vier, fünf oder mehr dieser »einarmigen Banditen« mit Geldstücken. Manche hielten große Pappbecher voll Münzen in der Hand. Überall flackerten bunte Lichter, und ständig rasselten irgendwo Geldstücke in die Auffangschale eines Automaten, der den Gewinn ausschüttete. Der so genannte *Jackpot*, also der Hauptgewinn, bei diesen »einarmigen Banditen« konnte zehntausend Dollar und mehr betragen. Und jeder Spieler hoffte wohl, dass er der Glückliche war, der den Automaten ausräumte. Aber trotzdem waren diese Maschinen fürs Kasino ein einträgliches Geschäft. Sie waren nämlich so eingestellt, dass sie nur einen bestimmten

Teil des Geldes, das durch ihren unersättlichen Schlund glitt, wieder ausschütteten.

Hübsche junge Frauen in knappen Kostümen schritten durch die Reihen. Die einen trugen Zigarettenläden um den Hals, andere waren mit Wechselgeld und Drinks bei der Hand.

Als Mike McCoy um eine Ecke bog, prallte er mit einem Zigarettengirl zusammen, das einem Kunden gerade eine Schachtel Zigaretten verkauft hatte. Der Eindollarschein flatterte zu Boden.

»Entschuldigung«, sagte Mike McCoy, bückte sich schnell und stellte zu seiner Verwunderung fest, dass es zwei Scheine waren. Zwischen der gefalteten Dollarnote schaute noch eine zweite heraus – und zwar im Wert von fünfhundert Dollar.

Der Privatdetektiv ließ sich seine Entdeckung nicht anmerken, als er der rotblonden Frau das Geld reichte. Sie trug an ihrem Kostüm ein kleines Schild mit ihrem Vornamen – Judy.

Fünfhundert Dollar. Kein übles Trinkgeld, dachte er, als er weiterging. Er war überzeugt, dass Judy zu denjenigen Kasinoangestellten gehörte, die ihr Gehalt nach der regulären Arbeit noch durch anderweitige Dienste aufbesserten. Aber das war ihre ganz private Angelegenheit und hatte ihn nicht zu interessieren.

»Mister McCoy!«

Der Privatdetektiv drehte sich um. Phil Scarrow, der Kasinomanager, bahnte sich einen Weg durch die Menge. McCoy wartete auf ihn.

»Sehen Sie sich privat oder geschäftlich in unserem Kasino um, Mister McCoy?«, fragte Phil Scarrow, als er ihn erreicht hatte.

»Beides. Haben Sie zufällig meinen Freund gesehen?«

»Er sitzt drüben an einem der Blackjacktische.«

»Und?«

»Er spielt geschickt und gewinnt.«

»Das wird bestimmt nicht lange so bleiben«, meinte Mike McCoy. »Gewinne machen ihn übermütig. Und seine Pechsträhnen sind meist doppelt so lange wie seine Glückssträhnen.«

Phil Scarrow lachte. »Das klingt so, als würden Sie sich nicht viel aus Glücksspiel machen, Mister McCoy.«

»Ich verlasse mich ungern auf mein Glück, Mister Scarrow. Außerdem habe ich genug damit zu tun, Lucky davon abzuhalten, zu viel zu verlieren.«

Amüsiert zog Scarrow die Augenbrauen hoch. »Glücklicherweise hat nicht jeder Spieler, der zu uns kommt, solch einen Aufpasser zur Seite. Wir leben von den Verlierern.« Sein Gesicht wurde nun ernst. »Mister Curtis informierte mich darüber, dass Sie für ihn Ermittlungen anstellen...«

McCoy verzog das Gesicht. »Ja, gezwungenermaßen. Ich habe mich wirklich nicht um den Job gerissen. Aber ich konnte mich seinen Argumenten nicht entziehen.«

»Ein schreckliches Verbrechen...«

»Haben Sie vielleicht eine Ahnung, was hinter diesem Mord stecken könnte? Mister Curtis erwähnte, dass Sie vor der Eheschließung Erkundigungen über Vivian eingezogen haben.«

Phil Scarrow schüttelte den Kopf. »Für mich ist das Ganze einfach unerklärlich, Mister McCoy. Zugegeben, ich hatte meine Bedenken. Immerhin war Vivian über zwanzig Jahre jünger und Mister Curtis ist ein sehr vermögender Mann. Da macht man sich schon so allerlei Gedanken. Aber ich konnte nichts Nachteiliges über sie in Erfahrung bringen.«

»Und was *haben* Sie über sie erfahren?«

Der Kasinomanager zuckte mit den Achseln. »Wirklich nichts Umwerfendes. Vivian wuchs bei Pflegeeltern auf, arbeitete nach der Highschool einige Jahre als Sekretärin und machte dann eine sehr bescheidene Karriere als Fotomodell. Dass sich Mister Curtis in den wenigen Tagen am Lake Tahoe in sie verliebte, war für sie natürlich eine glückliche Fügung des Schicksals.«

»Glauben Sie, dass Vivian ihn nur des Geldes wegen geheiratet hat?«

Phil Scarrow zögerte. »Ich weiß nicht. Sie schienen zumindest eine glückliche Ehe zu führen ... Sein Vermögen war dabei gewiss nicht hinderlich.«

Sie schlenderten den Gang entlang und kamen zur Roulettesektion des Kasinos.

»Kann Vivian hier im *Golden Eagle* in irgendein krummes Geschäft verwickelt gewesen sein?«, fragte Mike McCoy.

»Wie meinen Sie das?«

»Nun, sie saß ja sozusagen an der Quelle. Und wenn ich auch kein Kasinoexperte bin, so kann ich mir doch vorstellen, dass es viele Möglichkeiten gibt, einen Teil des hier fließenden Geldstromes in dunkle Kanäle umzuleiten.«

Phil Scarrow lächelte ein wenig überheblich. »Das bezweifle ich, Mister McCoy. Ich bin Kasinomanager und somit für den Betrieb und die Sicherheitsmaßnahmen zuständig. Uns entgeht so gut wie nichts. Sehen Sie überall unter den Decken die quadratischen Spiegelplatten?«

McCoy nickte.

»Es sind Einwegspiegel. Wir nennen sie ›Himmelsaugen‹. Über jedem Spieltisch befindet sich so ein Himmelsauge. Dahinter befinden sich Videokameras, die den gesamten Spielbetrieb auf die Bildschirme in unserer Sicherheitszentrale übertragen. Und vor den Schirmen sitzen Aufpasser, denen es nicht entgeht, wenn jemand falsch spielt oder Jetons verschwinden lässt. Die Übertragungen, die nonstop laufen, werden aufgezeichnet. Wenn ich also den Verdacht habe, dass dieser oder jener Croupier nicht ganz sauber ist, kann ich mir die Bänder holen und sie so lange abspielen, auch in Zeitlupe, bis ich seinen Trick herausgefunden habe ... oder aber von seiner Ehrlichkeit überzeugt bin. Sie sind übrigens jederzeit herzlich willkommen, sich das mal selbst anzusehen.«

»Ich werde darauf zurückkommen«, erwiderte Mike McCoy. »Aber immerhin geben Sie zu, dass so etwas passieren kann.«

Phil Scarrow lachte. »Sicher, die Verlockung ist ja auch gewaltig, wenn einem täglich zehntausende oder gar hunderttausende durch die Finger fließen. Und der menschliche Erfindungsgeist ist groß.«

»Ja, besonders wenn es um viel Geld geht.«

»Oh, das hier hätte ich fast vergessen.« Der Kasinomanager zog einen Schlüsselbund hervor. »Mister Curtis hat noch einmal mit Captain Chapman telefoniert und erfahren, dass der Wagen Ihres Freundes ... nicht voll verkehrstüchtig ist. Er bat mich, Ihnen die Schlüssel zu einem unserer kasinoeigenen Wagen zu geben. Es ist ein brandneuer Thunderbird. Ich hoffe, es ist Ihnen recht.«

Mike McCoy nahm die Schlüssel entgegen. »Sehr aufmerksam. Ich hoffe nur, dass Mister Curtis sein Geld nicht zum Fenster hinauswirft. Ich weiß nämlich wirklich nicht, wonach ich suchen soll.«

»Ich beneide Sie nicht, Mister McCoy. Und nun bitte ich Sie, mich zu entschuldigen. Wir sehen uns ja bestimmt noch. Und viel Glück für Ihren Freund.« Er eilte davon.

Mike McCoy machte sich nun auf die Suche nach Lucky. Doch er konnte ihn weder beim Blackjack noch bei den Würfeltischen finden. Er schaute sich auch in den drei Bars und zwei Restaurants um, die zum *Golden Eagle* gehörten. Doch nirgends eine Spur von Lucky.

Schließlich gab er es auf. Vielleicht hatte sein Freund das Kasino gewechselt. Wenn das der Fall war, konnte er sich die Mühe sparen. Lucky zu finden, wäre dann fast so aussichtslos gewesen, wie im Heuhaufen nach einer Stecknadel zu suchen.

McCoy beschloss, in die Suite zurückzukehren, und ging zu

den Aufzügen. Ganz in Gedanken drückte er auf den Knopf und registrierte so nur am Rande, dass drei Männer hinter ihn traten.

Dass etwas oberfaul war, merkte er erst, als die Türen vor ihm zurückglitten und ihn jemand grob in den leeren Fahrstuhl stieß. Er taumelte in die Kabine und wirbelte herum.

»Ganz friedlich, Blondschopf!«

Der Privatdetektiv blickte in die dunkle Mündung eines kurznasigen Revolvers, den der mittlere Bursche auf ihn gerichtet hatte.

Der Mann links von McCoy steckte einen Schlüssel in den Schlüsselschlitz unterhalb der Knopfleiste, drehte ihn nach rechts und drückte auf »Keller 3«. Die Türen schlossen sich wieder und der Fahrstuhl glitt abwärts.

»Da muss ein Irrtum vorliegen, Gentlemen«, sagte Mike McCoy mit der Miene eines Mannes, der ganz und gar ahnungslos ist. »Meine Suite liegt im 15. Stockwerk. Wir fahren in die falsche Richtung...«

»Wir sind goldrichtig, Schnüffler!«, zischte der Mann mit dem Revolver. Er hatte ein Nullachtfünfzehn-Gesicht, doch dafür waren seine Muskelpakete um so ausgeprägter.

»Das habe ich befürchtet«, murmelte Mike McCoy. Er war wütend auf sich selbst, weil er die Gefahr unterschätzt hatte. Es war sonst nicht seine Art, so unaufmerksam durch die Gegend zu spazieren, wenn er hinter einem Killer her war. Er hatte sich im Kasino sicher gefühlt, ganz so, als wäre der *Golden Eagle* so etwas wie neutraler Boden. Ein verhängnisvoller Fehler, der ihm nun das Leben kosten konnte.

Mike McCoy versuchte, Zeit zu gewinnen. »Gentlemen, ich weiß nicht, wer Sie sind und warum Sie sich so viel Mühe mit mir geben. Und wenn ich ehrlich sein soll, so will ich es auch gar nicht wissen. Also... warum können wir uns nicht arrangieren?«

»Es ist schon alles arrangiert«, erwiderte der Revolvermann ungerührt.

»Das ist es ja gerade, was mich daran so stört«, sagte Mike McCoy mit Galgenhumor. »Dieses überraschende Arrangement lässt meine Wünsche völlig unberücksichtigt.«

»He, hör ihn dir an, Rory!«, feixte der Mann mit dem Fahrstuhlschlüssel. »Der könnte hier in Vegas glatt als Komiker auftreten.«

»Das bezweifle ich«, gab Rory, der Muskelprotz mit dem Revolver, zurück. »Wenn wir mit ihm fertig sind, wird ihm das Grinsen reichlich schwer fallen.«

Der andere Gangster lachte. »Für 'ne Karriere im Gruselkabinett wird's aber noch reichen.«

Der Fahrstuhl hielt mit einem leichten Ruck und die Türen öffneten sich. Vor ihnen lag ein grauer Gang. Heizungsrohre liefen an den Wänden entlang. Deutlich war das Dröhnen schwerer Generatoren zu hören.

»Johnny, sieh nach, ob die Luft rein ist!«, befahl Rory.

Der Mann, der den Fahrstuhl betätigt hatte, trat aus der Kabine und blickte sich um. »Alles bestens, Rory.«

»Komm raus, Schnüffelbruder!«, befahl Rory nun und machte eine ungeduldige Bewegung mit der Waffe.

Mike McCoy blieb nichts anderes übrig, als dem Befehl Folge zu leisten. Er wartete auf eine Gelegenheit zu einem Fluchtversuch. Doch die drei Gangster gaben ihm keine Chance. Sie ließen ihn nicht aus den Augen. Sie führten ihn zehn Schritte den Gang hinunter und stießen ihn dann in einen großen Raum, in dem mehrere mannshohe Abfallcontainer standen. Die schwere Eisentür fiel hinter ihnen zu.

Mit einem ekelhaft flauen Gefühl im Magen wich Mike McCoy zurück. »Sie sollten wirklich nicht überstürzt handeln, Gentlemen!«, sagte er beschwörend. »Wir können doch sicherlich zu einer Einigung kommen, die auch Sie zufrieden stellt!

Mister Curtis ist ein sehr großzügiger Mann. Wenn wir uns nur ein bisschen entgegenkommen ...«

»Sicher kommen wir uns entgegen, Blondkopf«, erwiderte Rory mit einem spöttischen Lächeln. »Johnny, zeig ihm, wie entgegenkommend wir sind!«

McCoy wich weiter zurück und stieß mit dem Rücken gegen die Wand eines Containers. Ohne Hast kam Johnny auf ihn zu.

»Also gut«, knurrte der Privatdetektiv. »Spielen wir das Spiel nach euren Regeln!« Er hatte nichts mehr zu verlieren. Das Einzige, was ihm jetzt noch zu tun blieb, war, seine Haut so teuer wie möglich zu verkaufen. Mike McCoy stürzte sich auf Johnny, schlug eine Finte mit der Linken zum Kopf und trat im selben Augenblick mit dem rechten Fuß zu. Mit aller Kraft rammte er ihm den Schuhabsatz unter die Kniescheibe. Der Gangster brüllte auf und verlor das Gleichgewicht. McCoy setzte sofort nach und brachte einen soliden Schwinger in den Magen an, der den Mann zu Boden schickte.

»Bob!«, rief Rory scharf.

Der dritte Gangster befand sich schon im Vormarsch. Der Privatdetektiv ließ von Johnny ab und wandte sich schnell um.

Bob war nicht so leicht zu täuschen. Er blockte McCoys Angriff locker ab und gab ihm seine Fäuste zu schmecken. Seine Schläge, die mit eiskalter Präzision kamen, verrieten, dass er solch einen Job nicht zum ersten Mal erledigte.

Mike McCoy wurde in die Verteidigung gedrängt. Er versuchte, sich so gut es ging zu schützen, doch Bobs Fäuste durchbrachen immer wieder seine Deckung. Er konnte eine Menge einstecken, doch als sich nun auch Johnny wieder an der Prügelei beteiligte, ging ihm die Luft aus. Er musste zwei kurze Haken hinnehmen und taumelte dann in einen Aufwärtsschwinger von Bob.

Der Privatdetektiv stieß einen Schrei aus und hatte das Gefühl, aus den Schuhen gehoben zu werden. Er krachte gegen den Container. Mit einer Hand hielt er sich krampfhaft an der Oberkante fest. Seine Beine drohten ihm den Dienst zu versagen.

»Johnny ... Bob! Gönnt ihm 'ne Atempause!«

»Sehr ... rücksichtsvoll«, keuchte Mike McCoy.

»Hör zu, Schnüffler, es gibt hier in Vegas ein paar Leute, denen dein Gesicht nicht gefällt«, sagte Rory mit emotionsloser Stimme.

»Ja ... sieht ... wirklich ... ganz so aus.« Der Privatdetektiv rang nach Atem.

»Und dasselbe gilt für deinen Freund, diesen Krauskopf«, fuhr der Gangster fort. »Ihr passt hier nicht in die Landschaft. Und deshalb werdet ihr morgen früh verschwinden. Ist das klar?«

Mike McCoy verzog das Gesicht zu einem gequälten Grinsen. »Ihre Argumente haben ... etwas Zwingendes an sich. Wird mir ein Vergnügen sein, Las Vegas Auf Wiedersehen zu sagen.« Trotz der Schmerzen fühlte er sich plötzlich fast wie neu geboren. Die Gangster hatten nicht den Auftrag, ihn umzulegen!

»Wenn euch euer Leben lieb ist, seid ihr morgen spätestens um neun Uhr aus dem *Golden Eagle* verschwunden. Falls ihr euch nicht daran haltet ...«

»... ziehen wir vom Hotel geradewegs auf den Stiefelhügel von Las Vegas um«, fiel ihm der Privatdetektiv grimmig ins Wort. »Ich weiß, ich weiß. Hab den Spruch früher schon mal gehört.«

Rory nickte. »Sehr richtig. Und ihr werdet keine weitere Warnung bekommen. Also, verduftet und kümmert euch in Zukunft um eure eigenen Angelegenheiten.«

»Ganz meine Meinung«, versicherte Mike McCoy.

»Johnny ... Bob ... Macht ihn fertig.«

»He, das ist wirklich nicht nötig!«, stieß Mike McCoy entsetzt hervor. »Ich hab's begriffen. Kein Grund, dass Sie sich noch weitere Umstände machen!«

Ein schwaches Lächeln lag auf Rorys Lippen, als er erwiderte: »Es ist nicht persönlich gemeint, Blondschopf. Job ist nun mal Job.«

»Sicher, nicht persön...« Weiter kam Mike McCoy nicht. Rorys Schläger nahmen ihn systematisch in die Mangel. Sie bearbeiteten ihn, als wollten sie ihm jeden Knochen im Leib einzeln brechen.

Mike McCoy wehrte sich, so gut er konnte, doch er stand auf verlorenem Posten. Seine Kräfte erlahmten. Er ging mehrfach zu Boden. Doch sie zerrten ihn immer wieder auf die Beine. Schließlich fiel er um und blieb regungslos auf dem kalten Zementboden liegen.

»Das reicht!«, entschied Rory. »Diese Lektion wird ihn wohl davon kurieren, weiterhin herumzuschnüffeln.«

»Sollen wir ihn hier liegen lassen?«, fragte Bob.

»Bettet ihn weich«, sagte Rory zynisch und deutete auf den Abfallcontainer. Bob und Johnny grinsten. Sie packten den bewusstlosen Detektiv, hoben ihn über den Rand und ließen los. Mike McCoy fiel in einen Berg fauler Tomaten, seine Schuhe rissen dabei einen mit Kaffeesatz gefüllten Plastiksack auf.

Berufsrisiko

Lucky kehrte kurz nach zwei in die Suite zurück, um die restlichen Jetons zu holen. Als er das Hotelzimmer verlassen wollte und die Tür öffnete, stand Mike McCoy vor ihm. Er fiel ihm fast in die Arme.

»Heiliger Strohsack!«, stieß Lucky entsetzt hervor. »Man könnte meinen, du wärst durch die Müllhalden von Las Vegas geschleift worden.«

Der Privatdetektiv sah schrecklich aus. Sein ehemals heller Anzug war völlig verdreckt. Hässliche Flecken bedeckten Jacke und Hose. Die Revers waren mit Ketschup beschmiert und schwarzes Kaffeemehl klebte an seinen Schuhen. Geronnenes Blut, das aus einer Platzwunde an der Unterlippe gesickert war, bildete am Kinn eine dunkle Kruste. Die Haut unter dem linken Auge war angeschwollen und schillerte in allen Farben.

»Dich hat man ja schön zugerichtet! Mit wem hast du dich bloß angelegt?«

»Sicherlich nicht mit der Heilsarmee«, antwortete Mike McCoy undeutlich und taumelte ins Zimmer. Er hatte das Gefühl, als wäre seine linke Gesichtshälfte samt der Unterlippe zu Ballongröße aufgequollen.

Lucky schloss schnell die Tür und stützte ihn, als er schwankend wie ein Betrunkener zum Bad wankte. »Bist du verletzt, Mike? Soll ich einen Arzt rufen?«

Mike McCoy winkte kraftlos ab. »Nichts weiter ... als ein ... paar dutzend Kratzer ... und Blutergüsse.« Das Sprechen bereitete ihm Schmerzen. Die Haut an seiner Unterlippe spannte sich unerträglich und bei jedem Atemzug schienen tausend kleine, aber ungemein scharfe Messer seine Rippenpartie zu traktieren.

»Sag mir, wer dich so durch den Wolf gedreht hat, und ich mach Wackelpudding aus ihm!«

»Danke, aber Angela bleibt mir das Honorar schuldig, wenn ich dich im Leichenhemd nach Hause bringe«, murmelte McCoy. »Aber du kannst dich anders nützlich machen, indem du den Zimmerservice anrufst und Eisbeutel kommen lässt. Ich schaffe es schon allein bis ins Bad.«

»Bestimmt?«

»Ja, zum Teufel noch mal!«

»Eisbeutel. Wird sofort erledigt!«

Im luxuriösen Bad, das wohl so groß war wie das Wohnzimmer eines Durchschnittsamerikaners, schälte sich Mike McCoy ganz vorsichtig aus dem schmutzigen, nach Abfall stinkenden Anzug. Er schleuderte die Schuhe von sich – und stöhnte bei dieser abrupten Bewegung schmerzhaft auf.

Er presste die Zähne zusammen, als er unter der Dusche stand und eiskaltes Wasser auf seinen gepeinigten Körper trommelte. Kochende Wut auf diesen Rory und seine Komplizen verdrängte die Schmerzen für einen Augenblick. Dass sie ihn zusammengeschlagen hatten, nahm er ihnen nicht halb so übel wie die Sache mit dem Abfallcontainer.

Als er aus der Bewusstlosigkeit erwacht war, hatte er noch vor den Schmerzen den Ekel erregenden Fäulnisgestank wahrgenommen. Er hatte sich instinktiv abwenden wollen und dabei in irgendetwas Matschiges gefasst. Und dann hatte er die Augen aufbekommen und gesehen, dass die Gangster ihn in den Abfallcontainer geworfen hatten. Er hatte bestimmt zehn Minuten oder sogar mehr damit verbracht, sich an der stinkenden Eisenwand des Behälters hochzuziehen.

Diese Demütigung würde er ihnen nie verzeihen.

Nach der Dusche fühlte er sich wieder einigermaßen menschenwürdig, wenn auch die Schmerzen jetzt eher noch stärker waren als zuvor. Er fuhr in seinen Bademantel, wankte hinüber ins Schlafzimmer und streckte sich vorsichtig auf dem Bett aus.

»Eisbeutel, jede Menge!«, rief Lucky und schleppte gleich vier auf einmal an. »Habe noch vier von diesen frostigen Wundertüten im Kühlschrank.«

Mike McCoy legte sich jeweils zwei Eisbeutel auf Brust und Gesicht. Er gab ein lang gezogenes Stöhnen von sich, als er spürte, wie die eisige Kälte die Schmerzen betäubte.

»Lucky, wenn du wüsstest, wie gut das tut«, seufzte der Privatdetektiv.

»Und wenn du wüsstest, wie du aussiehst! Als hätte dich jemand mit einem Steakklopfer bearbeitet.«

»Dein Mitgefühl rührt mich zu Tränen«, kam McCoys Stimme gedämpft unter den Eisbeuteln hervor. »Mix mir einen starken Drink, und ich erzähl dir dann, wie beliebt wir in dieser sonnigen Stadt sind.«

Lucky mixte zwei Drinks an der Minibar im Wohnzimmer und kehrte dann zu Mike McCoy zurück, der ihm nun seine buchstäblich eindrucksvolle Begegnung mit Rory und Konsorten schilderte.

»Wir sollen bis um neun Las Vegas verlassen haben?«, erregte sich Lucky. »Das ist ja schon in rund sechs Stunden! Das muss ein Witz sein!«

»O nein! Sie meinen es tödlich ernst.«

»Seit wann lässt du dich von solchen Typen aus der Stadt jagen?«, versuchte Lucky ihn nun beim Stolz zu packen.

»Schade, dass du ihre Argumente nicht am eigenen Leib verspüren konntest«, erwiderte McCoy gereizt. »Dann würdest du jetzt nämlich nicht so einen Schwachsinn von dir geben.«

»Warum hast du auch nicht auf mich gehört?«, klagte Lucky. »Ich habe dir doch gesagt, du sollst keinen Wirbel veranstalten, wenn du nicht willst, dass man dir auf die Zehen tritt!«

»Von auf die Zehen kann ja wohl nicht die Rede sein! Außerdem bin ich gar nicht dazu gekommen, irgendwelchen Wirbel, wie du meine Arbeit so respektlos zu nennen pflegst, zu veranstalten. Rory und seine Muskelpakete haben schon auf mich gewartet.«

»Und warum haben sie mich in Ruhe gelassen?«

Mike McCoy hob einen Eisbeutel vom Gesicht und bedachte ihn mit einem sarkastischen Blick. »Wer würde es wagen, sich mit dir anzulegen?«

Lucky zeigte sich für den Spott völlig unempfänglich. Er nickte ernst. »Eine gute Frage, Mike. Dass mit einem Lucky Manzoni nicht gut Kirschen essen ist, spricht sich eben überall schnell herum.«

Seufzend ließ McCoy den Eisbeutel wieder auf sein angeschwollenes Gesicht fallen. »Lucky, bitte! Ich habe schon Kopfschmerzen.«

»Was soll nun werden, Mike? Ich meine, wir können uns doch unmöglich mit eingezogenem Schwanz davonschleichen! Einmal ganz davon abgesehen, dass ich mich noch gar nicht richtig warm gespielt habe!«

»Ich wette, du hast die zwanzig Jetons, die du nur ›für den Fall der Fälle‹ eingesteckt hattest, bis auf den letzten verspielt!«

»Du bist kein Geschäftsmann, sonst würdest du wissen, dass man immer erst investieren muss, bevor man an das große Geld rankommt! Ich habe das Terrain sondiert und alles sieht prächtig aus, glaub mir!«

»Entweder bin ich mit Blindheit geschlagen oder du«, erwiderte Mike McCoy.

»Erspar mir die Antwort«, sagte Lucky, der nie an sich zweifelte. »Ich habe übrigens einen alten Freund getroffen. Waren zusammen in der Army. Nico Zigouris, in Las Vegas unter dem Spitznamen ›Nick the Greek‹ bekannt.«

»Ein Spieler?«, fragte McCoy argwöhnisch.

»Ein Ass!«, schwärmte Lucky. »Er ist fast so gut wie ich. Haben unseren Kompaniechef damals in einer Nacht ausgenommen wie 'ne Weihnachtsgans. Schuldete uns sechs Riesen, dieser Mistkerl.«

»Und? Hat er gezahlt?«

»Er hat uns strafversetzt.«

»Und du hast jetzt vor, mit diesem ›Nick the Greek‹ Las Vegas aus den Angeln zu heben, nicht wahr?«

»Mike, du musst ihn unbedingt kennen lernen! Er ist ein ›Countdowner‹, ein Spieler, der jede einzelne Karte im Kopf behält, die auf den Spieltisch kommt. Die Croupiers mischen beim Blackjack fünf Kartenspiele, das sind zweihundertsechzig Karten, die dann im so genannten ›Schuh‹ stecken. Und Nick weiß zu jedem Zeitpunkt, welche Karten schon gespielt sind und welche noch im Schuh stecken. Zusammen sind wir fast unschlagbar!«

»Aber eben nur fast.«

»Himmel, ich weiß wirklich nicht, weshalb ich mit dir über Dinge rede, die offensichtlich deinen geistigen Horizont überschreiten«, sagte Lucky knurrig. »Eines ist jedenfalls sicher – ich werde in Vegas bleiben!«

»Wir reden morgen darüber, Lucky«, beendete der Privatdetektiv die Diskussion.

Mike McCoy lag noch lange wach. Erst im Morgengrauen fiel er in einen unruhigen Schlaf voller Albträume. Als er erwachte und auf seine Armbanduhr blickte, war es schon zehn nach neun. Das Ultimatum der Gangster war somit also schon abgelaufen.

Lucky wartete im Wohnraum mit einem üppigen Frühstück auf ihn, als er aus dem Bad kam. »Du siehst wieder bedeutend besser aus, Mike ... bis auf die grün-blauen Veilchen unter dem linken Auge.«

»Danke für deine aufmunternden Worte«, sagte McCoy und begnügte sich mit Fruchtsaft, Kaffee und zwei Scheiben Toast. Lucky dagegen stürzte sich auf die Filets Mignon, die mit Ananas und echtem Kaviar garniert waren. Er hatte nur das Beste vom Besten bestellt – immerhin ging ja jede Bestellung auf Kosten des Hauses, nicht wahr?

Eine halbe Stunde später erschien die Leitung des Casinos in voller Besetzung – Dan Curtis, Rick Waever und Phil Scarrow. Sie hatten von dem Überfall erfahren und zeigten sich betroffen über das, was dem Privatdetektiv in der Nacht zugestoßen war.

»Ein Überfall in meinem Haus! Wie konnte das geschehen, Phil?« Dan Curtis sah noch bleicher und mitgenommener aus als tags zuvor.

Der Kasinomanager zuckte bedauernd mit den Achseln. »Wir haben unser Sicherheitspersonal, aber ein Hotelkasino von der Größe des *Golden Eagle* lässt sich nun mal nicht lückenlos überwachen. Es sei denn, Sie verdreifachen die Sicherheitskräfte. Aber auch das würde in solch einem Fall nicht viel helfen. Wir haben zurzeit an die tausend Hotelgäste, die Kasinobesucher gar nicht eingerechnet.«

»Ich weiß, ich weiß«, sagte Dan Curtis bedrückt und wandte sich wieder dem Privatdetektiv zu. »Sind Sie schon zu einem Entschluss gekommen, Mister McCoy? Vielleicht war es sehr selbstsüchtig von mir, Sie zu diesem gefährlichen Job gedrängt zu haben. Ich kann verstehen, wenn Sie Las Vegas jetzt lieber den Rücken kehren wollen.«

Rick Waever nickte zustimmend. »Das wäre eine kluge Entscheidung.«

»Ja«, schloss sich nun auch Phil Scarrow an. »So schwer mir das Eingeständnis auch fällt, Mister McCoy, aber ich bin nicht imstande, für Ihre Sicherheit zu garantieren.«

»Machen Sie sich deshalb keine Sorgen«, sagte Lucky mit vollem Mund. »Auf die Garantien anderer hat mein Freund noch nie viel gegeben. Ist es nicht so, Mike?«

»Das ist zwar recht grob formuliert, aber im Kern stimmt es«, gab Mike McCoy zu, von Luckys Lässigkeit peinlich berührt.

»Sie wollen also nicht auf das Ultimatum der Gangster eingehen?«, fragte Dan Curtis.

»Vielleicht hätte ich es getan, wenn sie den Bogen am Schluss nicht überspannt hätten«, antwortete der Privatdetektiv. »Aber sie haben das Spiel überreizt und das war ihr Fehler.«

»Ihre Charakterstärke in Ehren«, sagte Phil Scarrow mit förmlichem Respekt, »aber als Kasinomanager muss ich eigentlich darauf bestehen, dass Sie zumindest den *Golden Eagle* verlassen, wenn Sie schon beabsichtigen, Ihr Leben in Las Vegas zu riskieren. Weitere Gewalttätigkeiten in diesem Haus können dazu führen, dass wir in Verruf geraten. Und das hätte erhebliche finanzielle Einbußen zur Folge. Ich bitte das zu bedenken!« Die Worte waren mehr für Dan Curtis als für Mike McCoy bestimmt.

»Ich habe nichts dagegen einzuwenden, in ein anderes Hotel zu ziehen«, erklärte der Privatdetektiv. »Doch das würde nicht viel an meiner Präsenz hier im *Golden Eagle* ändern, Mister Scarrow.«

»Wie meinen Sie das?«

»Ich habe den Verdacht, dass die Antwort auf die Frage nach dem Mordmotiv hier im Kasino zu finden ist.«

Dan Curtis furchte die Stirn. »Meinen Sie wirklich?«

McCoy nickte. »Die drei Ganoven kannten sich gut aus und sie waren im Besitz eines besonderen Fahrstuhlschlüssels.«

»Dem würde ich nicht zu viel Bedeutung beimessen«, meinte Phil Scarrow. »Fast jeder vom Hotelpersonal kann sich solch einen Schlüssel besorgen. Es befinden sich mindestens sechzig von ihnen im Umlauf.«

»Möglich«, räumte Mike McCoy ein. »Aber die Art, wie dieser Rory ausdrücklich betonte, dass wir den *Golden Eagle* zu verlassen hätten, spricht für meinen Verdacht. Und in solchen Dingen täusche ich mich sehr selten. Rory hat mehr verraten, als seinem Auftraggeber lieb sein kann.«

»Ich bin kein Privatdetektiv, ich bin Kasinomanager«, erwiderte Phil Scarrow achselzuckend. »Und in dieser Eigenschaft muss ich schwerste Bedenken anmelden, Mister Curtis. Mister McCoys Anwesenheit kann die Gangster zu einem weiteren Gewaltakt provozieren. Und Sie wissen, wie sich so etwas auf den Spielbetrieb auswirken kann!«

»Ja, es wäre wirklich vernünftiger, die Aufklärung des Verbrechens der Polizei zu überlassen«, unterstützte Rick Waever ihn.

»Polizei, pah!«, schnaubte Lucky geringschätzig.

Dan Curtis hatte dem Wortwechsel schweigend zugehört. Es war jetzt an ihm, das entscheidende Wort zu sprechen. »Phil, ich weiß Ihre Besorgnis zu schätzen. Ich bin jedoch bereit, diesen Teil des Risikos auf mich zu nehmen.«

»Dann bleibt also alles beim Alten«, stellte Mike McCoy fest.

»So ist es«, bestätigte Dan Curtis.

Phil Scarrow zuckte resigniert mit den Schultern, sagte aber nichts. Dan Curtis war nun mal der Besitzer und konnte die Entscheidungen nach seinem Gutdünken fällen.

Rick Waever brachte seine Missbilligung jedoch zum Ausdruck. »Dan, was du tust, ist unvernünftig. Bei allem Respekt vor deinen Gefühlen – Vivian ist tot! Was für einen Sinn hat es, das Leben von Mister McCoy zu gefährden? Ist denn ein Verbrechen nicht schon mehr als genug?«

»Sich in Gefahr zu begeben, ist sein Beruf«, erwiderte Dan Curtis kühl. »Außerdem zwinge ich Mister McCoy nicht. Es liegt ganz bei ihm, ob er Las Vegas verlässt oder die Ermittlungen fortführt.«

»Ich bleibe.«

Curtis nickte knapp. »Gut, damit können wir das Thema abschließen. Halten Sie mich auf dem Laufenden, Mister McCoy, und passen Sie auf sich auf!« Zusammen mit Waever und Scarrow verließ er die Suite.

»Merkwürdiger Bursche, dieser Rick Waever«, meinte Lucky und spießte das dritte Filet Mignon mit seiner Gabel auf. »Ist dir aufgefallen, wie nervös er war? Nicht eine Minute konnte er seine kurzen Wurstfinger ruhig halten. Der hätte uns am liebsten gestern schon auf dem Rückweg nach Frisco gesehen.«

»Den Eindruck hatte ich auch.«

»Vielleicht weiß er mehr, als er vorgibt.«

»Möglich«, sagte Mike McCoy nachdenklich. »Wir werden es herausfinden.«

Henkersmahlzeit

An diesem Morgen ließ Mike McCoy es sehr ruhig angehen. Mit blinder Betriebsamkeit war nichts zu gewinnen. Zudem war er nach der sehr einseitigen nächtlichen Prügelei auch nicht in bester Verfassung. Ruhiges Tempo, gepaart mit erhöhter Vorsicht, das war jetzt angebracht.

Gegen halb elf stattete der Privatdetektiv Captain Chapman einen Besuch ab. Lucky begleitete ihn mit verdrossener Miene. McCoy hatte darauf bestanden, dass sie vorerst zusammenblieben. Sich zu trennen, war unter den gegebenen Umständen nicht ratsam.

Captain Chapman zeigte ein wenig hämische Schadenfreude, als Mike McCoy ihm von seiner Begegnung mit den drei Schlägern berichtete. Doch er machte keine Schwierigkeiten, als McCoy darum bat, die Verbrecheralben durchsehen zu dürfen.

»Ich glaube aber nicht, dass wir einen von ihnen in unseren Unterlagen haben«, meldete der Captain seine Zweifel an. »Sie hätten ihre Gesichter sonst vermummt.«

Daran hatte Mike McCoy auch schon gedacht. Doch er wusste aus langjähriger Erfahrung, dass man auch die scheinbar unwahrscheinlichsten Möglichkeiten nicht außer Acht lassen durfte. Außerdem gab es nichts, was er sonst hätte tun können.

Der Privatdetektiv saß fast zwei Stunden über den Polizeiunterlagen und studierte die Ganoven- und Gangsterkonterfeis. Rory, Bob und Johnny befanden sich nicht darunter. Dafür aber Luckys Freund aus der Armyzeit – Nick the Greek.

»Schau dir das mal an«, sagte McCoy mit einem breiten Grinsen und reichte Lucky, der in einem Magazin blätterte, die Karteikarte. »Betrug, Scheckfälschung und versuchte Manipulation von Spielautomaten. Dein Freund ist alles andere als ein Ass, Lucky. Ich würde ihn eher als miese Niete bezeichnen.«

Fassungslos starrte Lucky auf die Polizeifotos. »Mhm... ein Ehrenmann war er nie«, gab er widerwillig zu. »Aber als Spieler ist und bleibt er ein Ass, da kannst du gegen ihn sagen, was du willst.«

»Ja, deshalb hat er vermutlich auch überall in Las Vegas Kasinoverbot«, meinte McCoy spöttisch. »Halte ihn dir bloß vom Leib, Lucky. Es könnte sonst passieren, dass du als sein Komplize ebenfalls auf die schwarze Liste der Kasinos kommst. Aber warte... Vielleicht solltest du einen alten Freund nicht einfach fallen lassen.«

»Du verdammter Heuchler!«, empörte sich Lucky. »Glaub ja nicht, ich hätte dich nicht durchschaut! Du hoffst ja bloß, dass ich Kasinoverbot bekomme. Was Besseres könnte dir ja gar nicht widerfahren. Aber den Gefallen tu ich dir nicht, Mike. Ich kenne keinen Nick the Greek und man wird mich auch nicht mit ihm zusammen sehen!«

Mike McCoy schüttelte scheinbar betrübt den Kopf. »Wie kannst du nur so schnell den Stab über einen alten Freund brechen, Lucky! Von dir hätte ich wirklich mehr Charakterstärke erwartet.«

»Pah, ich brauche keinen Trickspieler, um in Las Vegas abzusahnen!«, erwiderte Lucky grimmig. »Und jetzt lass uns gehen. Ich hab ein Riesenloch im Magen, das nach Hummer, Kroketten und Champagner schreit!«

»Auf Kosten des Hauses natürlich...«

»Was uns zusteht, steht uns zu.«

Mike McCoy hatte nichts dagegen einzuwenden. Es wurde sowieso Zeit, in den *Golden Eagle* zurückzukehren. Jenny hatte versprochen, gegen Mittag anzurufen. Und es war schon kurz vor eins.

Sie brachten die Verbrecheralben in Captain Chapmans Büro zurück und McCoy quittierte die Rückgabe seines Revolvers. Er war froh, wieder im Besitz seiner Waffe zu sein. Sie gab ihm ein gewisses Gefühl der Sicherheit.

Im goldbraunen Thunderbird fuhren sie zum Hotelkasinokomplex zurück. Bei Tag wirkte der »Strip« nicht halb so beeindruckend wie bei Dunkelheit. Der Wald der Reklameschilder zu beiden Seiten des Boulevards machte auf McCoy sogar einen ausgesprochen hässlichen Eindruck.

Wirklich reizvoll waren dagegen der fast wolkenlose blaue Himmel und die kahlen grau-braunen Bergzüge, die jenseits der Stadt aufragten. Die Wüste Nevadas war alles andere als flach und sandig, sie bestand vielmehr zum überwiegenden Teil aus spärlich bewachsenen Bergzügen und schroffen Felsen.

An der Hotelrezeption erkundigte sich McCoy, ob jemand für ihn angerufen hatte. Doch das war glücklicherweise nicht der Fall gewesen. Er hatte Jennys Anruf also nicht verpasst.

In der Suite griff Lucky sofort zum Telefon und gab die Bestellung auf: Hummer, Kroketten, Gemüsebeilagen, Dessert und natürlich – Champagner.

»Kannst du mir mal sagen, wer das alles essen soll?«, fragte McCoy verwundert.

»Du brauchst ja von allem nur eine Gabelspitze voll zu nehmen«, meinte Lucky in einem Tonfall, als würde er jeden Tag so vornehm speisen. »Und zu Hummer gehört nun mal Prickelwasser.«

»Ein trockener Weißwein wäre mir lieber gewesen.«

»Kannst du haben«, sagte Lucky lässig und langte nach dem Telefonhörer.

Mike McCoy gebot ihm Einhalt. »Lucky, spiel nicht den Krösus! Auch wenn es uns nicht einen Cent kostet, brauchen wir doch nicht gleich unverschämt zu werden!«

»Ich sehe schon, du wirst dich erst noch an das Leben in Reichtum gewöhnen müssen«, sagte Lucky herablassend.

Der Privatdetektiv verzichtete auf eine Antwort.

Zwanzig Minuten später klopfte es an die Tür. Mike McCoy nahm seinen Revolver an sich, ging zur Tür und spähte durch den Spion. Auf dem Hotelflur stand ein Kellner in der goldbraunen Livree des *Golden Eagle* mit einem Servierwagen, der mit silbernen Schalen, Schüsseln und Servierhauben voll gestellt war.

Mike McCoy steckte den Revolver weg und öffnete.

»Ihre Bestellung, Sir«, sagte der Kellner und schob den Wagen ins Zimmer. Zielstrebig begab er sich zur kleinen Essecke neben der Wohnzimmerbar und deckte den Tisch. Von der unteren Ablage des Servierwagens nahm er Geschirr, Bestecke und Gläser.

»Gib ihm ein anständiges Trinkgeld«, raunte Lucky seinem Freund zu.

»Warum übernimmst du das nicht?«, raunte McCoy zurück.

»Du bist hier der Boss.«

»Auf einmal«, brummte Mike McCoy und kramte in seiner Hosentasche nach einer Dollarnote. Er trat zum livrierten Kellner. »Danke, wir bedienen uns schon selbst.«

»Sehr wohl«, sagte der Mann, steckte den Schein ein und

hob dann mit der linken behandschuhten Hand eine der silbernen Warmhaltehauben hoch. »Der Hummer...« Seine Rechte fuhr blitzschnell unter die Haube und kam mit einem Revolver hervor. Flink sprang er einen Schritt zurück. »Los, hoch die Flossen!«, befahl er.

Lucky und McCoy starrten fassungslos auf die Waffe in der Hand des angeblichen Zimmerkellners.

»He, Mister... wüsste nicht, dass wir so etwas Gewöhnliches wie blaue Bohnen bestellt hätten!«, stieß Lucky mit belegter Stimme hervor.

»Schnauze!«, zischte der Gangster. »Rüber ins Bad... Du zuerst, Krauskopf!«

»Wenn Sie meine edle Lockenpracht meinen...«, begann Lucky empört.

»Noch ein Wort und du besuchst deine Ahnen!«

»Nun gut, ich beuge mich der rohen Gewalt! Aber das wird noch ein Nachspiel haben!«

»Halt den Mund und tu, was er sagt!«, fuhr McCoy ihn an und dachte: Ich bin lausig... Ich bin diesmal sogar verdammt lausig! Erst gehe ich den drei Schlägern in die Falle, und nun das hier. Dies kann gut und gern der letzte Fehler sein, den ich in meinem Leben gemacht habe.

»Rückwärts – und ganz langsam! Und versuch gar nicht erst, hinter deinem Schnüffelfreund in Deckung zu gehen, sonst verpass ich dir mit dem Ballermann 'n Schlafmittel, das bis zum Jüngsten Tag wirkt!«

»Nicht nötig«, murmelte Lucky, der ganz blass geworden war. »Kann über Schlafmangel nicht klagen.« Mit steifen Bewegungen und erhobenen Händen ging er rückwärts.

Mike McCoy musste ihm mit etwas Abstand folgen. Der Gangster dirigierte sie mit knappen, scharfen Befehlen. McCoy spürte das schwere Gewicht seines Revolvers in der Jackentasche, wusste jedoch, dass er keine Chance hatte, an die Waffe zu kommen. Die Kugel des Gangsters würde ihn erwischen, noch bevor er mit der Hand an der Tasche war. Aber dennoch würde er es versuchen müssen, weil es ihre einzige Chance war, an einem Begräbnis in Las Vegas vorbeizukommen.

Die Gedanken jagten sich hinter der Stirn des Privatdetektivs. Die Nähe des scheinbar unabwendbaren Todes ließ ihn innerlich kühl und ruhig werden. Blitzschnell wägte er die Möglichkeiten ab. Sie waren zu zweit, und wenn der Killer nicht absolute Spitzenklasse war, würde er kaum in der Lage sein, sie beide mit jeweils einem Schuss sauber zu erledigen – nicht, wenn sie in Bewegung waren. Und darin lag ihre einzige Chance. Wenn der Gangster ihn mit dem ersten Schuss nur verletzte, würden sie es vielleicht noch schaffen können. Vorausgesetzt, Lucky reagierte genauso schnell wie er. Aber in solchen Situationen hatte Lucky bisher immer noch eine fantastische Geistesgegenwart gezeigt. Bisher, wie gesagt ...

»Du wirst Schwierigkeiten haben, uns beide schnell genug umzulegen!«, sagte Mike McCoy, um Lucky einen Hinweis zu geben, in welche Richtung seine Gedanken gingen.

»Halt dein Maul!«, herrschte der Gangster ihn an. »He, Krauskopf, stell die Dusche an ... Dreh die Hähne ganz auf!«

»Wir haben schon geduscht«, brummte Lucky, trat aber weiter zurück, in Richtung auf die Dusche. Er hatte die Hände noch immer über dem Kopf erhoben. Aus den Augenwinkeln bemerkte er die großen Badetücher, die in Kopfhöhe von einer Messingstange hingen. Noch einen Schritt zurück und er würde sie mit den Fingerspitzen berühren.

Luckys und McCoys Blicke trafen sich.

Der Privatdetektiv begriff – und er wusste, dass er die Aufmerksamkeit des Killers auf sich ziehen musste. Hastig stieß er hervor: »Für einen Doppelmord bekommst du lebenslänglich, Mann! Und solche Verbrechen bleiben auf Dauer nicht unaufgeklärt. Irgendjemand macht irgendwann doch mal den Mund auf und singt den Bullen ein ...«

In diesem Moment klingelte im Wohnraum das Telefon.

Vom Schrillen überrascht, drehte der Gangster den Kopf automatisch ein wenig zur Seite – wie jemand, der über die Schulter blicken will.

Das, was sich nun ereignete, ging so schnell und synchron vor sich, dass es nur einige wenige Sekunden in Anspruch nahm.

Im selben Augenblick, als der Gangster für einen winzigen Moment abgelenkt war, packte Lucky das Badehandtuch, riss es von der Stange, schleuderte es dem Kerl entgegen und stieß gleichzeitig einen markerschütternden Schrei aus.

Auch McCoy reagierte. Er ließ sich nach links fallen, griff blitzschnell in die Jackentasche und bekam die Waffe zu fassen.

Der Gangster schoss, noch bevor ihn das große Badehandtuch traf. Die Kugel verfehlte den Privatdetektiv, traf mitten in den riesigen Badezimmerspiegel über dem Waschbecken und ließ ihn mit einem splitternden Knall zu tausend Scherben zerspringen. Das Badetuch schlug ihm ins Gesicht, als er den Finger erneut um den Abzug krümmte. Das Geschoss klatschte in die Wandfliesen.

Mike McCoy hatte inzwischen die Waffe heraus und entsicherte. Er feuerte im Liegen. Krachend entlud sich der Revolver.

Der Gangster schrie auf. Das Geschoss hatte ihn an der rechten Hüfte gestreift. Fluchend sprang er zurück. Noch bevor der Privatdetektiv einen zweiten Schuss abfeuern konnte, war der Mann schon aus seinem Schussfeld und knallte die Tür zu.

Lucky, der sich mit einem Satz in die überdimensionale Badewanne in Sicherheit gebracht hatte, sprang auf. »Er versucht zu verduften!«

»Kopf runter und hier geblieben!«, rief McCoy. Er kauerte

hinter der Wäschekommode, den Revolver auf die Tür gerichtet. »Wir haben unser Glück ...«

Drei Kugeln durchschlugen die Badezimmertür. Die Projektile rissen große Splitter aus dem Holz und jaulten als gefährliche Querschläger durch das Bad.

Lucky ging sofort wieder auf Tauchstation. Ihm wurde ganz kalt dabei, als er daran dachte, dass er förmlich in die Kugeln gerannt wäre – hätte McCoy ihn nicht zurückgehalten.

Die Schüsse waren noch nicht ganz verhallt, als McCoy das Schlagen einer Tür hörte. Vermutlich war der Gangster aus der Suite geflohen. Aber darauf wollte er sich nicht verlassen. Erst als er aufgeregte Stimmen auf dem Hotelflur hörte, kam er vorsichtig hinter seiner Deckung hervor.

Lucky und er sahen sich an.

»Danke«, sagte McCoy ernst. »Du warst großartig.«

Lucky zuckte verlegen mit den Achseln. »Halb so wild ... Und irgendjemand musste dir ja mal zeigen, wie man so eine Situation meistert.« Mit einem breiten Grinsen stieg er aus der Wanne. »Was meinst du, ob der Hummer noch warm ist?«

Eine heiße Spur

Der Hummer war noch warm, doch Mike McCoy war der Appetit vergangen. Hotelgäste und Personal waren im Flur zusammengelaufen, und der Privatdetektiv versicherte den Neugierigen immer wieder, dass nichts passiert sei.

In die Suite zurückgekehrt, schraubte er die Sprechmuschel des Telefonhörers auf. »Dachte ich es mir doch – eine Abhörwanze!«

Eine systematische Suche brachte noch sechs weitere Wanzen zum Vorschein. Die Telefone in den beiden Schlafzimmern waren damit bestückt, ebenso die Deckenlampen in jedem Raum, und sogar im Bad war eine versteckt.

»Sieben Wanzen! Kannst du mir mal sagen, wann man uns die Dinger ins Nest gelegt hat?«, fragte Lucky.

»Vermutlich heute Vormittag, als wir bei Chapman waren.«

»Das bedeutet, dass unsere Gegenseite verdammt gut über jeden unserer Schritte informiert ist und Zugang zu Zimmerschlüsseln, Hoteluniformen und so weiter hat.«

Mike McCoy nickte. »Du sagst es. Ich glaube immer mehr, dass unser Mister Unbekannt, der für diese Verbrechen verantwortlich ist, hier im *Golden Eagle* zu finden ist.«

»Vielleicht ist Vivian irgendeinem großen Spielbetrug auf die Spur gekommen und deshalb umgebracht worden«, meinte Lucky.

»Das ist gut möglich.«

»Wir sollten Curtis informieren!«

Der Privatdetektiv hielt nichts davon. »Solange wir nicht wissen, wer der Kopf der Verbrecher ist, sollten wir unseren Verdacht für uns behalten. Jetzt wollen wir erst einmal sehen, was wir über unseren Zimmerkellner herausbekommen können.«

Die Befragung des Personals vom Zimmerservice und von der Küchenausgabe brachte keine Ergebnisse. Keinem war irgendetwas Ungewöhnliches aufgefallen. Unbekannte Gesichter gehörten in diesem riesigen Hotelbetrieb zum Alltag, sodass niemand darauf geachtet hatte.

Mike McCoy hatte damit gerechnet. Sie hatten es mit Profis zu tun. Die Wanzenaktion und der Mordanschlag wiesen darauf hin.

Zum zweiten Mal an diesem Tag fuhren sie zum Polizeihauptquartier. Captain Chapman zeigte diesmal keine Schadenfreude, sondern eine Mischung aus ernstlicher Besorgnis und Unwillen. Er schickte sofort die Spurensicherung los, ließ ein Phantombild nach ihren Angaben anfertigen und drängte den Privatdetektiv dann, den Fall zu vergessen und Las Vegas zusammen mit seinem Freund auf der Stelle zu verlassen.

»Ich habe es satt, mir von irgendjemand vorschreiben zu lassen, was ich zu tun und zu lassen habe!«, fuhr Mike McCoy dem Captain in die Rede, als dieser regelrecht grob wurde. »Wenn ich Las Vegas den Rücken kehre, tue ich das, weil *ich* es will!«

Vic Chapman knallte die Faust auf den Schreibtisch. »Und ich habe Ihre Extratouren satt, Mister McCoy! Sie provozieren mehr Ärger, als Sie verhindern!«

»Sie verdrehen die Tatsachen, Captain!«, erwiderte McCoy scharf. »Es geht um die Aufklärung eines Mordes, falls Sie das vergessen haben sollten. Und Mister Curtis hat mich beauftragt...«

»Zum Teufel mit Mister Curtis!«, schnitt Vic Chapman ihm das Wort ab. »Ich brauche Sie nicht, um den Mord aufzuklären. Deshalb werden Sie aus Las Vegas verschwinden. Und zwar noch heute! Wenn Sie bis Mitternacht nicht aus der Stadt sind, buchte ich Sie ein... Sie und Ihren dämlich grinsenden Freund!«

Lucky schnappte empört nach Luft.

»Das werden Sie nicht wagen!«, rief Mike McCoy.

»Stellen Sie mich auf die Probe!«, fauchte der Captain und wies ihnen die Tür.

»Das war ja die unterletzte Schublade, in die dieser Stinker gegriffen hat!«, tobte Lucky, als sie den Flur hinuntergingen. »Dämlich grinsender Freund! Hast du das gehört?«

»Ja«, brummte Mike McCoy.

»Verklagen werde ich diesen eingebildeten Affen! Schadenersatz werde ich verlangen! Niemand beleidigt ungestraft einen Lucky Manzoni! Ich werde dafür sorgen, dass er viel Zeit zum Sandschaufeln und Kakteenpflücken hat... Ich werde ihn zum Frührentner machen und...«

»Es war ihm ernst mit der Drohung!«, wandte McCoy ein.

Luckys Redeschwall ebbte ab und von seiner Empörung blieb nichts mehr übrig. »Ja, es klang wirklich so«, sagte er kleinlaut. »Eine schöne Bescherung. Was machen wir jetzt bloß?«

»Bis Mitternacht ist es noch weit hin«, meinte der Privatdetektiv und gab sich zuversichtlich. »Irgendetwas wird sich schon ergeben.«

In Wirklichkeit war Mike McCoy alles andere als zuversichtlich. Bisher waren sie von einer gefährlichen Situation in die andere gestolpert und dem Tod jedes Mal nur um Haaresbreite entkommen. Doch das wirklich Deprimierende war, dass sie noch immer keine Ahnung hatten, was hinter dem Mord an Vivian Curtis steckte. Sie riskierten ihr Leben – und wussten noch nicht einmal, worum es eigentlich ging.

Die Sonne neigte sich schon den westlichen Bergzügen zu, als McCoy und Lucky vor dem überdachten Portal des *Golden Eagle* aus dem Thunderbird stiegen.

»Mike! Lucky!«

Sie drehten sich um.

»Das ist ja Jenny!«, stieß Lucky entgeistert hervor.

Jennifer Blake sprang aus dem Taxi, das ein paar Wagenlängen hinter ihnen auf der Auffahrt gehalten hatte. Sie nahm schnell ihren kleinen Reisekoffer vom Rücksitz, reichte dem Fahrer einen Schein durch das Beifahrerfenster und eilte die breiten Stufen hoch.

Verblüfft, aber auch voller Freude sah Mike McCoy sie an. Ihr lockiges blau-schwarz schimmerndes Haar umwehte im Laufen ihr fein geschnittenes Gesicht. Ihre dunklen ausdrucksstarken Augen blitzten schelmisch. Sie trug ein dezent gemustertes Frühlingskleid, das ihren schlanken Körper hervorragend zur Geltung brachte. Ja, sie sah wieder mal wirklich verführerisch aus, wie McCoy insgeheim zugeben musste.

Ein bestürzter Ausdruck trat auf Jennys Gesicht, als sie die Verfärbungen unter McCoys linkem Auge bemerkte. »Um Himmels willen, du siehst ja zum Fürchten aus!«, rief sie erschrocken.

»Wieso? Oh, du meinst die Blessuren! Sieht schlimmer aus, als es ist«, beruhigte er sie. »Souvenirs einer handgreiflichen Meinungsverschiedenheit, die ich gestern Nacht mit drei ziemlich unfreundlichen Zeitgenossen hatte.«

Jenny schaute ihn verunsichert an. »Bist du okay?«

Mike McCoy grinste. »Ein bisschen flügellahm, das ist alles. Wirklich kein Grund zur Besorgnis.«

»Hoffentlich sagst du das auch nicht nur so...«

»Kannst du mir mal sagen, was *du* hier zu suchen hast?«, fragte Lucky auf seine mürrische Art, die er ihr gegenüber so gern an den Tag legte. »Wir haben auch so schon Ärger genug.«

Jenny lächelte ein wenig gequält. »Das hört sich so an, als hättest du schon alles Geld verspielt.«

»Spielen? Ich weiß überhaupt nicht mehr, was das ist!«, klagte Lucky. »Es ist geradezu grotesk. Monatelang habe ich mich auf Vegas vorbereitet und meinen großen Coup bis in alle Einzelheiten geplant, und dann komme ich noch nicht einmal dazu, lange genug an einem Spieltisch zu sitzen, um den Stuhl anzuwärmen. Es ist eine Katastrophe! Sogar ein Spielgenie von meinem Format kann unmöglich bis Mitternacht...«

»Wie wäre es mal mit einer Atempause?«, fiel McCoy ihm mit sanftem Nachdruck ins Wort und wandte sich Jenny zu. »Dein Auftauchen ist wirklich eine Überraschung! Ich dachte, du wärest allergisch gegen Revolverkugeln?«

Jennys Lächeln wurde nun eine Spur sicherer. »Eine leere

Haushaltskasse hat auf mich dieselbe Wirkung, Mike. Und ich dachte, hier könnte vielleicht eine Story für mich abfallen. Außerdem habe ich dich heute Mittag nicht erreichen können.«

Der Privatdetektiv zog spöttisch die Augenbrauen hoch. »Ich wette, du hast nur einmal angerufen – und zwar kurz vor deinem Abflug von Los Angeles nach Vegas.«

»Stimmt«, gab Jenny zu. »Du hast gesagt, ich könnte unbesorgt Spesen machen, und das habe ich auch getan. Ich hoffe für dich, dass du am Telefon nicht nur große Sprüche geklopft hast.«

»Keine Sorge, du bekommst alle Kosten ersetzt. Aber ich wünschte, du wärst doch nicht gekommen. Um Mitternacht fällt für uns nämlich der Vorhang, Jenny. Und ich befürchte, das gilt auch für dich. Viel Zeit für deine Story wird dir also nicht bleiben.«

»Mitternacht? Wovon sprichst du, Mike?«

»Ich werd's dir erklären.«

Sie begaben sich in die Hotelbar, und mit ungläubigem Staunen hörte Jenny zu, als McCoy ausführlich berichtete, was sich bis jetzt zugetragen hatte.

»Ein Mord, zwei Mordanschläge, eine Schlägerei und neunzehn Stunden im Jail – alles in sechsunddreißig Stunden Las Vegas!«, fasste Jenny kopfschüttelnd zusammen. »Das ist wirklich ein volles Programm. Und ihr habt noch immer keine brauchbare Spur?«

Der Privatdetektiv verneinte. »Und wie sieht es bei dir aus, Jenny? Bist du auf irgendetwas gestoßen, was uns weiterbringen könnte?«

»Weltbewegendes habe ich nicht ans Tageslicht gebracht«, dämpfte Jenny übertriebene Erwartungen.

»Wäre wohl auch zu schön gewesen, um wahr zu sein«, seufzte McCoy. »Aber erzähl der Reihe nach! Du scheinst diese Emily Montford erstaunlich schnell gefunden zu haben.«

Jenny nickte. »Es war ein Kinderspiel. Als ich heute Morgen in Los Angeles ankam, rief ich von der nächsten Telefonzelle aus die Blindenheime in der Gegend von Santa Monica an. Beim zweiten Anruf hatte ich sie schon gefunden. Ich hab mir einen Mietwagen genommen und bin zur Küste hinuntergefahren. Sie wusste noch nichts vom Tod ihrer Halbschwester.«

»Ich weiß«, sagte Mike mitfühlend.

Jenny schwieg eine Weile und drehte ihr Glas auf der Stelle. Schließlich fuhr sie fort: »Sie zeigte sich erstaunlich gefasst. Emily erzählte mir, dass sie und Vivian sich nie sehr nahe gestanden hatten. Vivian hat sie wegen ihrer sozialen Ader stets belächelt. Emily ist eine sehr bescheidene Person; Vivian schien das Gegenteil gewesen zu sein. Sie wollte Erfolg, Ansehen und Geld. Und deshalb ging sie mit einundzwanzig nach New York. Ein Jahr später zog sie nach Atlantic City um ...«

»Atlantic City in New Jersey?«, vergewisserte sich McCoy.

»Ja.«

»Interessant«, murmelte McCoy. Atlantic City, bis Ende der Siebzigerjahre ein ehemals vornehmer Badeort auf dem Abstieg zur Geisterstadt, hatte sich innerhalb von fünf Jahren zum Las Vegas der Ostküste entwickelt. Ende Mai 1978 wurde hier das erste legale Spielkasino der USA außerhalb von Nevada eröffnet, dem innerhalb kürzester Zeit viele andere folgten – Kasinos wie Hotelpaläste. Und gerade hierhin war Vivian umgezogen ... »Was hat sie in Atlantic City gemacht?«

»Angeblich als Fotomodell gearbeitet.«

»Wieso angeblich?«

Jenny verzog das Gesicht. »Ich gebe nur wieder, was ich von Emily gehört habe. Ihren Worten zufolge kann es mit der Fotomodellkarriere ihrer Halbschwester nicht weit her gewesen sein.«

»Und warum nicht?«, wollte Lucky wissen.

»Weil Vivian nicht in der Lage war, Emily auch nur einmal

ein veröffentlichtes Foto von sich zu zeigen«, erklärte Jenny. »Vor knapp fünf Jahren hat Emily sie überraschend in Atlantic City besucht. Sie hat natürlich die Magazine sehen wollen, in denen Bilder von ihr erschienen waren. Doch Vivian konnte so etwas nicht vorweisen, fuhr aber einen brandneuen Sportwagen, besaß teure Garderobe und wohnte in einem exklusiven Apartment mit Blick aufs Meer.«

»Wenn das nicht von Küste zu Küste stinkt, will ich Rasputin heißen!«, gab Lucky von sich. »Wollt ihr wissen, welchem Job sie in Wirklichkeit nachgegangen ist?«

»Wir können es uns denken«, meinte Mike McCoy.

»Ja, es sieht tatsächlich so aus, als hätte Vivian zahlungskräftigen Männern einsame Nächte versüßt«, bestätigte Jenny. »Emily hat ihr das auf den Kopf zugesagt und sich mit ihr derart zerstritten, dass der Kontakt zwischen ihnen von da an völlig abriss. Sie hat von Vivian seitdem nichts mehr gehört.«

»Und von alldem hat Phil Scarrow bei seinen Nachforschungen nichts herausgefunden?«, sagte Mike McCoy skeptisch. »Das kommt mir aber mächtig seltsam vor. Santa Monica ist ja nun wahrlich nicht aus der Welt.«

»Von Emily muss er nicht unbedingt gewusst haben«, gab Jenny zu bedenken. »Sie erzählte mir, dass Vivian die Existenz ihrer Halbschwester stets verschwiegen hat.«

»Aber Curtis weiß von Emily«, sagte Lucky. Und fügte sinnierend hinzu: »Die Frage ist natürlich, seit wann er das weiß und von wem.«

»Jenny, ich glaube, du hast uns einen gewaltigen Schritt vorwärts gebracht.« Der Privatdetektiv wurde wieder zuversichtlich. »Jetzt haben wir wenigstens etwas, wo wir ansetzen können.«

Jenny strahlte und kramte in ihrer Handtasche. »Emily hat mir übrigens ein paar Bilder überlassen, die Vivian ihr einige Wochen vor diesem großen Krach zugeschickt hatte ... Es sind richtige Angeberfotos, aber vielleicht sind sie von Nutzen. Hier sind sie.«

Mike McCoy nahm die Fotos entgegen. Vier der Bilder zeigten Vivian vor einer tropischen Kulisse mit Wasser, Strand und Palmen. Sie posierte da in knappen Bikinis. Zwei weitere Fotos waren auf einer superelegenten Motorjacht aufgenommen worden. Vivian lehnte an der Reling, wieder sehr spärlich bekleidet und mit einem Drink in der Hand. Neben ihr lächelten noch zwei weitere weibliche Schönheiten in die Kamera. Ein braun gebrannter Mann blickte vom Ruderstand zu ihnen hinüber.

Der Privatdetektiv starrte wie hypnotisiert auf dieses Bild. Eine Gänsehaut bildete sich auf seinen Armen. »Lucky, sieh dir mal das Foto an – und sag mir, wer der Mann am Ruderstand ist!« Seine Stimme zitterte leicht vor Aufregung.

Lucky warf einen Blick auf das Bild und seine Augen weiteten sich. »Donnerlittchen!... Ich werd verrückt!«, stieß er hervor.

Verwirrt blickte Jenny von Lucky zu McCoy. »Was ist? Wer ist dieser Mann auf dem Bild?«

»Ich will nie wieder eine Karte in die Hand nehmen, wenn das nicht Phil Scarrow ist, der Kasinomanager vom *Golden Eagle*!«

Der große Unbekannte

»Phil Scarrow, der Mann, der angeblich nichts Negatives über Vivians Vorleben in Erfahrung bringen konnte«, sagte der Privatdetektiv, gepackt von einer fiebrigen Erregung. Er wusste jetzt, dass sie endlich eine heiße Spur gefunden hatten.

»Dabei hat der Bursche von Anfang an gewusst, dass Vivian ein besseres Callgirl war!«, fügte Lucky hinzu.

»Er hat Dan Curtis also bewusst belogen«, stellte Jenny fest. Mike McCoy nickte. »So ist es.«

»Phil Scarrow hat so viel Dreck am Stecken, dass man damit halb Nevada düngen und in fruchtbares Ackerland verwandeln könnte!«, meinte Lucky. »Und ich habe das verdammte Gefühl, als hätte er uns all den Ärger eingebrockt.«

»Dann ist er also der große Unbekannte?«, fragte Jenny.

»Möglicherweise«, erwiderte Mike McCoy.

»Aber warum der Mord an Vivian? Er hatte von ihr doch nichts zu befürchten«, wandte Jenny ein. »Im Gegenteil, sie war doch in seiner Hand. Wo ist da das Motiv?«

Der Privatdetektiv verzog das Gesicht. »Wenn wir das wissen, ist der Fall vermutlich geklärt.« Er nahm Lucky das Bild ab und legte es auf den Tisch. »Dieses Foto ist Gold wert, Freunde. Außer Vivian und Phil Scarrow ist auf diesem Bild nämlich noch jemand zu sehen, der mir bekannt ist.«

»Du kennst eines von den beiden Mädchen?«, fragte Lucky erstaunt.

Mike McCoy nickte und deutete auf die Rothaarige rechts von Vivian. »Diese hier. Ich kenne nur ihren Vornamen – Judy. Sie arbeitet im *Golden Eagle* als Zigarettengirl. Ich bin sicher, dass das kein Zufall ist.«

»Heiliger Bimbam!«, rief Lucky begeistert. »Worauf warten wir noch? Fühlen wir Phil Scarrow und dieser Judy gehörig auf den Zahn!«

»Immer mit der Ruhe«, ermahnte McCoy ihn. »Von Phil Scarrow lassen wir vorerst mal die Finger. Ich möchte nicht, dass er den Braten riecht und sich absetzt ... immer vorausgesetzt natürlich, dass er der entscheidende Mann ist. Wir haben im Augenblick lediglich ein paar zusammenhanglose Mosaiksteine ohne Verbindungsstücke. Nichts weiter als ein paar vage Mutmaßungen, und damit können wir niemanden festnageln.«

»Was schlägst du also vor?«, fragte Jenny.

»Ich werde mir Judy vornehmen – und zwar allein. Lucky, du wirst zusammen mit Jenny Rick Waever aufsuchen. Er soll euch Zugang zu den Personalakten der Angestellten vom *Golden Eagle* verschaffen. Erinnere ihn notfalls daran, dass Dan Curtis uns völlig freie Hand gegeben hat. Waever wird sich also fügen müssen.«

Lucky runzelte die Stirn. »Was willst du mit den Personalakten?«

»Ich will eine Liste von all denjenigen Frauen, die aus der Gegend von Atlantic City stammen und hier angestellt wurden, seit Phil Scarrow Kasinomanager vom *Golden Eagle* geworden ist.«

Lucky gab einen leisen Pfiff von sich. »Jetzt fällt bei mir der Penny, Mike! Du glaubst, Scarrow hat in aller Stille einen Callgirlring aufgebaut, nicht wahr?«

Mike McCoy zuckte mit den Achseln. »Es sieht ganz so aus. Falls Waever dumme Fragen stellt und wissen will, warum wir die Personalakten durchgehen wollen, sag ihm, wir würden noch nach dem Gangster suchen, der versucht hat, uns hier im Hotel umzulegen. Keiner braucht zu wissen, wonach wir wirklich suchen.«

»Wird erledigt! Und wo treffen wir uns wieder?«

»Hier im Hotel, in unserer Suite«, schlug der Privatdetektiv vor und steckte das Bild ein, das auf der Jacht aufgenommen worden war. »Es kann übrigens nicht schaden, wenn du dich in den Räumen noch einmal nach Wanzen umsiehst.«

Zusammen verließen sie die Bar. Jenny und Lucky fuhren mit dem Fahrstuhl nach oben, während Mike McCoy die Kasinoräume aufsuchte. Gemächlich schlenderte er durch die Reihen und schaute sich dabei unauffällig um.

Er entdeckte Judy bei den Spielautomaten. Offensichtlich war das ihr Revier. Ohne Eile ging er zu ihr hinüber. »Hi, Judy.«

»Hi, Mister McCoy«, grüßte sie und schenkte ihm das obligatorische Lächeln, das jedem Kunden zustand.

»Bin ich schon so bekannt?«, fragte er mit hochgezogenen Brauen.

»O ja«, erwiderte Judy. »Was kann ich für Sie tun? Zigaretten?«

Mike McCoy nickte. »Ja, aber von der normalen Sorte.«

Judy sah ihn verständnislos an. »Wie bitte?«

»Keine Schachtel zu fünfhundert Dollar das Stück«, erklärte er freundlich lächelnd.

Die Farbe wich aus ihrem Gesicht. »Ich ... ich ... weiß ... nicht, wovon ... Sie ... sprechen«, stammelte sie flüsternd.

Der Privatdetektiv blieb ruhig und freundlich. »Habe ich etwas Falsches gesagt, Judy? Sie sehen auf einmal so blass aus. Sie haben in letzter Zeit bestimmt viel mitgemacht. Erst dieser schreckliche Mord an Ihrer Freundin Vivian Curtis ...«

Judy riss erschrocken die Augen auf. »Freundin ... Vivian? Ich verstehe Sie nicht. Entschuldigen Sie, aber ich habe zu tun, Mister McCoy.«

Der Privatdetektiv ergriff ihr Handgelenk und hielt sie fest, ohne dass das Lächeln von seinem Gesicht verschwand. »Sie bleiben, Judy. Und lächeln Sie. Wir wollen doch kein Aufsehen erregen, nicht wahr?«

»Was wollen Sie von mir?«, fragte sie ängstlich.

»Judy, wir können miteinander Katz und Maus spielen, wenn Sie es wünschen. Doch Sie haben keine Chance, dieses Spiel zu gewinnen. Ich weiß, dass Sie Vivian von Atlantic City her kannten – und auch Phil Scarrow.«

Judy stieß einen unterdrückten Schrei aus. »Sie ... Sie sind verrückt!«, hauchte sie entsetzt. »Ich weiß nichts!«

Mike McCoy zog das Foto heraus. »Erinnern Sie sich wieder? Eine gestochen scharfe Aufnahme, nicht wahr?«

Judy zuckte zusammen. Ihr Gesicht wurde nun kalkweiß. Sie öffnete den Mund, brachte jedoch kein Wort heraus. Sie starrte nur auf das Foto.

»Judy, es ist sinnlos, leugnen zu wollen, dass Sie Vivian und Scarrow schon seit vielen Jahren kennen.«

»Ich ... ich hab mit dem Mord nichts zu tun!«

»Dann brauchen Sie ja nichts zu befürchten, wenn Sie meine Fragen beantworten. Wenn Sie es natürlich vorziehen, von Captain Chapman von der Mordkommission verhört zu werden ...«

Mit panischer Angst in den Augen schüttelte Judy den Kopf. »Nein! Keine Polizei! Ich sage Ihnen alles, was ich weiß. Doch bitte nicht hier!«

»Wann und wo dann?«

Judy zögerte einen Moment. »Bei mir zu Hause. Um acht ist mein Dienst zu Ende. Kommen Sie um halb neun. Und passen Sie auf, dass Ihnen niemand folgt«, sagte sie hastig, zog einen Notizblock hervor und schrieb ihre Adresse auf ein Blatt. »Fahren Sie Richtung North Las Vegas und biegen Sie dann auf den Lake Mead Boulevard ab. Nach drei Meilen sehen Sie zu Ihrer Rechten ein allein stehendes Haus, ein wenig von der Straße zurückversetzt. Sie können es nicht verfehlen. Im Vorgarten stehen drei Riesenkakteen dicht beieinander.«

Mike McCoy nahm den Zettel mit der Adresse. »Gut, einverstanden. Um halb neun. Aber ich warne Sie, Judy. Versuchen Sie nicht, in der Zwischenzeit zu verschwinden. Sie würden nicht weit kommen, glauben Sie mir.«

»Ich werde zu Hause auf Sie warten«, versprach Judy mit zitternder Stimme. »Doch jetzt lassen Sie mich bitte gehen!«

Mike McCoy gab ihr den Weg frei. Er war zufrieden. Judy

war keine hart gesottene Verbrecherin. Sie würde in Vegas bleiben, verängstigt und bereit, ihm alles zu sagen, was sie wusste.

Die perfekte Tarnung

Im Direktionszimmer von Rick Waever türmten sich die Personalakten zu wahren Bergen. Der Schreibtisch, die samtbezogenen Stühle, die marmorne Blumenbank und ein Guttteil des goldbraunen Teppichbodens waren mit Schnellheftern bedeckt.

Der dicke Vertraute des Casinobesitzers ging hinter seinem Schreibtisch auf und ab. Die Klimaanlage sorgte im Raum für angenehme Temperaturen, doch Rick Waever erlitt einen Schweißausbruch nach dem anderen. Sein haarloser Schädel glänzte wie mit Fett eingerieben.

»Ich ... ich bin mir wirklich nicht sicher, ob das zulässig ist, was Sie da machen!«

Lucky kniete vor dem Schreibtisch und arbeitete sich wie ein Besessener durch die Berge. Er nahm eine Akte nach der anderen von dem Stapel und prüfte sie. Er warf einen Blick auf das Lichtbild des oder der Angestellten und überflog die Angaben über Herkunft, frühere Jobs und Einstellungsdatum. Personalakten von besonders attraktiven jungen Frauen, die zuvor an der Ostküste gearbeitet hatten und jetzt im *Golden Eagle* als Wechselmädchen, Zigarettengirls und Kellnerinnen beschäftigt waren, sortierte er aus. Jenny ging nach demselben System vor.

»Es hat schon alles seine Richtigkeit«, meinte Lucky, ohne den Blick von seiner Arbeit zu wenden.

»Aber hat das nicht Zeit, bis Mister Curtis und Mister Scarrow wieder im Haus sind?«, fragte Rick Waever mit sorgenvoller Miene.

»Es hat nicht«, antwortete Lucky gelangweilt.

Der Dicke rang die Hände. »Aber ich verstehe nicht, warum das mit den Personalakten sein muss!«

»Das erwartet auch niemand von Ihnen«, antwortete Lucky. »Lassen Sie uns nur machen.«

Rick Waever stöhnte wie unter einer zentnerschweren Last. »Dan hätte das niemals zulassen dürfen«, jammerte er und sank in seinen Schreibtischsessel. »Er hätte die Hände davon lassen sollen. Es ist Aufgabe der Polizei, Verbrechen aufzuklären. Diese fixe Idee mit dem Privatdetektiv bringt nichts als Unheil und ...«

»Es hat geklopft«, unterbrach Lucky ihn. »Ich denke, das wird Mike sein.«

Rick Waever stemmte sich aus dem Sessel und öffnete. Es war wirklich der Privatdetektiv.

»Ich habe gehört, dass ihr es euch hier wohnlich gemacht habt«, sagte McCoy zu Jenny und Lucky. »Wie sieht es aus?«

»Noch ein paar Stunden Arbeit«, sagte Jenny trocken. »Du bist herzlich eingeladen, dich zu beteiligen.«

Rick Waever nahm den Privatdetektiv sofort in Beschlag. Er drängte ihn, nicht nur mit der Durchsicht der Personalakten ein Ende zu machen, sondern die Ermittlungen einzustellen und Las Vegas zu verlassen.

»Ich bin sicher, Mister Curtis zu einem großzügigen Honorar bewegen zu können«, redete er hastig auf Mike McCoy ein. »Immerhin hatten Sie in unserem Haus einige Unannehmlichkeiten ...«

»Unannehmlichkeiten?« Mike McCoy blickte ihn scharf an. »Das scheint mir kaum das richtige Wort zu sein, Mister Waever.«

»Sicher, sicher ... Entschuldigen Sie. Das war gedankenlos. Ich meinte auch nur, dass Mister Curtis Ihren Einsatz ganz gewiss zu schätzen weiß und auch dementsprechend honorieren wird ...«

»Und wie steht es mit Ihnen?«

»Wie meinen Sie das, Mister McCoy?«

»Im Gegensatz zu Mister Curtis scheinen *Sie* von unserer Gegenwart hier reichlich wenig zu halten! Und diesen Eindruck habe ich von Anfang an gehabt. Warum sind Sie so erpicht darauf, uns loszuwerden?«

Rick Waever lief im Gesicht dunkelrot an. »Loswerden?« Er lächelte gequält. »Aber Mister McCoy! Davon kann wirklich nicht die Rede sein. Ich bin nur um Ihre Sicherheit besorgt und möchte verhindern, dass Ihnen etwas zustößt.«

»Ich bin zutiefst gerührt«, murmelte Lucky. »Noch so ein Satz und mir kommen die Tränen.«

Mike McCoy blickte Dan Curtis' Vertrauten forschend an. Es stand für ihn fest, dass Rick Waever irgendetwas wusste. Doch was? Und wen wollte er schützen?

»Sie wissen, dass Vivian nicht gerade die Unschuld vom Lande war, nicht wahr?«, sagte er ihm nun auf den Kopf zu.

Der Mund des Dicken klappte auf. »Woher ...?« Er brach ab.

»Woher ich das weiß, spielt jetzt keine Rolle«, sagte McCoy scharf. Er wollte das Überraschungsmoment nutzen. »Aber woher wissen Sie von Vivians ... nun, sagen wir mal ›bewegtem Leben‹ in Atlantic City?«

Rick Waever schluckte. »Mein Gott, Sie haben es herausgefunden«, flüsterte er heiser, wankte zu seinem Sessel und ließ sich in die Lederpolsterung fallen. Er sah plötzlich sehr alt und mitgenommen aus.

»Sie haben meine Frage nicht beantwortet.«

»Ich habe es von ihr selbst erfahren«, erklärte Rick Waever

mit müder Stimme. »Es war vor nicht ganz zwei Wochen, als sie es mir unter vier Augen gestand und Rat suchte. Jemand erpresste sie, und sie wusste nicht, was sie tun sollte. Sie war verzweifelt und hatte Angst, Dan zu verlieren...«

»Wer erpresste sie?«, wollte McCoy wissen.

Der Dicke hob nur einmal schwach die Schultern. »Darüber wollte sie nicht sprechen.«

»Warum ist Vivian gerade zu Ihnen gekommen?«

»Sie liebte Dan wirklich, Mister McCoy. Wie konnte sie ihm da so ein Geständnis machen? Zu mir hatte sie Vertrauen. Ich war so etwas wie ein Ersatzvater für sie. Vivian hatte es nämlich nicht leicht, als Dan sie zu seiner Frau machte. So manch einer in diesem Haus unterstellte ihr, nur des Geldes wegen geheiratet zu haben.«

»Und Sie haben keinen Verdacht, wer der Erpresser gewesen sein und was er verlangt haben könnte?«

»Nein. Vivian hat sich darüber ausgeschwiegen. Ich weiß nur, dass sie Angst hatte. Sie wollte aber auf keinen Fall zur Polizei gehen, denn dann wäre ihre Vergangenheit bekannt geworden. Es hätte einen Skandal gegeben... und das wäre für sie beide schrecklich gewesen. Dan betete sie nämlich an, Mister McCoy. Noch nicht einmal jetzt könnte ich es übers Herz bringen, ihm die Wahrheit über Vivian zu erzählen. Deshalb war ich so dagegen, dass Dan Sie engagierte. Es wäre besser für ihn, die Vergangenheit ruhen zu lassen... Mein Gott, die ganze Angelegenheit ist so schrecklich, so tragisch... Ich kann das alles nicht verstehen. Vivian ermordet... Es fällt mir noch immer schwer, zu glauben, dass das wirklich geschehen ist. Es ist so irrsinnig!«

Mike McCoy verstand nun, weshalb Rick Waever sich so merkwürdig verhalten hatte. Er empfand auf einmal Sympathie für ihn – und ein wenig Mitleid. Auf Dauer würde er Dan Curtis nicht vor der Wahrheit über Vivians Vorleben abschirmen können.

Der Privatdetektiv überlegte, ob er Rick Waever in seinen Verdacht einweihen sollte, entschied sich dann aber dagegen. Zu viel stand auf dem Spiel. Eine unbedachte Bemerkung von Waever, und Scarrow konnte gewarnt sein.

Er half nun Jenny und Lucky bei der Durchsicht der Personalakten. Phil Scarrows Akte befand sich nicht darunter. Rick Waever sträubte sich erst heftig, als McCoy nun auch die Unterlagen von den Hotel- und Kasinomanagern verlangte, um so an die Akte von Phil Scarrow zu kommen. Doch schließlich beugte er sich dem unnachgiebigen Privatdetektiv, als dieser ihn noch einmal an seine Vollmachten erinnerte.

Es war kurz vor sieben, als die drei Freunde die letzte Personalakte geprüft hatten und Rick Waevers Direktionszimmer verließen. Sie gingen auf ihre Hotelzimmer, suchten die Räume ergebnislos nach versteckten Abhörwanzen ab und besprachen das Ergebnis.

»Ich habe zwei Namen auf meiner Liste«, begann Jenny und blickte auf ihre Aufzeichnungen. »Brenda Evans, achtundzwanzig, und Shelley Kirk, siebenundzwanzig. Beide seit drei Jahren Zigarettengirls im *Golden Eagle* – und beide aus Atlantic City.«

»Bei mir sind es vier«, sagte Lucky. »Sie sind alle knapp unter dreißig, kommen aus Atlantic City und versorgen die Spieler bei den Automaten mit Wechselgeld – ebenfalls seit drei Jahren.«

»Und was hast du herausgefunden, Mike?«, fragte Jenny.

»Noch zwei weitere Schönheiten mit denselben Angaben.«

»Mit Judy sind das also insgesamt neun«, stellte Lucky fest. »Das sind zu viele, als dass es sich dabei noch um einen Zufall handeln könnte.«

Jenny stimmte ihm zu. »Das stinkt gewaltig nach Callgirlring, Mike.«

Der Privatdetektiv schüttelte den Kopf. »Ich bin mir dessen

nicht mehr so sicher. Ein Callgirlring kann eigentlich nicht funktionieren, wenn die Frauen acht bis zehn Stunden am Tag einer geregelten Arbeit nachgehen. Phil Scarrow ist nicht dumm. Wenn er der Kopf einer solchen Organisation wäre, würde er seine Mädchen für Kunden stets zur Verfügung halten. Zudem scheint es mir sehr zweifelhaft, dass ein Mann wie Scarrow das Risiko mehrerer Morde für solch eine vergleichsweise läppische Einnahmequelle auf sich nehmen würde. Ein Mann in seiner Position hat andere Möglichkeiten, um an ein paar schnelle Tausender zu kommen.«

Lucky blickte verblüfft drein. »Zum Teufel, das leuchtet mir ein.«

»Willst du damit sagen, dass wir auf der falschen Spur sind?«, fragte Jenny enttäuscht.

»Nicht die Spur ist falsch, sondern das Motiv, das wir ihm bisher unterstellt haben«, erklärte der Privatdetektiv. »In seiner Personalakte steht etwas, das ein völlig neues Licht auf diese Geschichte wirft.«

»Lass hören!«, drängte Lucky voller Ungeduld.

»Unser ehrenwerter Phil Scarrow war Zeitsoldat und mehrere Jahre in Vietnam. Er hat sich nach seinem ersten Einsatz freiwillig für zwei weitere Jahre Dienst im Kriegsgebiet gemeldet.«

Jenny zuckte verständnislos mit den Achseln. »Und? Das spricht doch nicht gegen ihn.«

Mike McCoy lächelte spöttisch. »Das Interessante kommt ja erst noch, Jenny. Phil Scarrow war einer ganz besonderen Einheit als Offizier zugeteilt. Wie ihr euch sicher erinnern werdet, griffen erschreckend viele Soldaten in diesem Dschungelkrieg nach Drogen – Marihuana, Kokain und Heroin. Rauschgift war fast so leicht zu haben wie Kaugummi und Cola. Aufgabe dieser Spezialeinheit war es nun, Verteilerringe zu sprengen, Rauschgiftsendungen abzufangen und so weiter.«

»Und so manch einer von diesen Typen hat bei diesem Millionengeschäft kräftig mitgemischt!«, rief Lucky aufgeregt. »Ist Scarrow unehrenhaft aus der Army entlassen worden?«

»Darüber stand nichts in den Unterlagen«, sagte Mike McCoy. »Aber sicher ist, dass er in diesen Jahren eine Menge über Rauschgift gelernt und wohl auch einige recht nützliche Beziehungen geknüpft hat. Und wenn man all die kleinen Mosaiksteinchen zusammensetzt, ergibt sich meiner Meinung nach statt eines Callgirlrings ein ...«

»... Rauschgiftring!«, beendete Jenny den Satz für ihn.

»Der Mistkerl bringt Schnee unter die Junkies von Las Vegas!«, stieß Lucky hervor. »Schönen weißen Schnee!«

»Eine Truppe von Zigaretten- und Wechselmädchen im Trubel eines Kasinos ist eine fast perfekte Tarnung für solch riskante Geschäfte. Doch wie hat Scarrow sie dazu gebracht, für ihn Rauschgiftverteiler zu spielen?«, fragte Jenny.

Mike McCoy blickte auf die Uhr. Es war noch früh, erst kurz nach sieben. Zeit genug also, um sich vor dem Gespräch mit Judy erst noch in aller Ruhe in ihrem Haus umsehen zu können.

»Judy wird uns die Antwort darauf geben.«

Wüstenschnee

»Bist du sicher, dass dich der Schnüffler nicht auf die eiskalte Tour aufs Kreuz zu legen versucht?«, fragte Brenda Evans skeptisch. »Im Einschüchtern sind diese Brüder ganz groß, besonders dann, wenn sie nichts in der Hand haben.«

»Brenda!«, rief Judy Malcon eindringlich ins Telefon. »Er hat dieses Foto! Und das genügt, um Scarrow und all die anderen auffliegen zu lassen.«

»Ein Foto beweist noch gar nichts.«

Judy verzweifelte fast. Wie konnte Brenda nur so gelassen reagieren? Begriff sie denn nicht, wie groß die Gefahr war? »Dieses verdammte Foto wird eine Kettenreaktion auslösen! Scarrow ist erledigt, wenn die Polizei das Bild in die Hände bekommt und in dieser Sache Ermittlungen anstellt, und wir sind es ebenfalls!«

»Niemand kann uns irgendetwas nachweisen«, erwiderte Brenda gelassen. »Also dreh jetzt bloß nicht durch, Judy. Scarrow wird das schon hinbiegen.«

»Du hast dir einen Schuss gesetzt, nicht wahr? Sonst würdest du nämlich kapieren, worum es geht!«, rief Judy zornig in den Hörer. Brenda war vom Rauschgift ebenso abhängig wie all die anderen – und wie sie früher auch. »Ich dachte, du würdest mir dankbar sein. Aber dir ist wohl nicht zu helfen. Du willst gar nicht aus diesem Elend heraus. Du hast dich offensichtlich damit abgefunden, dass Scarrow dich, genauso wie mich, in der Hand hat und zu allem erpressen kann ...«

»Red keinen Quatsch!«, kam Brendas wütende Antwort aus der Muschel. »Gib mir noch drei Monate und ich bin sauber. Dann hänge ich nicht mehr an der Nadel. Dann kann Scarrow sich seinen ›Wüstenschnee‹ sonstwohin blasen!«

»Das hast du schon vor einem Jahr gesagt«, erwiderte Judy resigniert. »Aber es ist dein Leben, Brenda. Ich habe dich gewarnt. Mehr kann ich nicht tun. Viel Glück.«

»He, warte! Leg noch nicht auf!«, rief Brenda. »Was hast du vor? Willst du dich absetzen?«

Judy zögerte. »Ich weiß noch nicht«, sagte sie dann ausweichend. »Mach's gut.« Sie legte auf und starrte einen Augenblick auf das Telefon. Brenda war einmal ihre beste Freundin gewesen ... Doch das Rauschgift zerstörte alles – Körper und Psyche, Familien und Freundschaften, einfach alles. Und für die wenigsten gab es Hoffnung, den Kampf gegen die Sucht zu gewinnen.

Gegen sechs Uhr hatte Judy Malcon im Kasino einen schweren Migräneanfall vorgetäuscht und ihren Dienst abgebrochen. Sie war zu sich nach Hause gefahren und hatte sich den Kopf darüber zerbrochen, was sie bloß tun sollte. Das Bild bedeutete das Ende von Phil Scarrow und seiner Organisation. Davon war sie überzeugt. Die Polizei würde irgendwo eine schwache, undichte Stelle finden. Irgendjemand würde unter Druck beim Verhör plaudern – und dann flog alles auf. Und jeder würde von dieser Lawine mitgerissen werden. Es gab nur zwei Möglichkeiten für sie, sich vor dieser Katastrophe zu schützen: Entweder war sie es, die auspackte und sich dadurch Straffreiheit erkaufte, oder aber sie tauchte unter.

Judy Malcon konnte sich nicht entscheiden. Sie goss sich einen Drink ein, wanderte im Wohnzimmer auf und ab und wurde von Minute zu Minute unruhiger. Es ging auf halb acht zu. In einer Stunde würde der Privatdetektiv vor ihrer Tür stehen. Bis dahin musste sie zu einem Entschluss gekommen sein.

Nach dem zweiten Drink fiel ihr ein, dass es eigentlich ganz gut wäre, wenn sie ihre Sachen schon gepackt und im Wagen hätte, bevor McCoy mit ihr gesprochen hatte.

Allzu viel zu packen gab es nicht. Sie hatte das Haus möbliert gemietet. Die wenigen Habseligkeiten, von denen sie sich nicht trennen wollte, fanden Platz in einem Koffer. Die anderen beiden Koffer reichten für ihre Garderobe völlig aus.

Judy begann mit dem Kleiderschrank im Schlafzimmer. Achtlos warf sie Kleider und Blusen in den aufgeklappten Koffer auf dem Bett.

»Sieh an, der Vogel will ausfliegen«, sagte plötzlich eine höhnische Stimme hinter ihr. »Da sind wir ja gerade noch rechtzeitig für einen herzlichen Abschiedsgruß gekommen!«

Zu Tode erschrocken fuhr Judy zusammen. Mit einem

Ruck drehte sie sich um – und sah Frank Duran und Hank Slight im Durchgang zum Wohnzimmer. Sie waren Scarrows Verbindungsmänner. Duran lehnte lässig an der Wand und spielte mit einem Nagelreiniger.

Judy riss sich zusammen und versuchte zu lächeln. »Ausfliegen? Wie kommst du denn darauf, Frank ... Ich sortiere nur Kleider aus, die ich nicht mehr anziehe.«

Hank Slight grinste gemein. »Von dem Zeug da brauchst du in Zukunft überhaupt nichts mehr«, sagte er und deutete mit dem Kopf auf den Kleiderschrank.

Angst flackerte in Judys Augen. »Ich ... ich ... weiß nicht, was das soll?«, stieß sie hervor. Ihre Stimme kippte um und drohte, ihr den Dienst zu versagen.

»Schöne Grüße von Brenda«, sagte Frank Duran. »Wir sollen dir ins Gewissen reden.«

»Brenda?« Judy fröstelte.

»Ja, deine Freundin Brenda hat dich verpfiffen, Darling«, sagte Duran kalt. »Sie hat uns gleich angerufen und uns über deine Urlaubspläne informiert. Judy, du hast uns bitter enttäuscht. Wir hätten dich für klüger gehalten. Aber wenn du all die Aufregung nicht mehr verträgst und dich nach Ruhe und Frieden sehnst, wollen wir deinem Wunsch natürlich nicht im Weg stehen.«

»Du wirst auf rosaroten Wolken wandeln, Baby«, sagte Hank Slight mit einem diabolischen Lächeln. »Es geht eben nichts über eine ordentliche Prise Wüstenschnee, nicht wahr?«

»Nein! Nicht!«

Frank Duran griff in seine Jackentasche und zog ein kleines schwarzes Etui hervor. Er klappte es auf. Es enthielt vier Ampullen und eine Spritze.

Judys Gesicht verzerrte sich. »Nein, tut es nicht!«, schrie sie in panischem Entsetzen. »Keine Spritze ... Bitte! Nicht ... Ich tue alles ... nur nicht das!«

»Sicherlich wirst du alles tun«, erwiderte Duran gelassen. »Dafür sorgen wir schon. Na los, pack sie, Hank!«

Judy stürzte sich blindlings auf den sehnigen Gangster. Doch Hank Slight lachte nur, ergriff ihre zum Schlag erhobene Hand und schleuderte Judy auf das Bett.

»Du hast geglaubt, besonders clever zu sein, Judy-Baby«, zischte Hank. »Dabei hättest du wissen müssen, dass man aus unserem Verein nicht so ohne weiteres aussteigt!«

»Keine Spritze!«, wimmerte Judy. »Keine Spritze!«

»In zwei, drei Tagen wirst du uns um einen Schuss anwinseln«, höhnte Hank. »Und wenn wir dir den Stoff nicht geben, wirst du die Hölle auf Erden erleben. Aber wem erzähle ich das, nicht wahr? Welche Qualen Entziehungserscheinungen mit sich bringen, ist dir ja zur Genüge bekannt. Oder ist es dir vielleicht lieber, wir setzen dir den ›goldenen Schuss‹, Baby?«

Frank Duran brach die Spitze von zwei Ampullen ab und zog ihren Inhalt in den Kolben der Spritze. Er zögerte und dachte über Hanks Bemerkung nach. Eine Überdosis Heroin und Judy würde für alle Ewigkeiten stumm sein...

Die Sackgasse

Der abendliche Verkehr war dicht, und Mike McCoy brauchte länger als geplant, um vom Strip zum Lake Mead Boulevard zu kommen. Das schillernde, glitzernde Lichtermeer fiel bald hinter ihnen zurück und McCoy konnte das Gaspedal des Thunderbird tiefer hinunterdrücken.

Viertel vor acht bog der Privatdetektiv auf die breite Straße ab, die über den Sunrise Mountain zum gewaltigen Stausee

Lake Mead mit dem weltberühmten Hoover-Damm führte. McCoy ging nun vom Gas und hielt nach dem Haus Ausschau.

Lucky sah es zuerst. »Da vorn ist es!«

Der Privatdetektiv verließ den Boulevard und folgte der asphaltierten Sackgasse, die zu dem Bungalow mit den drei Riesenkakteen im Vorgarten führte.

»Aus dem kleinen privaten Rundgang wird wohl nichts«, sagte er. Licht sickerte durch die Ritzen der Jalousien. »Judy ist schon zu Hause.«

»Sollen wir im Wagen warten?«, fragte Jenny.

»Ihr kommt besser mit«, antwortete Mike McCoy. »Es ist immer gut, Zeugen zu haben.«

»Ganz schön noble Behausung für ein Zigarettengirl«, sagte Lucky mit gedämpfter Stimme, als sie durch die offen stehende Gartenpforte gingen und an den drei Riesenkakteen vorbeikamen.

Rockmusik drang aus dem Haus zu ihnen in die abendliche Dunkelheit. Mike McCoy drückte den Klingelknopf neben der Haustür. Melodisch schlug eine Glocke an. Doch niemand kam, um zu öffnen.

»Das engelhafte Glöckchen hat doch gegen Rock keine müde Chance«, meinte Lucky forsch. »Verschaffen wir uns also selbst Einlass.«

Mike McCoy drehte am Knauf – und die Tür schwang nach innen auf. Einer unbestimmten Eingebung folgend, zog er seinen Revolver, entsicherte die Waffe, stieß die Tür weiter auf und trat in die Diele.

Im nächsten Moment sah er sich Frank Duran gegenüber, der am hüfthohen Geländer stand, das die Diele vom zwei Stufen tiefer liegenden Wohnzimmer abgrenzte. In seiner Rechten lag ein schwerer Revolver.

McCoys Waffe ruckte blitzschnell zu ihm herum.

»Lass den Knaller fallen!«, befahl der Gangster. »Oder aber einer deiner Freunde fängt sich 'ne Kugel!«

»Hab sie sauber vor dem Rohr!«, kam Hank Slights Stimme hinter Jenny und Lucky aus der Dunkelheit. »Eine dumme Bewegung und ich blase euch geradewegs ins Jenseits!«

»Verdammt!«, fluchte Lucky. »Das erinnert mich daran, dass ich die Prämie für meine Lebensversicherung noch nicht bezahlt habe.«

»Lass sie fallen!«, zischte Duran.

Mike McCoy atmete tief durch, sicherte seine Waffe mit dem Daumen und öffnete die Hand. Der Revolver polterte zu Boden. »Was habt ihr mit Judy gemacht?«

»Stoß den Revolver zu mir herüber!«, verlangte Frank Duran, ohne auf seine Frage einzugehen.

Der Privatdetektiv presste die Lippen aufeinander und tat, was ihm der dunkelhäutige Gangster befohlen hatte. Er hatte es ja immer schon gewusst, dass Las Vegas nicht seine Stadt war. Dieser verdammte Trip nach Nevada hatte ihm bisher nichts weiter als Unglück gebracht.

Frank Duran ging langsam in die Knie und hob die Waffe des Privatdetektivs auf, ohne ihn aus den Augen zu lassen. Er grinste zufrieden. »Und nun schön langsam in die gute Stube hereinspaziert. Einer nach dem anderen.«

Wenig später lagen McCoy, Lucky und Jenny bäuchlings im Wohnzimmer am Boden, die Arme hinter dem Nacken verschränkt. Jenny war bleich im Gesicht und hatte Mühe, sich ihre Angst nicht anmerken zu lassen.

Die beiden Gangster standen hinter ihnen, ihre Waffen auf sie gerichtet. Sie waren unschlüssig, was sie nun mit ihren Gefangenen tun sollten.

»Legen wir sie doch gleich hier um«, schlug Hank Slight kaltblütig vor.

»He, solch eine Entscheidung bricht man doch nicht so auf

die Schnelle übers Knie!«, protestierte Lucky und handelte sich dafür von Hank Slight einen Fußtritt in die Seite ein.

»Komm, machen wir kurzen Prozess«, drängte Hank. »Der Boss wird zufrieden sein.«

»Bist du verrückt!«, raunte Frank Duran ihm zu und zog ihn ein Stück von den drei am Boden Liegenden zurück. »Drei Leichen in Judys Haus? Das bringt die Bullen doch auf die richtige Spur! Nein, unmöglich. Hier auf keinen Fall. Der Boss soll entscheiden, was mit ihnen geschehen soll.«

»Dann ruf ihn an, verdammt noch mal«, knurrte Hank Slight. »Will wissen, was Sache ist.«

Frank Duran warf ihm einen gereizten Blick zu. »Du tust, was ich dir sage!«, fuhr er ihn an. »Du bewachst sie, und wenn sich einer rührt, verpasst du ihm eins – aber nicht mit 'ner Kugel, sondern mit Lauf oder Griffstück, ist das klar, Hank?«

»Hättest besser Missionar werden sollen«, maulte der sehnige Gangster. »Okay, okay, ich hab's kapiert.«

Mike McCoy hatte einen Teil des Wortwechsels zwischen den Verbrechern mitbekommen. Das entsetzlich flaue Gefühl im Magen legte sich etwas. Ihre Überlebenschancen waren zwar gering, aber das war immer noch zehnmal besser als der sichere Tod hier auf der Stelle.

Angestrengt lauschte der Privatdetektiv, als Frank Duran nun telefonierte. Doch er konnte nichts verstehen. Der Gangster sprach zu leise und die Musik war zu laut.

Schließlich legte er auf, trat zu seinem Komplizen und verkündete mit zynischem Tonfall: »Der Boss hat euch zu einem geselligen Umtrunk auf seiner Jacht eingeladen. Er meint, eine nächtliche Bootsfahrt auf dem herrlichen Lake Mead ist das Mindeste, was ihr verdient habt...«

Gefesselt und geknebelt

Der schwarze Cadillac der Gangster verließ die North Shore Road und folgte dem sandigen, holprigen Pfad, der zu einer einsamen Bucht unterhalb von Swallow Cove führte.

»Schalt die Scheinwerfer aus«, forderte Frank Duran seinen Komplizen am Steuer auf. Mit griffbereiter Waffe saß er halb schräg auf dem Beifahrersitz, sodass er die beiden Männer und die Frau im Fond jederzeit im Auge hatte. Sie waren geknebelt und an den Händen gefesselt.

Die Scheinwerfer erloschen. Hank Slight brachte den Wagen kurz zum Stehen, um seine Augen an die Dunkelheit zu gewöhnen. Dann rollte der Cadillac weiter.

Im Dunkel der Nacht waren kurz darauf die Umrisse eines verrotteten Holzsteges zu erkennen. Ein offenes Motorboot mit Außenborder lag am Steg vertäut.

Hank Slight hielt vor dem Bootssteg und stellte den Motor ab.

»Umsteigen, die Herrschaften!«, rief Frank Duran, stieg aus dem Wagen und riss die Fondtür auf, während Hank Slight schon ins Boot sprang und den Motor startete. Mit dem Revolver in der Hand dirigierte er die drei Gefesselten und Geknebelten vom Wagen zum Steg, wo sie auf den Rücksitzen des PS-starken Gleiters Platz nehmen mussten. Lucky gab einen wütenden Protest von sich, doch es kam nur ein ersticktes Grunzen heraus.

Frank Duran löste die Leinen an Heck und Bug und stieß das Boot vom Steg ab. »Okay, wir können.«

Hank Slight schob den Gashebel vor. Der Gleiter hob sich mit dem Bug aus dem nächtlich-tintenschwarzen Wasser des mächtigen Stausees, als der Mercury-Außenborder losröhrte.

Das Boot glitt aus der verlassenen Bucht hinaus auf den

Lake Mead, der unterhalb von Swallow Cove über acht Meilen breit war. In der Ferne blinkten am Ufer vereinzelt Lichter. Der Nachthimmel war leicht bewölkt, und so fiel nur wenig Sternenlicht auf die scheinbar grenzenlose Wasserfläche, die im Dunkel der Nacht zu verschwimmen schien.

»Hoffentlich verpassen wir uns nicht«, meinte Hank Slight.

»Halt auf Black Island zu«, erwiderte Frank Duran und setzte ein Nachtglas an die Augen. Er suchte den südöstlichen Teil des Sees ab.

»Siehst du was?« Slight war merklich unruhig.

Frank Duran antwortete erst Minuten später. »Da ist sie!«, rief er erleichtert.

Die Positionslichter einer großen Motorjacht tauchten auf einmal hinter den schwarzen Umrissen der öden Felseninsel Black Island auf. Hank Slight hielt auf die Lichter zu. Es war eine stattliche Jacht mit schneeweißem Rumpf und schlanken Aufbauten. Am Heck hing ein kleines Beiboot in den Davits.

Der Privatdetektiv schätzte die Länge der Jacht auf mindestens sechsunddreißig Fuß, und wenn er sich nicht ganz täuschte, handelte es sich dabei um eine »Chris Craft«. Diese Marke nahm unter den Booten denselben Rang ein wie der Rolls-Royce unter den Autos.

Licht fiel aus dem Salon auf das Achterdeck der Jacht. Es war Phil Scarrow, der an der Steuerbordreling stand und beobachtete, wie Hank Slight den Gleiter längsseits legte. Er war gekleidet wie zu einer eleganten Party – Smoking, Rüschenhemd und schwarze Seidenfliege.

»Bringt sie an Bord!«, befahl er knapp.

Mike McCoy musste zuerst an der Außenleiter hochsteigen. Duran nahm ihm dafür die Handfesseln ab. »Versuch gar nicht erst, von der Leiter zu springen!«, warnte ihn der Gangster. »Du bist ein toter Mann, noch bevor deine Haare nass sind.«

Der Privatdetektiv erreichte zähneknirschend das Deck der Jacht, wo er von Phil Scarrow in Empfang genommen wurde. Scarrow hielt einen kleinen Taschenrevolver in der Hand. »Willkommen an Bord der *Bounty Hunter*, Mister McCoy«, begrüßte er ihn mit einem falschen Lächeln.

Der Knebel hinderte Mike McCoy an einer Erwiderung. Hinter ihm schwang sich Jenny über die Reling, dann folgten Lucky und die beiden Gangster.

»Sie dürfen jetzt die Knebel abnehmen«, sagte der Kasinomanager im Plauderton, »und mir in den Salon folgen.«

Mike McCoy zerrte den Schal herunter und spuckte das Taschentuch aus, das Hank Slight ihm als Knebel in den Mund gestopft hatte. Lucky und Jenny folgten seinem Beispiel.

Lucky wollte seiner angestauten Wut gleich ungehemmt Luft machen, doch Slight setzte ihm die Mündung seines Revolvers in den Nacken. »Unser Boss hat für ungeschliffenes Benehmen wenig übrig, Krauskopf!«, zischte er.

»Was soll die Farce?«, fuhr McCoy auf. Die Situation hatte etwas erschreckend Unwirkliches an sich. »Warum haben Sie uns hier auf die Jacht gebracht, Scarrow? Was soll...«

»Immer der Reihe nach, Mister McCoy«, fiel ihm der Kasinomanager mit aufreizender Lässigkeit ins Wort. »Ich denke, wir alle können jetzt einen ordentlichen Drink vertragen. Kommen Sie, ich habe im Salon schon alles vorbereitet.«

Slight und Duran sorgten dafür, dass die Aufforderung ihres Bosses den nötigen Nachdruck erhielt. Und so traten McCoy, Lucky und Jenny in den exklusiv ausgestatteten Salon der Jacht. Sie mussten sich an den Palisandertisch setzen, während Phil Scarrow vor ihnen Platz nahm. Er achtete darauf, dass er genügend Sicherheitsabstand hielt. Seine beiden skrupellosen Handlanger stellten sich hinter den drei Gefangenen auf, jederzeit bereit, einzugreifen.

Auf dem ovalen Tisch standen vier Gläser und mehrere Flaschen Cognac, Whisky und Gin sowie eine Silberschale, die bis zum Rand mit Eiswürfeln gefüllt war. Der Kasinomanager füllte die Gläser mit Whisky, verdünnte jedoch nur seinen eigenen Drink mit drei Eiswürfeln.

»Bitte, bedienen Sie sich«, forderte er sie dann auf.

»Vor Mitternacht trinke ich nur warme Milch«, knurrte Lucky.

»Aber ich bitte Sie!«, rief Phil Scarrow mit gespielter Enttäuschung. »Sie werden doch nicht so ungesellig sein und meine Drinks zurückweisen!«

»Ihr habt gehört, was der Boss gesagt hat. Also runter mit den Drinks!«, befahl Frank Duran. »Und das gilt für euch alle!«

Sie leerten die Gläser – und Scarrow füllte sie sofort wieder randvoll. »Auf einem Bein steht man schlecht«, sagte er.

Mike McCoy kippte den teuren Whisky hinunter. »Warum der Mord an Vivian?«, fragte er. »Wollte sie sich nicht länger von Ihnen erpressen lassen? Hatten Sie Angst um Ihren Rauschgiftverteiler-Ring?«

Der Kasinomanager lächelte. »Meine Hochachtung, McCoy. Sie haben wirklich mehr herausgefunden, als ich anfangs für möglich hielt. Rauschgift ist wohl eines der profitabelsten Geschäfte ... besonders wenn man so herrlich reinen Stoff anbieten kann wie ich. Ich habe mir erlaubt, meinem Heroin den Markennamen ›Wüstenschnee‹ zu geben. Es ist wirklich beste Qualität. Sauber und rein wie Bergschnee – und so feurig in der Wirkung wie glühender Wüstensand ... Aber nun zu Ihren Fragen. Vivian war in den ersten beiden Jahren Wachs in meinen Händen. Sie hatte Angst, Dan zu verlieren ...«

»War es seinerzeit eigentlich Zufall, dass sich Dan und Vivian am Lake Tahoe getroffen haben, oder hatten Sie da Ihre Finger im Spiel?«

Scarrow lachte spöttisch auf. »Dass Dan und Vivian sich

am Lake Tahoe kennen lernten, war wirklich Zufall... geradezu ein Witz des Schicksals. Nun, ich hatte nichts dagegen, sie wieder in meiner Truppe zu haben. Zwei Jahre ging auch alles gut. Aber dann drehte sie plötzlich durch. Ihr Gewissen plagte sie offensichtlich, und sie suchte nach einem Weg, meine Organisation auffliegen zu lassen, ohne jedoch Dan die Wahrheit über ihr Vorleben sagen zu müssen.«

»Und deshalb musste sie sterben«, sagte Mike McCoy und unterdrückte den fast übermächtigen Wunsch, sich auf diesen skrupellosen Verbrecher zu stürzen.

»Richtig!« Wieder füllte Scarrow die Gläser.

»Was ist schon ein Menschenleben, nicht wahr?« Abscheu erfüllte McCoys Stimme. »Als Rauschgiftdealer gehört es ja zu Ihrem alltäglichen Geschäft, Menschenleben zu zerstören. Erpressung und Mord machen den Braten da auch nicht mehr fett, stimmt's?«

Phil Scarrow nippte an seinem Drink und zuckte noch nicht einmal mit den Wimpern. »Was regen Sie sich so auf, McCoy? Wenn ich das Geschäft nicht mache, macht es ein anderer. Ich decke in Vegas nur die Nachfrage nach Kokain und Heroin.«

»Was haben Sie mit Judy getan?«, fragte McCoy und umklammerte sein leeres Glas. Der hochprozentige Whisky machte sich bemerkbar. »Haben Sie sie auch umgelegt?«

»Noch nicht«, antwortete der Kasinomanager. »Frank hat ihr einen satten Heroinschuss verpasst. Ich werde sie mir gleich vornehmen. Ich denke, sie ist entbehrlich...«

»Sie Ungeheuer! Sie... Sie...« Jenny war außer sich.

Phil Scarrow lächelte nur überheblich.

»Sie Dreckschwein!«, brach es nun aus Mike McCoy heraus. Mit einer jähen Bewegung schleuderte er dem Verbrecherboss das schwere Glas ins Gesicht. Es traf Phil Scarrow am rechten Wangenknochen. Überraschung und Schmerz ließen ihn aufschreien.

Im selben Moment schlug Hank Slight mit dem Griffstück seines Revolvers auf McCoy ein. Der Privatdetektiv fiel nach vorn. Doch der Gangster packte mit der linken Hand in McCoys Haar und riss seinen Kopf zurück. Er wollte erneut zuschlagen, doch Scarrow schritt ein.

»Keine Schläge!... Den Cognac!«, befahl er mit wutbebender Stimme.

Frank Duran setzte Jenny den Revolver an die Schläfe und schob dem Privatdetektiv eine der drei Cognacflaschen zu, die schon geöffnet auf dem Tisch standen. »Austrinken bis zum letzten Tropfen – oder ich jag ihr eine Kugel durch den Schädel!«

Jenny saß wie zu Eis erstarrt da, Todesangst in den großen dunklen Augen.

Mike McCoy schluckte hart, setzte dann die Flasche an die Lippen und trank. Eine dunkle, entsetzliche Ahnung stieg in ihm auf. Er glaubte zu wissen, was Phil Scarrow mit ihnen vorhatte. Doch es gab nichts, was er jetzt hätte tun können.

Die Gangster zwangen auch Jenny und Lucky, jeweils eine ganze Flasche Cognac zu leeren. Der Privatdetektiv merkte, wie sich der Alkohol in seinem Körper ausbreitete. Die Augenlider wurden ihm schwer. Er hatte Schwierigkeiten mit dem Gleichgewicht. Alles vor seinen Augen begann zu schwanken und seine Zunge wurde immer schwerer.

»Was... haben... Sie... in... den Cognac... getan?«, fragte Mike McCoy lallend und hielt sich an der Tischkante fest. Er sah, wie Jenny zur Seite wegkippte. Lucky fiel nach vorn. Mit dem rechten Arm fegte er zwei der leeren Flaschen vom Tisch.

»Ein mildes Betäubungsmittel, das aber zusammen mit ein wenig Alkohol recht erstaunlich wirkt.« Die Stimme des Kasinomanagers schien wie aus der Ferne zu ihm zu dringen. »Das Zeug hält sich nicht lange im Körper.« Er lachte höhnisch. »Man wird nur Alkohol in Ihrem Blut finden. Die Jacht wird mit voller Geschwindigkeit gegen die Felswände des Ostufers rasen und zerschellen. Es wird ein grässliches Unglück sein – verursacht durch Leichtsinn und übermäßigen Alkoholgenuss. Und ich werde mir entsetzliche Vorwürfe machen, dass ich Ihnen die Jacht für diesen Ausflug überlassen habe... Aber immerhin gehört das Boot ja dem Kasino, und da Sie hoch in der Gunst meines Chefs standen, konnte ich Ihnen den Wunsch ja schlecht abschlagen.« Er lachte wieder.

Vor den Augen des Privatdetektivs verschwamm alles. Vergeblich versuchte er, sich aufrecht zu halten. Doch die Tischkante entglitt seinen Händen. Stimmen und fremde Geräusche drangen an sein Ohr.

»... seinen Revolver... zurückgeben... Bullen finden... kein Verdacht... Maschinenraum... Zugfeder verklemmen... nicht... nachzuweisen... kann bei Aufprall passiert... nur das Bild... okay schwindet morgen aus Vegas... paar Tage... Gras gewachsen ist...«

Dann wurde McCoy bewusstlos.

Feuerball über Lake Mead

Mit schäumender Bugwelle schnitt die *Bounty Hunter* durch das Wasser. Mit südöstlichem Kurs jagte die Jacht durch die Nacht. Bis zum felsigen Ufer, das schon zum Bundesstaat Arizona gehörte, waren es keine acht Meilen mehr.

Es war ein heftiger, stechender Schmerz, der Mike McCoy aus der Bewusstlosigkeit riss. Er schrie auf, spürte etwas Eiskaltes auf seinem Gesicht und schlug die Augen auf. Vor ihm lag die Silberschale, die auf dem Tisch bei den Flaschen gestanden hatte, gefüllt mit Eiswürfeln.

Benommen starrte er auf die Schale, nicht wissend, wo er sich befand und was geschehen war. Das Einzige, was er wusste, war, dass er sich sterbenselend fühlte. Dann registrierte er das Dröhnen der Bootsmotoren und die Erinnerung traf ihn wie ein Blitz.

Die Felsküste!

Mike McCoys verzweifelter Wille zu überleben war stärker als die lähmende Wirkung von Alkohol und Betäubungsmittel. Sein Körper aktivierte ungeahnte Kräfte. Zitternd stemmte er sich hoch, und er taumelte zur Sitzbank hinüber, wo Jenny und Lucky in verkrümmter Haltung lagen.

Er zerrte sie hoch, rüttelte sie und schlug ihnen mit der flachen Hand ins Gesicht, schrie sie an. Es war wie ein grässlicher Albtraum.

»Lass mich«, stöhnte Lucky.

McCoy brüllte ihn mit sich überschlagender Stimme an und schlug ihn erneut. »Reiß dich zusammen, Lucky!... Jenny, komm hoch!... Wollt ihr krepieren, verdammt noch mal?... Steht auf oder ich schlage euch tot!« Er kannte kein Erbarmen mit ihnen, er musste sie jetzt einfach wach kriegen!

Kostbare Minuten verstrichen. Jenny und Lucky kamen torkelnd hoch. McCoy zerrte sie aus dem Salon und stieß sie auf das Achterdeck hinaus, während er zum Steuerstand wankte. Er riss die beiden Gashebel zurück, doch die Motoren reagierten nicht darauf. Er wirbelte das Steuerruder herum, damit die Jacht im Kreis fuhr. Aber die Gangster hatten auch daran gedacht. Die *Bounty Hunter* raste weiter geradeaus.

Jenny und Lucky hingen über der Reling und erbrachen sich. Mike McCoy wollte zu ihnen hinüber, verlor das Gleichgewicht und stürzte auf das Deck. Als er den Kopf hob, sah er die Rettungswesten in dem offenen Stauraum unterhalb der Reling. Keuchend riss er sie heraus.

»Jenny... Lucky... Westen! Zieht die Westen an!«, gellte

seine Stimme über das Deck. Sein Magen revoltierte und er zog sich an der Bordwand hoch.

»Wir ... schaffen es ... nie«, keuchte Lucky. »Schaffen es nie bis zum Ufer!«

»Zieht die Westen über!«, herrschte McCoy sie an. Er hob eine Rettungsweste auf und streifte sie Jenny über den Kopf, Lucky ging indessen in die Knie und folgte McCoys Beispiel. Seine Hände zitterten, und er glaubte, nie im Leben die Bänder durch die Schlaufen ziehen zu können.

»O Gott ... Mike ...«, stöhnte Jenny. »Wir sind verloren ... Mir ist ... sterbenselend ... Das Wasser ... ist eiskalt ... Es ist sinnlos ...«

Der Privatdetektiv gab ihr eine schallende Ohrfeige. »Wir schaffen es! Wir schaffen es!«, schrie er sie an. »Wir nehmen das Beiboot.« Er torkelte zum Heck.

Lucky lachte schrill. »Wir kriegen das Boot nie zu Wasser Mike ... Nicht bei diesem Tempo!«

Doch Mike McCoy dachte nicht ans Aufgeben. Er sah die sorgfältig aufgerollte Bootsleine, ergriff das eine Ende und verknotete es am Bug des kleinen Beibootes mit dem 20-PS-Außenborder. Dann zwang er Jenny und Lucky, an Steuerbord auf die Reling zu klettern und sich die Bootsleine viermal um das Handgelenk zu wickeln.

»Wenn das Boot zu Wasser rauscht und die Jacht weiterrast, wird euch das Seil mitreißen. Lasst es nicht los ... wie sehr es auch schmerzen mag!«, sagte McCoy beschwörend. »Ohne das Boot sind wir alle verloren!«

Der Privatdetektiv machte sich nun an der Aufhängung zu schaffen. Er drückte den Hebel am Backborddavit herunter und das Tau lief durch. Das Beiboot kippte mit dem Heck weg. Die Schraube des Außenborders pflügte durch das Wasser. Das Boot wurde nur noch vom Steuerborddavit gehalten.

Als Mike McCoy sich vorbeugte, stieß er mit der rechten

Seite gegen die Bordwand – und auf einmal spürte er das schwere Gewicht in seiner rechten Jackentasche. Sein Revolver! Die Waffe durfte auf keinen Fall nass werden. Falls die Gangster sie beobachteten und zurückkehrten, um ihnen den Rest zu geben, war der Revolver ihre einzige Verteidigung. Er zog die Waffe hervor, lehnte sich zum Beiboot hinaus, riss die kleine Luke des Bugstauraumes auf, ließ den Revolver hineinfallen und schlug die Klappe wieder zu.

»Mike! Das Ufer!«, schrie Lucky entsetzt auf.

Der Privatdetektiv fuhr herum. Eine schwarze zerklüftete Wand tauchte aus der Nacht auf und schien ihnen entgegenzurasen.

»Die Leine... Festhalten!«, brüllte Mike McCoy und legte den zweiten Hebel um.

Das Beiboot klatschte aufs Wasser, fiel schnell hinter der *Bounty Hunter* zurück und spannte die Bootsleine. Jenny und Lucky wurden von der Reling gerissen. Wie Puppen flogen sie durch die Luft. Ihre Schreie hallten dem Privatdetektiv noch in den Ohren, als er sich am Heck der Jacht hochzog und sprang.

Das eiskalte Wasser, das wie ein Schock für ihn war, schlug über ihm zusammen. Er strampelte verzweifelt, kam wieder hoch und rang nach Atem.

Im selben Augenblick prallte die »Chris Craft« gegen das felsige Ufer. Ein ohrenbetäubendes Krachen und Splittern hallte über den See. Unmittelbar darauf erfolgte eine Explosion, als die randvoll gefüllten Treibstofftanks der *Bounty Hunter* in die Luft gingen. Eine gewaltige Stichflamme stieg in den Nachthimmel hoch, wurde zu einem grell flackernden Feuerball und tauchte das Ufer mit seinen rot-braunen, steil aufragenden Klippen in einen gespenstischen Schein. Die Jacht zerbarst, brennende Wrackteile sirrten wie Geschosse durch die Nacht und schlugen auf dem Wasser auf, wo die Flammen zischend in sich zusammenfielen. Das Wrack brannte lichterloh und mit lautem Prasseln.

»Mike ... Hier! Mike! Mike ... Wo bist du?«

Schwach drangen die Stimmen von Lucky und Jenny zu McCoy herüber. Als er den Kopf wandte, sah er das kleine Beiboot am Rand des Lichtkreises, den das Feuer warf. Er schwamm los, keuchend und mit klappernden Zähnen. Übelkeit stieg wieder in ihm auf. Er hatte das entsetzliche Gefühl, als würde er sich durch einen zähen Brei durchkämpfen müssen. Das Boot schien in unerreichbarer Ferne zu liegen. Seine Arme erlahmten und die Kälte kroch in ihm hoch.

Dann hörte er Ruderschläge und ganz langsam glitt das Beiboot auf ihn zu. Endlich hatte er es erreicht. Nun trennte ihn nur noch eine Armlänge von der rettenden Sicherheit des Beibootes – die Bordwand.

Jenny und Lucky, ebenfalls bis auf die Haut durchnässt, sterbenselend und wie Espenlaub zitternd, versuchten, ihn an Bord zu ziehen. Tränen der Verzweiflung rannen Jenny über das Gesicht, als McCoys Arm ihren kraftlosen Händen zum dritten Mal entglitt.

Mike McCoys Hände krallten sich um das Dollbord. Und als Jenny und Lucky erneut zupackten, mobilisierte er seine letzten Kräfte und schwang sich mit einem Schrei über die Bordwand. Er stieß mit dem Kopf gegen die Ruderbank und rutschte in die Vertiefung in der Mitte, wo er keuchend liegen blieb, Jenny und Lucky sanken neben ihm zu Boden. Mit verzerrten Gesichtern grinsten sie sich an.

»Der Teufel soll dich holen, Mike«, stieß Lucky atemlos hervor. »Wir haben es geschafft ... Wir haben es wirklich geschafft!«

»Ein, zwei Minuten später, und von uns wäre jetzt nicht mehr viel übrig«, murmelte Jenny und starrte zu dem brennenden Wrack hinüber. Ihr Blick machte McCoy Angst. Sie stand unter einem schweren Schock – und der konnte genauso tödlich sein wie eine Kugel.

Nachdem der Privatdetektiv zu Atem gekommen war, kroch er nach vorn zum Bug und nahm den Revolver aus dem Stauraum. Er war nicht nass geworden. Dann versuchte er zusammen mit Lucky, den Außenborder zu starten, doch es gelang ihnen nicht. Sie waren körperlich einfach zu erschöpft und froren erbärmlich.

Wenn uns nicht bald jemand findet, erreicht Scarrow doch noch sein Ziel, dachte der Privatdetektiv, denn ihnen drohte der Tod durch Unterkühlung und körperliche Erschöpfung.

Mit dem Revolver in den klammen, zitternden Händen hockte er am Außenborder und starrte in die Nacht. Das Feuer musste meilenweit zu sehen sein. Hatten die Gangster mitbekommen, dass sie von Bord gesprungen waren? Würden sie kommen, um sich von ihrem Tod zu überzeugen?

Entsetzlich lange Minuten vergingen. Das kleine Beiboot dümpelte im Wasser. Jenny war in sich zusammengesackt. Wie tot kauerte sie neben Lucky, der ebenfalls kaum noch Lebenszeichen von sich gab.

Mike McCoy kämpfte gegen das immer mächtiger werdende Verlangen an, einfach die Augen zu schließen und zu schlafen. Er glitt in einen Dämmerzustand hinüber. Plötzlich hörte er schwere Bootsmotoren. Er schreckte auf. Eine große Motorjacht rauschte heran. Im nächsten Moment erfassten zwei grelle Suchscheinwerfer das hilflos treibende Boot.

Kraftlos winkte McCoy ins gleißende Licht. Sie waren gerettet. Nicht Phil Scarrow und seine Gangster waren an Bord dieses großen Bootes, sondern die Wasserschutzpolizei!

Jenny und Lucky waren bewusstlos, als man sie aus dem Beiboot der zerschellten *Bounty Hunter* hievte. Und Mike McCoy war kurz davor, umzukippen, als ihn die Polizisten an Bord holten.

»... unbedingt Captain Chapman informieren«, keuchte der Privatdetektiv, als man ihn unter Deck trug. »Captain Chapman von der Mordkommission...«

»Sprechen Sie jetzt nicht«, sagte eine Stimme beruhigend. »Sie sind gerettet.«

Heftig schüttelte McCoy den Kopf. »Meine Papiere... Sehen Sie sich meine... Papiere an... Bin Privatdetektiv... Auftrag für Mister Dan Curtis vom *Golden Eagle*... Seine Frau wurde ermordet... Das Schiffsunglück war kein Unfall. Wir sollten sterben.« Obwohl ihm alles vor den Augen verschwamm, sprach er weiter, er nannte die Namen von Phil Scarrow und Judy, gab deren Adresse an und forderte die merkwürdig gesichtslosen Gestalten auf, Captain Chapman zu alarmieren und die Killer nicht entkommen zu lassen. »Judy... Malcon in Gefahr... Soll auch ermordet werden... Nicht entkommen...« Seine Stimme wurde zu einem Flüstern und er sackte bewusstlos in den Armen seiner Retter zusammen.

Die schwarze Liste

Als McCoy wieder zu sich kam, lag er in einem weißen Krankenhausbett. Er fühlte sich ermattet wie nach einer langen Krankheit. Sein Blick fiel aus dem Fenster. Die Vorhänge waren zugezogen, doch durch einen schmalen Spalt fiel das erste Licht der Morgendämmerung in den Raum.

Als er den Kopf nach rechts drehte, sah er Captain Chapman. Er saß auf einem Besucherstuhl neben einem kleinen Tisch mit weißer Platte und Chrombeinen. Eine Nachtleuchte brannte über dem Tisch. Mit grimmiger Miene kaute Victor Chapman auf einem kalten Zigarillo.

»Hi...Captain«, sagte der Privatdetektiv mit schwacher Stimme. »Noch immer oder schon wieder im Dienst?«

»Der Teufel soll Sie holen, McCoy«, brummte Chapman. »Hab mir Ihretwegen die ganze Nacht um die Ohren geschlagen.«

»Das freut mich zu hören.«

Der Captain nahm das Zigarillo aus dem Mund und richtete es wie eine Waffe auf den Privatdetektiv. »Es ist Morgengrauen und Sie sind noch immer in Las Vegas! Ich sollte Sie eigentlich aus dem Krankenhaus ins Gefängnis bringen lassen!«

Mike McCoy grinste leicht. »Wenn Sie mich nur schlafen lassen, ist mir alles gleich.«

Chapman starrte auf das zerkaute Zigarilloende. »Noch nicht einmal rauchen darf man hier!«, knurrte er.

»Haben Sie ihn?«, fragte McCoy und richtete sich im Bett auf.

Vic Chapman verzog das Gesicht. »Für wen halten Sie mich, McCoy? Natürlich habe ich ihn... ihn und seine Bande!«

Erleichtert sank McCoy in die Kissen zurück. »Gott sei Dank!«

»Als ich den Anruf bekam, hielt ich meinen Kollegen von der Wasserschutzpolizei zuerst für verrückt... und Sie ebenfalls. Der Teufel weiß, weshalb ich dann doch zum Lake Mead Boulevard zu dieser Judy Malcon hinausgefahren bin«, berichtete der Captain mürrisch. »Es hat eine höllische Schießerei gegeben, als Scarrows Handlanger, Duran und Slight, merkten, dass sie in der Falle saßen. Duran hat es böse erwischt. Slight ist mit einem Schultersteckschuss davongekommen – und er hat gesungen wie ein ganzer Opernchor. Wir haben Phil Scarrow und all seine Verteilermädchen innerhalb von zwei Stunden verhaftet. Himmel, was für eine unglaubliche Geschichte! Aber Sie hätten mit Ihren Informationen zu mir kommen müssen. Das wäre Ihre gottverdammte Pflicht gewesen!«

»Und? Hätten Sie mir geglaubt und Ihren ... Stadtbann aufgehoben?«

»Vermutlich keines von beiden«, gab der Captain verdrossen zu.

»Was ist mit Judy? Und wie geht es meinen Freunden?«, wollte McCoy nun wissen.

»Die Gangster haben Judy eine höllische Menge Heroin in die Adern gepumpt, aber sie wird es schaffen. Und Ihren Freunden geht es gut. Sie alle hatten verdammtes Glück, dass man Sie rechtzeitig aus dem See gefischt und Ihnen den Magen ausgepumpt hat. Scarrow hat bei Ihnen wirklich nicht mit Cognac gegeizt, mein Lieber.«

»Ich glaube, so schnell rühre ich dieses Zeug nicht wieder an ...« Mike McCoy lächelte schwach.

Captain Chapman erhob sich. »Wird Zeit, dass ich gehe. Der Papierkram ist bei so einer Affäre das Schlimmste von allem. Gute Besserung brauche ich Ihnen ja nicht zu wünschen. Der Doc meint, Sie würden offensichtlich zu denjenigen Burschen gehören, die einfach nicht totzukriegen sind.« So etwas wie widerwilliger Respekt schwang in seiner Stimme mit. Er ging zur Tür und drehte sich dann noch einmal zu McCoy um. »Ich muss zugeben, Sie haben sich wirklich nicht schlecht gehalten, McCoy. Doch Sie würden mir einen großen Gefallen tun, wenn Sie Ihre Bravourstücke demnächst in einer anderen Stadt veranstalten würden.«

Mike McCoy lächelte. »Keine Sorge, Captain! Freiwillig sieht mich Las Vegas nicht wieder.«

Vic Chapman erwiderte das Lächeln. »Danke, McCoy. Jetzt kann ich meiner Arbeit wieder mit Ruhe und Gelassenheit entgegensehen.«

Der Privatdetektiv seufzte erleichtert und schloss die Augen.

Er würde sein Versprechen halten. Sowie sie alle wieder auf den Beinen waren, würden sie ihre Aussagen machen, bei Dan Curtis abkassieren und Las Vegas den Rücken kehren. Natürlich würde Lucky Zeter und Mordio schreien und ihm zum unzähligsten Mal die Freundschaft aufkündigen. Aber diesmal würde er sich nicht erweichen lassen. Notfalls würde er dafür sorgen, dass Dan Curtis ihn auf die schwarze Liste setzen ließ und Lucky in allen Kasinos von Las Vegas Spielverbot erhielt.

Ein amüsiertes Lächeln breitete sich auf Mike McCoys Gesicht aus. Je länger er darüber nachdachte, desto besser gefiel ihm die Idee. Curtis würde ihm diesen Gefallen sicherlich tun. Lucky brauchte davon ja überhaupt nichts zu erfahren. Sollte er nur versuchen, seine Scheine zu verspielen.

Mike McCoy stellte sich Luckys dummes Gesicht vor, wenn man ihn überall aus den Spielkasinos hinauskomplimentierte. Und nach all dem, was er mit seinem spielbesessenen Freund in den vergangenen Jahren erlebt hatte, verursachte diese Vorstellung eine solche Heiterkeit in McCoy, dass er in schallendes Gelächter ausbrach.

Der unschlagbare Lucky Manzoni... Der Mann, der Las Vegas das Fürchten lehrte!

Mike McCoy lachte noch immer, als zwei Krankenschwestern und ein Arzt mit gezückter Beruhigungsspritze ins Zimmer gestürzt kamen. Tränen liefen ihm über das Gesicht. Und er begriff gar nicht, dass man seinen Heiterkeitsausbruch für einen Spätschock hielt – bis er die Spritze spürte. Aber auch noch im Schlaf lag ein breites Lächeln auf seinem Gesicht...

Privatdetektiv Mike McCoy

Unternehmen Barrakuda

Sein sechster Fall

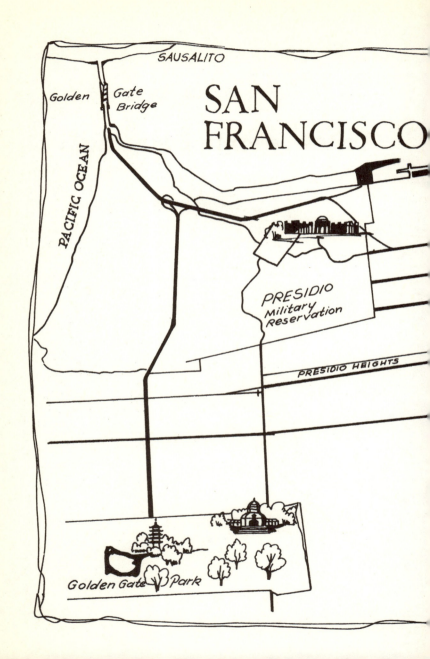

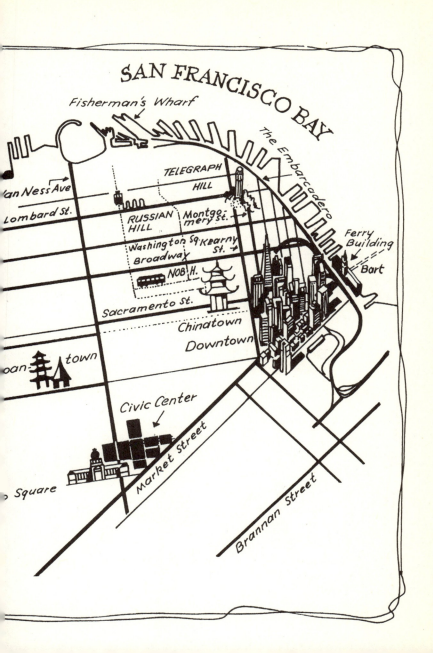

Inhalt

Todsicheres Spiel 129
Diamond Dandy 133
O sole mio 142
Der Millionencoup 150
Der Untergang der »Titanic« 159
Der Job riecht nach Ärger 164
Fargo – das Fischauge 172
Wie Hund und Katze 179
Im Clinch mit Cling Clong 183
Der Anruf 195
Auf Kollisionskurs 202
Wer ist dieser Blonde? 215
Unternehmen Barrakuda 219
Der 750 000-Dollar-Köder 226
Auf Nummer sicher 233
Ein Glückspilz wie Lucky 244

Todsicheres Spiel

Es war so, wie Fargo es ihnen beschrieben hatte. Zwischen der Landstraße und dem Küsteneinschnitt lag ein breiter Gürtel aus dichtem Wald. Ein sandiger Weg führte zu einer einsam gelegenen Bucht. Er war sehr holperig und eine Zumutung für jeden nicht gerade geländegängigen Wagen. Abfließendes Regenwasser hatte unzählige Schlaglöcher und Querrillen aus der Erde gewaschen. Bis nach San Francisco waren es keine zwanzig Meilen, aber ebenso gut hätte diese Bucht irgendwo in der unzugänglichen Wildnis von Oregon liegen können.

Ein Strandhaus aus grauem Zedernholz stand an der Baumgrenze, gut sechzig Yards oberhalb des kleinen Sandstrandes. Ein rot-weißer Sonnenschirm steckte unten im Sand und warf einen langen Schatten auf das Paar, das die idyllische Bucht ganz für sich allein hatte. Es war später Nachmittag, doch die Julisonne hatte noch nichts von ihrer Kraft verloren.

»Fargo hat wirklich nicht übertrieben«, sagte Steve Elliott zufrieden und setzte das Fernglas ab. »Wir haben hier ein todsicheres Spiel, Kirk.«

»Worauf warten wir dann noch?«, wollte Kirk Brennan wissen, ein untersetzter, schwergewichtiger Bursche in den Zwanzigern, der körperlichen Anstrengungen am liebsten aus dem Weg ging. Dieser Marsch quer durch den Wald hatte ihn ins Schwitzen gebracht und seine Nerven entsprechend strapaziert.

»Wir haben keine Eile«, erwiderte Steve Elliott gelassen. Er war gut fünfzehn Jahre älter als sein hitzköpfiger Komplize und von schlanker, sehniger Gestalt. Seine Gesichtszüge waren scharf und seine klaren Augen kühl und berechnend.

»Das seh ich 'n bisschen anders«, brummte Kirk und wischte sich den Schweiß von der Stirn. Sein breitflächiges, grobes Gesicht war gerötet. Sein linkes Augenlid zuckte unkontrolliert. Er öffnete den Reißverschluss der leichten Nylontasche, die zwischen ihnen im hohen Gras am Waldsaum lag. Er zog die gleichen dünnen Handschuhe an, die sein Komplize schon die ganze Zeit trug. Dann holte er eine Pistole hervor, deren Metall brüniert war und somit keine Lichtreflexe gab, und schraubte einen schwarzen Schalldämpfer auf den Lauf der Waffe. Zum Schluss schob er ein volles Magazin ins Griffstück und lud die Pistole durch. »Bringen wir es hinter uns!«

»Also gut«, meinte Steve Elliott, legte das Fernglas in die Tasche und nahm seine Waffe an sich. »Aber pass bloß höllisch auf, wenn du mit dem Ballermann herumfuchtelst. Halte dich an Fargos Befehle, okay?«

Kirk Brennan verzog mürrisch das Gesicht. Steve war die rechte Hand von Fischauge, wie Fargo hinter seinem Rücken genannt wurde. Aber das gab Steve noch längst nicht das Recht, ihn wie einen Schuljungen zu behandeln. »Den Spruch hättest du dir sparen können Mann. Kenne Fargos Befehle so gut wie du. Noch leide ich nicht unter Gedächtnisschwund.«

Steve Elliott musterte ihn kühl. »Manchmal bist du schneller mit dem Finger am Drücker, als 'n Pfaffe Amen sagen kann«, erwiderte er mit warnendem Unterton und klemmte sich die Tasche unter den linken Arm.

Die beiden Gangster schlichen in geduckter Haltung auf das Strandhaus zu, erreichten nach fünfzig Yards unbemerkt die dem Wald zugewandte Hintertür und befanden sich Augenblicke später im Haus. Sie vergewisserten sich schnell, dass sich niemand sonst im Haus aufhielt, und begaben sich dann ins sonnige Wohnzimmer, das nach vorn zur Bucht hinausging.

Steve Elliott holte zwei Nylonstrümpfe aus der Tasche und

zog sich einen über den Kopf. Der Strumpf verzerrte seine Gesichtszüge zur Unkenntlichkeit.

»Wie ich das hasse«, fluchte Kirk Brennan, als Steve ihm den anderen Strumpf zuwarf, folgte jedoch seinem Beispiel.

Steve ging zum Telefon, das direkt neben der offen stehenden Terrassentür an der Wand hing, nahm ab und wählte eine öffentliche Telefonzelle in San Francisco an. Es wurde sofort abgenommen.

»Ja?«

»Hier Waldläufer«, meldete sich der Gangster mit seinem Tarnnamen. »Es kann losgehen.«

»Verstanden. Sechzig Sekunden. Zeit läuft«, lautete die knappe Antwort, und damit war das Gespräch beendet.

Steve hängte den Hörer ein, überzeugte sich, dass die Telefonklingel auf maximale Lautstärke gestellt war und rief seinem Komplizen gedämpft zu: »Zeit läuft.«

Kirk nickte. Er kauerte sich hinter die gelb-braune Couch, während sich Steve links von der Terrassentür hinter der bodenlangen Gardine an die Wand presste.

Genau sechzig Sekunden, nachdem er eingehängt hatte, begann das Telefon laut und durchdringend zu schrillen. So laut, dass man es auch unten am Strand hören musste.

Steve Elliott spähte durch das Fenster zu seiner Linken und sah, wie der Mann in den farbigen Bermudashorts aufsprang und den Plattenweg zum Strandhaus hochlief.

»Er kommt!«, zischte der Gangster zwischen zwei schrillen Klingeltönen.

Augenblicke später war das Klatschen von nackten Füßen auf Stein zu hören. Dann war der Mann auf der überdachten Terrasse, die im Schatten lag, und trat ins Wohnzimmer. Er nahm den Hörer ab.

»Tom Parker, hallo?«, meldete er sich leicht atemlos, bemerkte dann eine Bewegung hinter sich und verlor fast im selben Moment das Bewusstsein; er hatte einen Schlag auf den Hinterkopf erhalten.

Steve fing den Bewusstlosen auf und zog ihn von der Tür weg. Nachdem er ihn schnell und routiniert geknebelt hatte, kehrte er zur Terrassentür zurück, legte beide Hände als Schalltrichter an den Mund und rief zum Strand hinunter: »Liiiiindaaaa!... Für diiich!« Er wusste, dass jede Stimme auf diese Entfernung verzerrt klingen würde. Linda würde nicht einen Augenblick daran zweifeln, dass es ihr Verlobter Tom Parker war, der da rief.

Und so war es auch.

»Ich komme!«, schallte Lindas Antwort zum Strandhaus hoch.

Steve beobachtete, wie die attraktive, dreiundzwanzigjährige Linda leichtfüßig den Hang hinauflief. Sie trug einen knappen Bikini und ihr langes blondes Haar bildete einen herrlichen Kontrast zu ihrem sonnengebräunten Körper.

Sie kam über die Terrasse, trat ins Wohnzimmer und streckte die Hand nach dem Hörer aus, der unter dem Apparat baumelte.

In dem Moment sprang Steve vor, fuhr mit der linken Hand in ihr langes Haar und riss sie zu sich her. Gleichzeitig kam Kirk Brennan hinter der Couch hervor, die Waffe auf sie gerichtet.

Zu Tode erschrocken, schrie das Mädchen auf. Doch der Schrei brach jäh ab, als Steve ihr seine Pistolenmündung an die Schläfe setzte und sie mit schneidender Stimme warnte: »Hör auf zu schreien ... oder ich lege deinen Tommy-Liebling um!«

»O Gott!... Was... wollen Sie... von mir?... Was haben Sie mit Tom gemacht?... Bitte... tun Sie mir nichts!«, stammelte sie verstört. Sie zitterte am ganzen Leib.

Steve stieß sie in einen der Sessel. »Solange du tust, was wir dir sagen, brauchst du dir um ihn keine Sorgen zu machen, Blondie.«

»Was ... was ... soll ich ... denn tun?«

»In die Kamera lächeln!«, erklärte Steve höhnisch und deutete auf seinen Komplizen, der jetzt eine Sofortbildkamera in der Hand hielt. »Bilder sagen oftmals mehr als tausend Worte. Deshalb machen wir jetzt ein hübsches Foto von dir.« Er hielt ihr wieder die Pistole mit dem Schalldämpferaufsatz an die Schläfe – und Kirk Brennan drückte auf den Auslöser. Fargo wird zufrieden sein.

Diamond Dandy

Mike McCoy blieb an der belebten Straßenkreuzung in Chinatown stehen, zündete sich eine Zigarette an und bog dann in die Clay Street ein. Im Westen jenseits der Golden Gate verglühte das letzte Abendrot, während überall in der Stadt der bunte Neonröhrendschungel zum Leben erwachte. Es war noch zu früh für einen Streifzug durch das schillernde Nachtleben von San Francisco. Aber es war nicht zu früh, um herauszufinden, weshalb Lucky nicht zum verabredeten Treffpunkt gekommen war und vor allem, was ihn davon abgehalten hatte. Und je eher er das herausfand, desto weniger Ärger würde es geben. Für ihn und für Lucky.

Sein Freund Lucky besaß nämlich die einmalige Begabung, sich durch seine überschwängliche Art und seine Großspurigkeit stets und überall Schwierigkeiten einzuhandeln. Und Schwierigkeiten, die Luciano Manzoni hatte, wie Lucky mit vollem Namen hieß, wurden dann zumeist auch zu seinen Schwierigkeiten. Dafür waren sie nun mal Freunde.

Der gut aussehende, sehr leger gekleidete Privatdetektiv mit den von der Sonne blond gebleichten Haaren und den blauen, wachsamen Augen war die Clay Street drei Häuserblocks hochgegangen, als er merkte, dass er einen Schatten hatte. Jemand folgte ihm in einem überlangen rosafarbenen Cadillac Fleetwood. Dunkle Fensterscheiben verwehrten den Blick ins Wageninnere. Lautlos rollte die Luxuslimousine im Schritttempo am Bürgersteig entlang und hielt sich eine Wagenlänge hinter ihm.

Mike McCoy überlegte blitzschnell, wer es auf ihn abgesehen haben könnte. Doch ihm fiel niemand ein, mit dem er sich in letzter Zeit angelegt hatte. Vor allem keiner, der über genug Kleingeld verfügte, um sich solch ein Schlachtschiff auf Rädern leisten zu können, und außerdem auch noch unter massiver Geschmacksverirrung litt. Mit einem Caddy in Babyrosa durch San Francisco zu kutschieren, das war schon ein Stück!

Angriff ist die beste Verteidigung, kam es dem Privatdetektiv in den Sinn. Abrupt blieb er stehen, wirbelte herum und schnippte die Zigarette mit dem linken Daumen und Zeigefinger gegen die dunkle Frontscheibe auf der Fahrerseite. Gleichzeitig fuhr er mit der Rechten unter sein sommerliches Leinenjackett, als hätte er dort eine Waffe verborgen. Er drückte den gestreckten Zeigefinger von innen gegen den Stoff, als hielte er einen Revolver auf den Wagen gerichtet.

Die Zigarettenglut zerplatzte in einem sprühenden Funkenregen auf dem dunklen Glas der Windschutzscheibe und der Cadillac kam etwas plötzlich zum Stehen.

Das rechte hintere Seitenfenster senkte sich automatisch in die Türfassung. Zum Vorschein kam das lächelnde Gesicht eines dandyhaft gekleideten Schwarzen, der dem Privatdetektiv sein strahlend weißes Gebiss mit den beiden funkelnden Diamanten in den Schneidezähnen zeigte.

»Warum gleich so nervös, McCoy?«, fragte der Schwarze belustigt. »Und mach dir mit dem Finger bloß keine Beule ins Jackett. Wäre schade um den guten Zwirn, Gummisohle.«

»Sei froh, dass ich meine Knarre heute zu Hause gelassen habe, Diamond Dandy«, erwiderte Mike McCoy und entspannte sich. Von Diamond Dandy, der mit bürgerlichem Namen Sid Harris hieß, drohte ihm keine Gefahr. Und Gummisohle nannte der Schwarze jeden Privatdetektiv, der sich seinen Lebensunterhalt auf die harte und ehrliche Tour, nämlich durch viel »Fußarbeit« verdiente. In gewissem Sinne war es daher ein Kompliment. »Reagiere auf unerwünschte Beschattung sehr allergisch. Eine meiner kleinen Charakterschwächen.«

Dandy ließ seine Diamanten funkeln. »Niemand könnte dafür mehr Verständnis haben als ich. Komm, steig ein und leiste mir für ein paar Blocks Gesellschaft.« Er öffnete die Wagentür.

Mike McCoy nahm die Einladung ohne langes Zögern an und setzte sich zu ihm in den Fond des Wagens. Die Innenausstattung des Fleetwood war ohne Zweifel eine Sonderanfertigung. Eine dicke Scheibe, in die eine Gegensprechanlage eingebaut war, trennte die Fahrerkabine vom geräumigen und luxuriös ausgestatteten Fond.

In die Rückwand der Fahrerbank waren ein Farbfernseher, eine Stereoanlage mit Radio- und Kassettenteil, ein Autotelefon sowie eine Minibar mit Partyeisschrank eingebaut. Boden, Wagenhimmel und Sitze waren allesamt mit dickem babyrosa Veloursstoff bespannt.

»Na, wie gefällt dir mein neuer Caddy, Gummisohle?«, wollte Diamond Dandy voller Besitzerstolz wissen. »Der Gangster von einem Verkäufer hat mich um glatte dreißig Riesen erleichtert. Aber dafür habe ich auch nur das Beste vom Besten gekriegt.«

Der Privatdetektiv lächelte spöttisch. »Bist du sicher, dass man dir nicht eine etwas zu groß geratene Babywiege auf Rädern untergejubelt hat, Dandy?«

Diamond Dandy lachte vergnügt. »Rosa ist nicht ganz dein Geschmack, was, Gummisohle?«

»Nein, nicht ganz.«

»Die Welt ist verrückt, McCoy. Und wer nicht nur überleben, sondern sich zudem auch noch 'nen goldenen Nabel verdienen will, muss noch verrückter sein als die anderen... zumindest muss man diesen Eindruck erwecken. Die Leute sind nun mal so dumm, den Kern nach der Schale zu beurteilen. Ist es nicht so?«

Der Privatdetektiv nickte und lächelte mild. Er kannte Diamond Dandy lange genug und wusste wohl, dass er ihn nicht nur nach seiner unmöglichen Kleidung und seinem überspannten Auftreten beurteilen durfte.

Sid Harris war im Dschungel der Unterwelt, wo allein das Recht des Stärkeren galt, eine einmalige Mischung aus schlauem Fuchs, Aasgeier und Chamäleon. Er war so etwas wie eine Ein-Mann-Nachrichtenbörse. Er handelte mit Polizei- und Unterweltinformationen aller Art, die er kaufte und verkaufte wie andere Geschäftsleute Antiquitäten oder Briefmarken. Niemals nahm er Partei. Und er gab ungefragt und unbezahlt keinem Auskunft. Er war so neutral wie ein Bankier in der Schweiz, dem es egal ist, aus welchen Quellen die Gelder in seine Bank fließen und was sein Kunde damit zu tun gedenkt. Und dieses Geschäftsprinzip hatte ihn nicht nur reich gemacht, sondern ihm auch das Überleben gesichert.

»Wie läuft das Geschäft, McCoy?«, wechselte Diamond Dandy das Thema und mixte zwei Drinks. Er wusste genau, was der Privatdetektiv trank – Scotch on the rocks.

»Es hält mich über Wasser.«

Der Schwarze reichte ihm sein Glas. »Das große Geld macht man nun mal nicht, wenn man drüben in Sausalito auf einem schäbigen Hausboot lebt, Gummisohle. Das ist keine Gegend, die zahlungskräftige Kunden anzieht.«

»Vielleicht sollte ich mir auch so einen rollenden rosa Bonbon zulegen«, spottete McCoy und nahm einen Schluck. Er wusste, dass Diamond Dandy ihn nicht aus Langeweile zu einer Fahrt in seinem Caddy eingeladen hatte. Er wollte etwas von ihm. Aber er dachte nicht daran, ihn danach zu fragen. Dandy würde schon damit herausrücken, wenn er den richtigen Zeitpunkt für gekommen hielt.

»Schwimmt die *Titanic* überhaupt noch?«, erkundigte sich der Schwarze.

Titanic – so hatte Mike McCoy sein altes Hausboot getauft, um immer daran erinnert zu werden, dass jedes Schiff sinken kann. Die *Titanic*, die schon bessere Zeiten erlebt hatte, lag auf der Nordseite der San Francisco Bay in einer Bucht von Sausalito verankert – mitten in einem chaotischen Durcheinander von hunderten von anderen Hausbooten und skurrilen schwimmenden Behausungen, die durch ein Labyrinth meist wackeliger Stege mit dem Festland und miteinander verbunden waren.

»Sie ist hart im Nehmen«, erklärte der Privatdetektiv sarkastisch. »Und solange sie mit keinem Eisberg kollidiert, hat sie gute Chancen, in Ehren alt zu werden und noch mehr Rost anzusetzen.«

Diamond Dandy lachte kurz auf, wurde dann aber schnell ernst. Er musterte den Privatdetektiv über den Rand seines Glases hinweg und stellte die mehr rhetorische Frage: »War das nicht dein alter Collegefreund Scott Kinley, der dir die *Titanic* vor Jahren aufgeschwatzt hat?«

»Scott hat sie mir nicht aufgeschwatzt. Ich habe sie ihm für einen Spottpreis abgekauft, weil er beschlossen hatte, seriös zu werden und als Juniorchef in die große Versicherungsgesellschaft seines Vaters einzutreten«, korrigierte McCoy ihn nachsichtig. »Aber wem erzähle ich das, nicht wahr? Du weißt das ja ebenso gut wie ich.«

Diamond Dandy lächelte. »Stimmt, Gummisohle. Und ich weiß auch, dass dein Kontakt zu ihm nicht abgerissen ist. Dann und wann arbeitest du für die *Royal Insurance*.«

»Ja, wenn es ganz faule Nüsse zu knacken gibt, an denen sich seine eigenen Agenten die Zähne blutig gebissen haben, erinnert er sich gern an gemeinsame Zeiten«, sagte McCoy mit bissigem Spott.

»Diesmal kannst du ihm ein Geschäft anbieten«, kam der Schwarze nun zur Sache. »Für dich sind dabei zehn Riesen drin.«

»Zehntausend Dollar?« McCoy hob ungläubig die Augenbrauen. »Wen soll ich dafür umbringen?«

Diamond Dandy grinste. »Du machst die Kohle mit einem einzigen Anruf, McCoy. Hier von meinem Autotelefon aus. Kostet dich nur ein müdes Fingerzucken, ein bisschen Blabla und zehn Minuten Zeit. Das sind dann tausend Flocken pro Minute. Kein übler Stundenlohn, wenn du die Meinung eines bescheidenen Mannes hören willst.«

»Was steht an?«, fragte McCoy knapp und gab seinem Gegenüber damit zu verstehen, dass er die Karten, mit denen gespielt wurde, aufgedeckt auf dem Tisch sehen wollte.

»Ich habe einen Kunden, der durch mich eine brandheiße Information an die *Royal Insurance* verkaufen will.«

»Für wie viel?«

»Dreihunderttausend.«

»Was? ... Scott Kinley kriegt schon einen Anfall, wenn ich ihm für meine unbezahlbaren Dienste hundertfünfzig Dollar plus Spesen pro Tag berechne.«

Diamond Dandy zuckte mit den Achseln. »Was sind schon dreihundert Riesen gegen eine Summe von anderthalb Millionen, Gummisohle? Und so viele Scheinchen muss die *Royal Insurance* in ihren Büchern als Verlust abschreiben, wenn sie die Information nicht kauft.«

Mike McCoy pfiff leise durch die Zähne. »Das klingt ja so, als hättest du Wind von einem verdammt dicken Ei bekommen.«

Der Schwarze schüttelte den Kopf. »Ich weiß nur, dass jemand ein ganz fettes Süppchen am Kochen hat, das die Versicherungsgesellschaft deines alten Freundes 'ne Menge Dividenden kosten kann. Was das für eine Suppe ist, weiß ich nicht. Ich weiß von meinem Kunden nur, dass sie heute Nacht ausgeschöpft werden soll.«

»Das lässt nicht eben viel Zeit für Verhandlungen«, sagte McCoy überrascht.

»Richtig. Drei, vier Stunden sind zu knapp, um so ein Geschäft mit gegenseitigen Absicherungen unter die Haube zu bringen. Und deshalb will ich dich ins Spiel bringen«, erklärte Diamond Dandy. »Du kommst jederzeit zu Scott Kinley durch. Und du hast die besten Chancen, ihm klar zu machen, dass es sich dabei tatsächlich um einen Tipp handelt, der dreihundert Riesen allemal wert ist.«

Mike McCoy sah ihn scharf an. »Was bedeutet, dass ich dir und deinem Informanten blind vertrauen muss.«

Der Schwarze wich seinem Blick nicht aus. »Ja, darauf läuft es hinaus.«

Vier, fünf Sekunden verstrichen in angespanntem Schweigen. Dann holte McCoy tief Luft, leerte sein Glas mit einem Schluck und griff zum Telefon.

»Also gut, ich werde es versuchen... Aber ich will nicht einen lausigen Cent, Diamond Dandy.«

»Hör zu, Gummisohle... Ich bin Geschäftsmann, und ich nehme keine ›Ware‹, ohne dafür zu bezahlen«, sagte der Schwarze kühl und vorwurfsvoll. »Wenn der Handel über die Bühne geht, kriege ich eine zehnprozentige Provision. Ein Drittel davon steht dir zu – und das sind nun mal runde zehn Riesen.«

»Und ich nehme kein Schmiergeld an, Diamond Dandy«, erwiderte McCoy genauso kühl. »Du kannst mich bezahlen, indem du dich irgendwann einmal mit einem ähnlichen Gefallen revanchierst. Aber für Geld kriegst du mich nicht. Das ist meine Bedingung. Wenn du einverstanden bist, rufe ich an und rede mit Scott. Wenn es dir so nicht passt, kannst du deinem Kutscher sagen, dass er mich rauslassen soll.«

»Okay, spielen wir den Part nach deinen Regeln«, lenkte Diamond Dandy kopfschüttelnd ein.

Der Privatdetektiv nickte und wählte Scott Kinleys Privatnummer. Seine Frau Loretta kam an den Apparat.

»Oh, Mister McCoy ... nein, mein Mann ist leider nicht zu sprechen ... Er ist außer Haus. Am besten rufen Sie ihn morgen im Büro an.« Ihre Stimme klang zwar freundlich, aber dennoch war darin das Missfallen über seinen Anruf zu spüren.

»Aber Sie wissen, wo ich Scott jetzt erreichen kann, nicht wahr?«

»Selbstverständlich!« Ihre Stimme nahm nun einen unverhohlen kühlen, herablassenden Klang an. »Aber ich glaube nicht, dass mein Mann Verständnis dafür hätte, wenn ich Ihnen die Telefonnummer gäbe, unter der er zu erreichen ist. Er steht Ihnen morgen zu normalen Geschäftszeiten sicherlich gern zur Verfügung. Und so wichtig wird es ja wohl nicht sein.«

Mike McCoy antwortete auf ihre herablassende Art mit beißendem Spott: »Nein, es handelt sich wirklich nur um die lächerliche Kleinigkeit von anderthalb Millionen, *gnädige Frau*. Aber die Gesellschaft Ihres werten Gatten wird so einen geringfügigen Betrag zweifellos mit einem müden Achselzucken verschmerzen. Und falls nicht, kann die *Royal Insurance* den Verlust immer noch durch eine dieser wirtschaftlich so dringend notwendigen Erhöhungen der Versicherungsprämien wieder ausgleichen, nicht wahr?«

Der Privatdetektiv hörte, wie Loretta Kinley am anderen Ende der Leitung vor Überraschung und Empörung nach Luft schnappte. Doch eine Minute später hatte er die gewünschte Telefonnummer.

Scott Kinley war alles andere als erfreut, als er zum Telefon gerufen wurde und herausfand, wer der Anrufer war. »Ich hoffe für dich, dass du einen guten Grund hast und mich nicht wegen einer Lappalie aus der Rotariersitzung geholt hast!«, sagte er unwillig.

Mike McCoy nannte ihm den Grund.

»Dreihunderttausend Dollar für einen Tipp, der der Gesellschaft anderthalb Millionen Schaden ersparen soll?«, wiederholte Scott Kinley ungläubig.

»Ja.«

»Sag mal, hast du getrunken oder bist du vielleicht mal wieder pleite, Mike?«

»Wenn ich pleite wäre, würde ich keine zwanzig Cent für ein Telefonat mit einem Geizkragen wie dir vergeuden, Scott!«, erwiderte der Privatdetektiv grimmig. »Die Quelle, aus der ich die Information habe, ist über jeden Zweifel erhaben.«

Diamond Dandy lächelte spöttisch.

»So?«, fragte Kinley. »Ich nehme an, bei dieser Quelle handelt es sich um eine deiner lichtscheuen Gestalten aus der Unterwelt.«

»Lichtscheu trifft kaum auf ihn zu.«

»Aber Unterwelt.«

»Mein Gott, Scott!«, regte sich McCoy nun auf. »Glaubst du vielleicht, so einen heißen Tipp könnte man von einem Friedensnobelpreisträger oder von einem Bundesrichter kaufen? Solche Tipps kommen immer aus Unterweltskreisen!«

»Dann gib mir wenigstens einen Hinweis, um was für eine Art von Coup es sich handelt.«

»Augenblick.« Mike McCoy deckte die Sprechmuschel ab und sprach mit Diamond Dandy.

»Sorry, aber dein Wort muss ihm genügen, Gummisohle. Ein Fingerzeig und Kinley kann innerhalb von einer halben Stunde per Computer feststellen lassen, um welchen Coup es sich nur handeln kann ... hat mir mein Kunde gesagt.«

»Ich fürchte, du hast den Wert meines Wortes bei Scott Kinley ein wenig zu hoch eingeschätzt, Diamond Dandy«, brummte McCoy und behielt Recht.

Scott Kinley ließ sich einfach nicht überzeugen, sosehr McCoy auch auf ihn einredete. »Ich will nicht sagen, dass du ein krummes Ding zu drehen versuchst, Mike. Aber du hast so deine schwachen Seiten. Und dazu gehört offensichtlich, dass du gegenüber gewissen Leuten aus der Unterwelt nicht mehr kritisch genug bist. Du lässt dich von ihnen um den Finger wickeln.«

»Scott, nun mach ...«

Kinley ließ ihn nicht ausreden. »Nein, nein, es ist so«, fiel er ihm ins Wort. »Du verkehrst mit den falschen Leuten. Ich gebe dir einen guten Rat, alter Freund. Häng deinen Job an den Nagel und versuch es zur Abwechslung mal mit richtiger Arbeit.« Ohne eine Antwort abzuwarten, legte er auf.

O sole mio

Mike McCoy atmete tief durch und sagte sich, dass es lächerlich war, sich über Scott zu ärgern. Und das wirkte; der dumpfe Groll wich. »Tut mir Leid, Diamond Dandy. Deine zehn Prozent Provision kannst du damit abschreiben. Aus dem Geschäft wird nichts. Kinley hat nicht angebissen. So viel nur zum Vertrauen, das gute alte Collegefreunde zu mir haben.«

Diamond Dandy winkte ab. »Vergiss es, McCoy. Es war nur ein mögliches Geschäft unter vielen. Wenn ein Typ wie Kinley Nein sagt, muss ich nicht gleich morgen bei der Wohlfahrt um Lebensmittelmarken anstehen.«

»Der Coup wird also stattfinden.«

»Anzunehmen«, sagte der Schwarze gleichgültig.

»Hast du keine Angst, dein Informant könnte dich jetzt als Sicherheitsrisiko betrachten, wo du den Handel nicht zustande gebracht hast? Du bist der einzige Außenstehende, der von dem Verbrechen heute Nacht weiß.«

»Nicht so viel.« Diamond Dandy schnippte mit den Fingern. »Ich bin loyal zu meinen Kunden, Gummisohle. Wer mir Informationen für einen ganz speziellen Zweck anvertraut – nicht verkauft, wohlgemerkt! –, kann sich auf mein Stillschweigen verlassen. Das weiß jeder, der mit mir Geschäfte macht.« Er klappte ein Fach neben der Minibar auf. Es enthielt vier dicke Geldbündel. »Weißt du, wer mir diese Kohle hier hingeblättert hat?«

»Bin nicht dein Beichtvater, Diamond Dandy.«

»San Francisco City Police«, sagte der Schwarze stolz. »Sogar die Bullen wissen, dass sie von mir einen fairen Gegenwert für ihre Steuergelder kriegen.«

»Beruhigt mich ungemein, dass du den geplatzten Handel mit Scott Kinley verschmerzen kannst«, sagte Mike McCoy und blickte auf die Uhr. Kurz nach neun. »Kannst mich am Portsmouth Square absetzen.«

»Steht irgendetwas Besonderes auf deiner Liste, Gummisohle?«

»Das Übliche. Bin mal wieder hinter Lucky her. Waren für acht verabredet. Doch der Bursche hat mich versetzt.«

Diamond Dandy nickte. »Schau doch mal bei *Vittorio's Bar-*

ber Shop rein«, schlug er vor. »Vielleicht hat er 'ne Glückssträhne erwischt und ist da hängen geblieben.«

»Lucky sitzt bei Vittorio am Spieltisch?«, fragte der Privatdetektiv. Diese Nachricht überraschte ihn nicht, denn sein Freund war ein leidenschaftlicher Spieler. Daran wäre nicht viel auszusetzen gewesen – wenn Lucky seine Grenzen gekannt hätte. Aber das war leider nicht der Fall. Obwohl ihm nie der große Wurf gelang und sich seine angeblich so todsicheren Systeme letztlich stets als verlustreiche Nieten entpuppten, hielt er sich doch für den Muhammad Ali des Glücksspiels.

»Zumindest saß er um sieben da, wenn ich Pisco richtig verstanden habe«, erwiderte Diamond Dandy und schaltete die Gegensprechanlage mit einem Tastendruck an. »He, Pisco ...«

Der bullige schwarze Fahrer, der den Nacken eines ausgewachsenen Stiers besaß, wandte leicht den Kopf. »Ja, Boss?«

»Hast du nicht Lucky Manzoni bei Vittorio gesehen?«

Pisco nickte. »Hatte nichts als Luschen auf der Hand und bluffte so erfolgreich wie 'n Anfänger im Schulschwänzen, dem man das schlechte Gewissen am Gesicht ablesen kann.«

Mike McCoy seufzte. »Das sieht Lucky sehr ähnlich.«

»Bring uns zu Vittorio«, befahl Diamond Dandy und schaltete die Gegensprechanlage wieder aus.

Der illegale Spielklub von Vittorio Lentini befand sich in Little Italy, dem italienischen Viertel von San Francisco. In diesem Stadtteil lag auch die Kfz-Werkstatt von Lucky. Gemäß seiner grenzenlos optimistischen Lebenseinstellung hatte er ihr den vielversprechenden Namen *Lucky Manzoni's Happy Garage* gegeben.

Pisco hielt zwei Häuserblocks vor dem Spielklub, der als Friseursalon für Männer getarnt war. Mike McCoy stieg aus.

»Oh, noch etwas«, sagte Diamond Dandy, als der Privatdetektiv die Wagentür schon zuschlagen wollte.

»Ja?«

»Ich würde mich an deiner Stelle nicht allzu lang oben bei Vittorio aufhalten.«

McCoy hob die Augenbrauen. »Irgendein besonderer Grund?«

Diamond Dandy schob die Rüschenmanschette seines Hemdes hoch und warf einen kurzen Blick auf seine diamantenbesetzte Rolex. »In fünfzehn Minuten tauchen hier die Bullen auf, um den Laden hochzunehmen«, erklärte er wie beiläufig. »Vorausgesetzt natürlich, sie halten sich an ihren Zeitplan.«

»Weißt du auch, wer die Razzia leitet?«

»Sergeant Austin.«

»Verdammt!...Larry Austin ist so pünktlich wie der Big Ben!«

Diamond Dandy grinste. »Klingt ja so, als würdest du Sergeant Austin gut kennen, Gummisohle.«

Mike McCoy verzog das Gesicht. »Zu gut!«, brummte er. »Danke für den Tipp, Dandy.«

»Eine Hand wäscht die andere, Gummisohle. Wenn ich was für dich tun kann, lass es mich wissen. Du weißt ja, wie und wo du mich finden kannst.«

Mike McCoy nickte. »Ja, nicht mal ein Blinder könnte deinen Bonbon-Caddy übersehen!«, rief er ihm zu und lief los.

Der offizielle Teil von Vittorio Lentinis Geschäft, der Friseursalon, war hell erleuchtet und von der Straße aus einzusehen. Vier altmodische Rasiersessel standen vor der langen Spiegelwand. Zwei von Vittorios Neffen betrieben den Barbershop.

All jene Kunden aber, die weniger an Rasierschaum und glatter Haut interessiert waren als an Würfelspiel, Roulette und Poker, begaben sich in den dahinter liegenden »Warteraum«. Nach dem üblichen Sicherheitscheck wurden sie dann nach oben in den Spielklub geführt.

Mike McCoy stürmte durch den Salon in den Warteraum.

Mario, Vittorios ältester Sohn, mit Spitznamen Sonny, kam hinter seinem Stehpult hervor, das in einer Ecke stand. Es war sein Job, die Spieler zu empfangen und die Spreu vom Weizen zu trennen. Vittorios Klub gehörte zu den wenigen illegalen Spielhöllen, in denen es noch ehrlich zuging und Kartenhaie keine Chance bekamen.

»Bring mich sofort nach oben, Sonny!«, forderte Mike McCoy ihn hastig auf, bevor Mario etwas sagen konnte. »Gleich geht hier der Tango los! Ihr steht auf 'ner Razzialiste!« Er sah nicht ein, warum er die Aushebung des einzig anständigen Spielklubs im Umkreis von fünfzig Häuserblocks zulassen sollte, während es in der Umgebung von Nepplokalen und Gangsterklubs nur so wimmelte. Sergeant Austin sollte sich besser erst mal diese Schuppen vornehmen, bevor er Vittorios Familienbetrieb dichtmachte.

Sonny wurde blass, rief etwas auf Italienisch in den Salon und riss eine Tapetentür auf. Er hastete einen schmalen Flur entlang und dann eine Treppe hoch. McCoy blieb ihm dicht auf den Fersen und stand Augenblicke später in Vittorio Lentinis Spielklub. Der große, fensterlose Raum war alles andere als luxuriös eingerichtet, wie das bei vielen anderen Klubs der Fall war. Es gab zwei Pokertische und jeweils einen für Würfel und Roulette sowie eine kleine Bar.

»Gib deinem Vater Bescheid und sieh zu, dass Spielkarten, Würfel, Chips und die Bezüge von den Tischen verschwinden«, rief McCoy und steuerte auf den Pokertisch zu, an dem sein Freund saß.

Lucky war Anfang dreißig, ein kräftiger Mann von leicht gedrungener Gestalt. Durch sein dunkles, krauses Haar war mit Kamm und Bürste kaum durchzukommen und so sah Lucky immer ein bisschen wild aus. Fröhliche Augen, die unbeschwerte Lebensfreude ausstrahlten, lagen unter buschigen Augenbrauen.

»He, Mike!«, rief er freudig und ohne den kleinsten Schimmer von Schuldbewusstsein. Dass er seinen Freund versetzt hatte, schien ihn nicht zu belasten. Er winkte mit seinem Blatt. »Endlich zeigst du mal Geschmack in der Wahl deiner Lokale. Du kommst gerade richtig, um mitzuerleben, wie man ein sensationelles Comeback am Pokertisch macht!« Seine großspurigen Worte bedeuteten im Klartext, dass er schwer verloren und dennoch nichts daraus gelernt hatte.

»Legt die Karten aus der Hand und steckt euer Geld ein!«, sagte der Privatdetektiv zu Lucky und seinen Spielpartnern. »Und wer Schuldscheine von irgendeinem Mitspieler angenommen hat, verbrennt die besser im Aschenbecher.«

Ein elegant gekleideter Mann mit grau melierten Schläfen, der rechts von Lucky saß, begriff sofort. »Eine Razzia, Mister ...?«

»Mike McCoy ... Ja. Und für einen unbemerkten Abgang ist keine Zeit mehr. Die Polizei dürfte jetzt gerade dabei sein, die Fluchtwege abzuriegeln und sich Zugang zum Klub zu verschaffen.«

»Verbindlichsten Dank, Mister McCoy.« Der Graumelierte ließ seine Karten fallen und entledigte sich dreier Schuldscheine, ohne zu protestieren oder gar zu fluchen. Und Mike McCoy wäre jede Wette eingegangen, dass mindestens einer davon die Unterschrift seines leichtsinnigen Freundes trug.

Die Nachricht von der bevorstehenden Razzia hatte blitzschnell die Runde im Klub gemacht. Der dicke, kahlköpfige Vittorio Lentini erschien nun auf der Bildfläche, erteilte knappe Befehle an seine Männer und wies die Kunden an, wie sie sich verhalten sollten. Für den Fall einer solchen Razzia hatte Lentini nämlich schon einen Schlachtplan entworfen und das Ganze mit seinen Angestellten, die alle zur Familie gehörten, mehrfach geprobt. Und das machte sich jetzt bezahlt.

Jetons, Würfel, Karten und die grünen Filzbezüge mit den

aufgedruckten Spielfeldern verschwanden im Handumdrehen von den Tischen. Tische und Stühle wurden umgruppiert und umdekoriert. Notenblätter und kleine bedruckte Mitgliedskarten wurden an Spieler und Klubpersonal verteilt, außerdem wurde ein altes Piano aus dem Nebenzimmer hereingerollt.

»Sie kommen!«, rief Sonny. Seit McCoys Warnung waren nur wenige Minuten vergangen.

Vittorio Lentini nickte, schlug einen Akkord auf dem Piano an und gab dem »Männerchor« das Zeichen zum Einsatz.

Sekunden später wurde die Tür aufgerissen und Sergeant Larry Austin polterte in den großen Raum, gefolgt von einem halben Dutzend Uniformierten. Der Lärm, den sie dabei verursachten, übertönte den wenig lieblichen Gesang des Männerchores, der sich vergeblich auf eine Tonlage und einen Takt beim Singen von O sole mio zu einigen versuchte.

Der Sergeant, ein kleiner, dicklicher Mann um die vierzig, blieb nach drei Schritten abrupt stehen – und gleichzeitig brach der misstönende Gesang ab. Ungläubig starrte Larry Austin auf die etwa zwanzig Männer, die in drei Stuhlreihen in einem Halbkreis seitlich vom Piano saßen – jeder ein Notenblatt in der Hand. Nichts deutete darauf hin, dass hier eben noch gewürfelt, gepokert und Roulette gespielt worden war. Sogar die Bar war dunkel und Flaschen und Gläser waren mit Tüchern bedeckt.

»Träum ich oder spinn ich?«, stieß einer der Polizisten hinter Austin hervor.

Vittorio Lentini erhob sich vom Piano und verlangte eine Erklärung von Larry Austin. Dem Sergeanten war klar, dass er geschlagen war und auch eine Hausdurchsuchung keinen Beweis gegen Lentini und die anwesenden Männer an den Tag bringen würde.

Wutentbrannt und mit hochrotem Gesicht ging Austin vor dem angeblich gerade gegründeten »Chor zur Pflege italoamerikanischen Liedguts«, wie Lentini sich ausgedrückt hatte, auf und ab.

»Reizende Idee«, knurrte er. »Überaus reizende Idee! Vittorio Lentinis Männergesangverein!... Ich bin gerührt! Ah, schau an... Lucky Manzoni und Mike McCoy haben ihre Liebe für das italoamerikanische Liedgut entdeckt!« Zornig funkelte er den Privatdetektiv an.

»Es ist nie zu spät, sich für Tradition und Kultur einzusetzen, Sergeant«, konnte Lucky sich nicht verkneifen zu erwidern.

»Reiß dich zusammen!«, zischte McCoy ihm warnend zu. Es lag auf der Hand, dass Larry Austin ihn stark im Verdacht haben würde, für die geplatzte Razzia verantwortlich zu sein.

Austin und McCoy kannten sich gut. Ihre Berufe brachten es so mit sich, dass sich ihre Wege dann und wann kreuzten. Auch wenn sie sich gegenseitig respektierten, so waren sie doch gewiss keine guten Freunde. Wachsames Misstrauen war bestimmend für ihre Beziehung. Jeder unterstellte dem anderen, ihm wichtige Informationen vorzuenthalten – McCoy, um seine Klienten und Informanten aus den Kreisen der Unterwelt zu schützen, und Austin, um ihm einen zu tiefen Einblick in Polizeiakten und Ermittlungsvorgänge zu verwehren.

Der Sergeant warf Lucky und dem Privatdetektiv einen zornigen Blick zu, wandte sich dann jedoch wortlos ab. Er machte eine wütende Handbewegung zu seinen Männern und befahl ihnen, zu den Einsatzwagen zurückzukehren.

Als er im Hinausgehen an Vittorio Lentini vorbeikam, stieß er grimmig hervor: »Wer immer dir den Tipp gegeben hat, Lentini, der hat dir und deiner Sippschaft ein paar Jahre Knast erspart... zumindest vorerst. Das nächste Mal wird es keine rettende Vorwarnung geben, das verspreche ich dir. Und dann bist du fällig!« Zornig und laut knallte er die Tür hinter sich zu.

Noch bevor Vittorio Lentini mit ausgestreckten Armen auf ihn zukam, ihn an seine Brust drückte und sich mit südländischer Überschwänglichkeit bei ihm bedankte, wusste Mike McCoy schon, dass er sich für den Rest der Nacht nichts mehr vorzunehmen brauchte. Die Lentini-Sippe würde ihn feiern wie einen Helden und alles auftischen, was Küche und Weinkeller zu bieten hatten. Vittorio und einige andere standen in seiner Schuld. Und das war eine verlorene Nacht und Larry Austins Verstimmung schon wert. Denn in seinem Beruf als Privatdetektiv wusste man nie, wann man einmal auf solch eine Gefälligkeitsschuld angewiesen war...

Der Millionencoup

Das Fadenkreuz des Zielfernrohrs verharrte kurz auf der hohen Stirn des bewaffneten Mannes vom Werkschutz und wanderte dann über das gelangweilte Gesicht abwärts. Groß kam der Revolver ins Bild, der in einem schwarzen Lederholster an der linken Hüfte steckte – mit dem Griffstück nach vorn. Die Waffe füllte das gesamte Sichtfeld. Und jedes noch so kleine Detail war im Fadenkreuz zu erkennen.

Rex »Skinny« Jones drehte das Zoom auf seinem Präzisionsgewehr zurück und der Mann schien nach hinten zurückzuweichen und in sich zusammenzuschrumpfen. Schließlich erfasste das Zielfernrohr nicht nur ihn in ganzer Größe, sondern auch seinen Partner. Für die beiden Männer von der Nachtwache hatte die Sechsstundenschicht auf dem Firmengelände der *Micro-World-Electronics* gerade erst begonnen. Sie standen im gleißenden Flutlicht vor der Verladerampe der lang gestreckten Lagerhalle, rauchten und unterhielten sich.

»Ihr werdet heute Nacht nicht viel herumzuwandern haben«, murmelte Rex Jones höhnisch und nahm das Auge vom Zielfernrohr.

Der Gangster und Scharfschütze, der wegen seiner hoch aufgeschossenen und ungewöhnlich mageren Gestalt Skinny genannt wurde, lag zwischen Baumaterialien auf dem Flachdach eines achtstöckigen Rohbaus. Das Gebäude sollte in knapp einem Dreivierteljahr die Verwaltung einer expandierenden Computerfirma aufnehmen.

Der Bauplatz lag über vierhundert Yards vom umzäunten und taghell beleuchteten Gelände der *Micro-World-Electronics* entfernt. Doch für Skinnys Präzisionsgewehr, das mit einem außergewöhnlich starken Zielfernrohr ausgerüstet war und dessen Lauf auf einem garantiert nicht wackelnden Zweibein ruhte, waren vierhundert Yards keine Entfernung. Wenn es sein musste, erledigte er die beiden Männer vom Werkschutz in weniger als zwei Sekunden. Und seine Kugeln würden augenblicklich den Tod bringen. Deshalb hatte Fargo ihn auch auf das Dach geschickt. Es war seine Aufgabe, ihnen den Rücken freizuhalten und sie vor unliebsamen Überraschungen zu bewahren.

Aus seiner Jackentasche drang ein leiser, doch unüberhörbarer Piepston. Rex »Skinny« Jones holte das kleine Sprechfunkgerät hervor und drückte die Sprechtaste.

»Hier Adlerhorst... kommen.« Mit einem Daumendruck stellte er auf Empfang um.

Fargo meldete sich. »Lage?«, fragte er knapp.

»Wie erwartet ruhig.«

»Objektbewachung?«

»Die übliche Nachtschicht. Zwei Männer vom Werkschutz auf dem Gelände... bewaffnet mit 45er-Revolver und Walkie-Talkie«, gab Skinny Auskunft. »Ein Mann in der Zentrale am Portal. Haben alle drei ihren Dienst vor einer Viertelstunde angetreten.«

»Umfeld?«

»Ausgestorben und totenstill. Kein einziger Wagen auf der Zufahrtsstraße zu sehen.«

»Gut.« Fargos Stimme war kühl und unpersönlich. »Uhrenvergleich. Null Uhr 17 und drei Sekunden... vier... fünf... sechs...«

»Synchron!«, meldete Skinny.

»Wir fahren in dreizehn Minuten los, Adlerhorst. Lass die Werksschützer nicht aus dem Fadenkreuz, halte aber auch ein Auge auf die Straße, okay?«

»Verstanden.«

»Gut. Ende.« Fargo schaltete ab.

Eine Meile Luftlinie lag zwischen Skinnys Position und der hohen Scheune, die als einziges Gebäude der Horseshoe Bend Ranch das große Feuer von 1982 überstanden hatte. Ranchhaus, Ställe und alle anderen Nebengebäude waren einem jener verheerenden Waldbrände zum Opfer gefallen, von denen Kalifornien in extrem heißen Sommern immer wieder heimgesucht wird. Zwei Jahre lagen Felder und Weiden nun schon brach und Unkraut wucherte in den Brandruinen. Die Familie, die die Ranch bewirtschaftet hatte, war nach San Francisco gezogen, hatte die Versicherungssumme in ein weniger arbeitsintensives Geschäft investiert und spekulierte darauf, das Land in ein paar Jahren für das Mehrfache des jetzigen Wertes als Bauland an die immer stärker expandierende Computerindustrie verkaufen zu können.

Ein schwarzer Kenworth-Truck und ein silbergrauer Lincoln Continental standen in dieser Nacht unter dem hohen Scheunendach. Und hier hielt Fargo auch seine letzte Einsatzbesprechung mit Steve Elliott, Leslie Sloyan und Romero Enriquez ab.

»Noch irgendwelche Fragen?«, wollte der Gangsterboss

wissen. Und dabei schaute er mit seinen kalten Fischaugen von einem zum andern, als beabsichtige er, jeden mit seinem Blick zu durchbohren, der jetzt noch eine Frage zu stellen wagte.

Fargo gehörte zu jener Sorte Anführer, denen von ihren eigenen Männern eher Hass als Sympathie entgegengebracht wird. Sein Alter ließ sich schwer schätzen. Er war mittelgroß und nicht sonderlich kräftig. Sein Gesicht war so bleich, als litte er unter Blutarmut. Er war ein Albinotyp mit hellblondem Haar. Auch Augenbrauen und Wimpern hatten dieses sonderbare Weißblond. Normalerweise. Denn jetzt trug er eine dunkle Perücke und einen falschen, knapp getrimmten Schnurrbart. Wimpern und Augenbrauen waren gefärbt. Seine feingliedrigen Hände steckten in Lederhandschuhen. Und er trug, genauso wie Steve und Enriquez, einen eleganten Abendanzug mit weißem Hemd und Krawatte. Nur Leslie Sloyan trug Jeans und T-Shirt.

»Alles klar wie Wodka on the rocks, Boss!«, versicherte Leslie Sloyan mit einem gequälten Grinsen, als Fargo ihn fixierte. Ein dünner Film aus winzigen Schweißperlen überzog seine gelbliche Haut auf der Stirn und an den Schläfen. Er war ein muskulöser Mann in den Dreißigern. Sein glattes Haar, das von der Farbe hellen Tabaks war, trug er schulterlang. Seine breiten, schwieligen Hände verrieten, dass er harte körperliche Arbeit gewohnt war. Seiner gedehnten, singenden Sprechweise war zu entnehmen, dass er nicht von der Westküste stammte, sondern ein Südstaatler aus Virginia oder Georgia war.

»Wenn schon, dann schon Tequila, *amigo*«, sagte Romero Enriquez mit leicht spöttischem Unterton. Der Mexikaner war das genaue Gegenteil von Leslie: schwarzhaarig, gut aussehend, arbeitsscheu und kaltblütig. Und er hatte für seinen nervösen Komplizen nicht viel übrig. Er verachtete diese »Hillbillies« aus dem Süden, diese Hinterwäldler vom Schlage eines Leslie

Sloyan. Zudem hielt er ihn für einen Amateur mit schwachen Nerven, und es wäre ihm lieber gewesen, wenn er bei diesem Coup nicht mitgemischt hätte.

Doch Fargo hatte ihn als Fahrer für den Schwerlaster angeheuert und damit hatte sich jede Diskussion über seine Qualifikation von vornherein erübrigt. Fischauge ließ sich in keine Diskussion ein – er gab Befehle.

»Keine Fragen, Boss. Wir können los«, sagte Steve Elliott ruhig und dachte kurz an Kirk Brennan, der die Stellung im einsamen Strandhaus hielt. Er hoffte, dass Kirk seine Gewalttätigkeit unter Kontrolle behielt und sich auf die Sekunde an ihren Plan hielt. »Jeder von uns weiß, was er zu tun hat.«

Fargo nickte wie jemand, der etwas bestätigt bekommt, was er schon längst weiß. »Ausgezeichnet«, sagte er mit einer Stimme kalt wie Eis und scharf wie ein Messer. Er stieg hinten in den Straßenkreuzer ein, während Steve hinter das Lenkrad rutschte und Enriquez auf dem Beifahrersitz Platz nahm.

Leslie Sloyan ging zum Doppeltor der Scheune, schob den schweren Riegel zur Seite und stieß das Tor auf. Der Lincoln rauschte an ihm vorbei, als er zum Laster zurückkehrte. Er stieg auf das Trittbrett, zog sich in die Fahrerkabine der bulligen Zugmaschine und schaltete die Zündung ein. Und als der Motor donnernd ansprang und ihn niemand hören konnte, knallte er mit der flachen Hand wütend auf das Steuer und fluchte laut.

Einen Augenblick saß er mit geschlossenen Augen und zusammengepressten Lippen, umklammerte das Steuer und spannte alle Muskeln an. Dann fluchte er erneut, steckte sich eine Zigarette an und griff zum Sprechfunkgerät. Er überzeugte sich durch einen kurzen Wortwechsel mit Steve von der Funktionsfähigkeit des Walkie-Talkie und legte es, auf Empfang eingeschaltet, vor sich auf das Armaturenbrett. Es wurde Zeit, dem Lincoln zu folgen.

Leslie Sloyan drosch den ersten Gang ins Getriebe und trat auf das Gaspedal. Der Containertruck ruckte an und warf den Gangster gegen die Rücklehne des Fahrersitzes. Die kritischste Phase des Millionencoups hatte begonnen.

Seit seine Frau vor vier Jahren nach fast dreißigjähriger Ehe gestorben war, fand George Stockwell nachts nur schlecht Schlaf. Deshalb hatte er darum gebeten, die Nachtschicht von Mitternacht bis sechs Uhr früh in der Pförtnerloge von *Micro-World-Electronics* übernehmen zu dürfen. Das war ein verantwortungsvoller Posten. Doch George Stockwell hatte keine Schwierigkeiten gehabt. Immerhin gehörte er schon seit Gründung der Firma vor über acht Jahren zum Werkschutz.

Die Bezeichnung Pförtnerloge wurde dem anschlagsicheren Gebäude aus Stahl und Panzerglas nicht gerecht. Es war eigentlich ein supermodernes Kontrollzentrum, das der Sicherung der Anlage diente.

Ein hoher Zaun aus farbigen Stahllamellen umgab das Firmengelände. Eine dichte Kette von Kontaktsensoren zog sich oben auf der Zaunkrone entlang. Die Sensoren meldeten jeden stärkeren Kontakt in das Kontrollzentrum am Haupteingang. Zudem waren in einem Abstand von zwanzig Fuß Videokameras mit Tele- und Superweitwinkellinse auf Kugelgelenken montiert. Über Fernsteuerung ließen sich diese Kameras, die ihre Aufnahmen auf die zwölf Monitore in der Panzerglasloge übertrugen, um 360 Grad schwenken – senkrecht und waagrecht.

Diese Einrichtungen waren nur ein Teil der elektronischen Sicherheitsmaßnahmen zum Schutz der Firma. Niemand konnte das Gelände betreten oder verlassen, ohne dass der Mann im Kontrollzentrum es bemerkte – und ihn passieren ließ. Und es war unmöglich, gewaltsam in das Wachhaus einzudringen und den Wachhabenden auszuschalten. Man konnte den kleinen Bau aus panzerfaustsicherem Glas und Stahl nur durch eine Sicherheitsschleuse betreten, wenn man die richtige ID-Karte und die computergespeicherte Codenummer des Tages besaß. Doch bevor sich die Tür zum Innenraum der Kontrollstelle öffnete, musste man mehrere Minuten in der Schleuse warten. Zeit genug für den Wachhabenden, Alarm auszulösen und die Polizei zu rufen – und dafür war nur ein Knopfdruck nötig.

George Stockwell füllte gerade seine Tasse mit Kaffee aus der Thermoskanne, als er das Scheinwerferpaar hinter der Kurve auftauchen und langsam näher kommen sah.

Ein silbergrauer Lincoln Continental.

Mister David Willcox, einer der Firmendirektoren, fuhr einen solchen Lincoln Continental. Und er war bekannt dafür, dass er auch spätnachts in der Firma auftauchte, um irgendeine wichtige Akte aus dem Büro zu holen oder etwas im Tresor zu deponieren.

George Stockwell schraubte die Thermoskanne zu und schaltete die Gegensprechanlage ein, als der Lincoln neben der supermodernen Pförtnerloge hielt.

»Guten Morgen, Sir«, sagte der Wachhabende in das Mikrofon, während sich das getönte Seitenfenster an der Fahrerseite des Lincoln senkte. Ob es wirklich David Willcox war, der hinter dem Steuer saß, konnte er nicht sagen. Auf dem Kontrollbildschirm sah er nur, dass der Mann einen eleganten grauen Anzug von der Sorte trug, die Mister Willcox bevorzugte. Ein heller Sommerhut verbarg das Gesicht des Mannes.

»'n Morgen, George.«

»Ihre ID-Karte und die Codenummer bitte, Sir.«

»Sie werden gleich einen Anruf bekommen, George«, sagte der Mann, den George Stockwell für David Willcox hielt. »Hören Sie gut zu und öffnen Sie dann den Umschlag.« Eine behandschuhte Hand legte einen weißen Briefumschlag in das außen angebrachte Rohrpostfach.

George Stockwell runzelte verdutzt die Stirn, drückte einen Knopf und hatte den Behälter, der den Briefumschlag enthielt, vor sich. »Ich verstehe nicht ganz, was das...« Eines der drei Telefone klingelte.

»Der Anruf! Heben Sie ab, George!«, sagte der Mann im Lincoln mit befehlsgewohnter Stimme.

Ein ungutes Gefühl beschlich George Stockwell. Diese Situation hatte etwas Beunruhigendes, ja geradezu alarmierend Merkwürdiges an sich. Zögernd griff er zum Telefon und hob ab.

»Micro-World-Electronics«, meldete er sich. »Guten Morgen. Was kann ich für Sie tun?«

»Bitte bleib ganz ruhig und tue nichts, was du später bereuen könntest!«, sagte eine zitternde Frauenstimme.

Ein ungläubiger Ausdruck trat auf George Stockwells Gesicht. »Linda?«

»Daddy, du hast mein Leben in deiner Hand!«, stieß Linda mit gepresster Stimme hervor. »Lass nicht zu, dass sie mich töten! Tue, was sie von dir verlangen, sonst töten sie mich und Tom!«

Der Nachtwächter war aschfahl im Gesicht. Er begriff, dass der Mann dort unten im Lincoln nicht Mister Willcox war. Und seine Hand bewegte sich fast automatisch auf den Alarmknopf zu.

Es war, als hätte Linda seine Reaktion erraten. »Wenn du Alarm auslöst, bringen sie uns um!«, drang ihre angsterfüllte Stimme aus dem Hörer.

Seine Hand zuckte vom roten Alarmknopf zurück, als hätte er sich an glühenden Kohlen verbrannt. Schweiß brach ihm aus. Erst jetzt wurde ihm so richtig bewusst, dass sich sein einziges Kind zusammen mit ihrem Verlobten in der Gewalt von

Verbrechern befinden musste. »Mein Gott, Linda, was ist geschehen?«

»Öffne den Briefumschlag, Daddy!«, forderte Linda ihn auf.

George Stockwell öffnete das Kuvert mit zitternder Hand, fand ein farbiges Polaroidbild und nahm es heraus. Entsetzt starrte er auf das Foto. Mit weit aufgerissenen Augen, in denen die Todesangst stand, blickte seine Tochter ihn an. Jemand drückte ihr eine Pistole mit Schalldämpfer an die Schläfe. Ein Schwindelgefühl überkam ihn, und er ließ das Foto fallen, um sich an der Kante des Schaltpultes festzuhalten. Ihm wurde übel.

»Daddy!... Daddy!«

Die Stimme seiner Tochter schien aus weiter Ferne zu ihm zu dringen. Er riss sich zusammen. »Ja?«

»Sie bluffen nicht, Daddy... Sie meinen es ernst! Oh, Daddy...« Ihre bebende Stimme ging in hemmungsloses Schluchzen über.

»Ich lasse nicht zu, dass sie dir etwas antun!«, versicherte Stockwell mit krächzender Stimme. Was immer die Gangster von ihm verlangten, er würde nicht zögern, es zu tun. Kein Preis war ihm zu hoch, um das Leben seiner Tochter zu retten – und das ihres Verlobten. »Was wollen Sie von mir? Was soll ich tun?«

Ein kaum merkliches Lächeln krümmte Fargos Lippen. Doch seine Augen blickten kalt und leidenschaftslos wie immer. Er hatte nicht eine Minute daran gezweifelt, dass sein Plan aufgehen würde.

Der Untergang der »Titanic«

Im Halbschlaf drang wie aus weiter Ferne das anhaltende Klingeln eines Telefons zu ihm. Er beschloss, es zu ignorieren, und fast wäre ihm das auch gelungen, wenn Lucky nicht gewesen wäre.

»Heiliger Sebastian, wie lange willst du das verdammte Telefon denn noch klingeln lassen?«, fluchte Lucky mit heiserer Stimme, rüttelte den Privatdetektiv an der Schulter und warf sich dann auf die andere Seite.

Mike McCoy brummte eine unverständliche Erwiderung, tastete im Dunkeln nach dem Telefon neben dem Bett und hob ab. »Hier spricht der automatische Anrufbeantworter der Privatdetektei Mike McCoy«, leierte er schläfrig in den Hörer, ohne die Augen zu öffnen. »Hinterlassen Sie nach Ende dieser Durchsage Namen und Telefonnummer und wir werden Sie so bald wie möglich zurückrufen. Bitte sprechen Sie ... jetzt.« Und bevor der Anrufer sich melden konnte, legte er auf.

Sekunden später klingelte das Telefon erneut.

»Himmeldonnerwetter!«, knurrte Lucky benommen. »Kann man bei dir denn noch nicht einmal ein paar Stunden in Ruhe schlafen, Mike?«

»Ich tue mein Bestes«, erwiderte Mike McCoy und fragte sich verwundert, was Lucky überhaupt in seinem Bett auf der *Titanic* zu suchen hatte. Doch dann erinnerte er sich an das rauschende Fest im Haus von Vittorio Lentini, den vielen Chianti und Luckys Bemerkung, dass seine Frau Angela mit den Kindern für eine Woche an den Strand von Santa Barbara gefahren sei, und wie sehr er es hasse, am Morgen in einem menschenleeren Haus aufzuwachen und allein zu frühstücken.

Der Privatdetektiv seufzte schwer. Er hatte ohne Zweifel zu

viel von Vittorios Chianti getrunken. Denn nüchtern hätte er sich kaum dazu erweichen lassen, sein Bett mit Lucky zu teilen und für ihn das Frühstück zu machen. Er hatte zudem das unbestimmte Gefühl, dass irgendetwas nicht in Ordnung war. Etwas war nicht so, wie es eigentlich hätte sein sollen. Irgendwelche Geräusche und Gerüche waren anders als sonst. Das vertraute Plätschern des Wassers und der Geruch von Seetang erschienen ihm intensiver, irgendwie beunruhigend intensiv. Und doch vermochte er nicht zu sagen, was ihn daran so verwirrte.

»Nun nimm schon ab!«, drängte Lucky ihn. »O Mann, was bist du für ein lausiger Gastgeber!«

»Wir sprechen uns nachher, wenn es darum geht, wer die Grapefruits ausdrückt und die Eier in die Pfanne haut«, erwiderte der Privatdetektiv knurrig und öffnete die Augen einen Spalt. Dunkelheit umgab ihn. Die Jalousien vor den großen Bullaugen waren geschlossen. Sein Blick fiel auf das phosphoreszierende Zifferblatt der Nachttischuhr. Es war zwanzig nach sechs. Sie hatten also kaum vier Stunden geschlafen. Er ahnte schon, wer so penetrant versuchte, ihn ans Telefon zu bekommen. Widerwillig hob er ab.

»Mike!... Hier Scott... Scott Kinley! Ich muss unbedingt mit dir sprechen!«, sprudelte es hervor.

»Das habe ich mir fast gedacht«, sagte McCoy. »Aber hast du vielleicht mal einen Blick auf die Uhr geworfen, mein Freund? Ich hasse es, zu nachtschlafener Zeit aus dem Bett geklingelt zu werden. Ruf später noch mal an.«

»Mike! Leg nicht auf! Tu mir das nicht an! Bei mir ist die Hölle los!«, flehte Kinley. »Ich bin bei mir im Büro. Einer unserer großen Versicherungsnehmer ist kurz nach Mitternacht überfallen und ausgeraubt worden. Der Versicherungsschaden beträgt...«

»... anderthalb Millionen Dollar«, fiel McCoy ihm ins Wort.

»Aber was ist daran so neu, Scotty? Das habe ich dir doch gestern schon erzählt.«

»Mike, du musst mir helfen! Deine Kontakte ...«

Der Privatdetektiv ließ ihn nicht ausreden. »Ja, ich habe mir deine Worte gut durch den Kopf gehen lassen. Ich bin vielleicht wirklich nicht kritisch genug. Und gut möglich, dass ich mit den falschen Leuten verkehre.«

»Mike, es ist dringend! Wir müssen unbedingt zusammenkommen und über deinen Kontaktmann sprechen! Auf der Stelle! Ich habe einen Auftrag für dich!«

Mike McCoy tat so, als hätte er das nicht gehört. »Und wenn ich es mir recht überlege, spricht in der Tat einiges dafür, dass ich meinen Job an den Nagel hänge und es zur Abwechslung mal mit richtiger Arbeit versuche ... wie du dich, um mein Wohlergehen so rührend besorgt, auszudrücken pflegtest. Oh, und wenn du noch mal das Bedürfnis haben solltest, mit mir zu plaudern und mir weitere gute Ratschläge dieser Art zu geben, ruf doch nächstens im Laufe des Tages an.«

»Du kannst unmöglich auflegen!«, protestierte Scott. »Es geht um ein Verbrechen!«

»Doch, das kann ich sehr gut, mein lieber Scotty. Du hattest völlig Recht, als du sagtest, ich hätte so meine schwachen Seiten«, rief McCoy ihm genüsslich seine eigenen Worte in Erinnerung, drückte die Gabel hinunter und legte den Hörer neben das Telefon, um weitere Anrufe von vornherein unmöglich zu machen.

»Na endlich«, murmelte Lucky laut genug, dass McCoy es hören konnte. Seine Hand fuhr über die Bettdecke und glitt über etwas Warmes, dicht Behaartes, das sich sofort unter seiner Hand zu bewegen begann.

Lucky stieß einen Schrei aus und saß im nächsten Moment aufrecht im Bett. Hellwach. »Da ist was! Das bewegt sich!«, flüsterte er.

Mike McCoy hob den Kopf und sah die Umrisse einer kleinen Gestalt am Fußende des Bettes. »Schrei nicht halb Sausalito zusammen. Das ist nur Texas, der uns da Gesellschaft leistet.«

Texas war McCoys Maskottchen, ein zutrauliches Rhesusäffchen. Das Tier war ihm in El Paso zugelaufen, als er dort einen Auftrag zu erledigen hatte. Vergeblich hatte er versucht, das Äffchen seinem rechtmäßigen Besitzer zurückzugeben. Die Polizei hatte es ihm nicht abnehmen wollen, und es bei einem Tierheim abzuliefern, war für ihn nicht infrage gekommen. Und so hatte er den Affen eben behalten und ihm den Namen Texas gegeben.

»Dass ich hier noch nicht einmal ein paar Stunden ruhig schlafen kann, ist schlimm genug!«, erregte sich Lucky nun, um seine Verlegenheit zu überspielen. »Aber dass ich das Bett auch noch mit einem haarigen Affen teilen muss, schlägt ja wohl dem Fass den Boden aus!«

Mike McCoy kannte seinen temperamentvollen Freund gut genug und so reagierte er gelassen auf Luckys Gemecker. Lucky litt ganz eindeutig unter einem ausgewachsenen Kater. Und in solchen Fällen war es das Beste, ihn gewähren zu lassen.

»Ich stehe auf!«, verkündete Lucky. »Ich krieg jetzt ja doch kein Auge mehr zu. Das war die schlimmste Nacht seit langem. Ich habe auch noch geträumt, wir würden mit dem Kahn absaufen.« Er schlug die Decke zurück, schwang die Beine aus dem Bett und stand auf. Mike McCoy hörte ein merkwürdiges, lautes Plätschern, dann einen Schrei und die von Lucky ungläubig hervorgestoßenen Worte: »Heilige Mutter Maria, das Hausboot *ist* abgesoffen!«

Mike McCoy war mit einem Satz auf und schaltete die Wandleuchte hinter dem Bett an. Fassungslos starrte er auf das Wasser, das fast kniehoch im Zimmer stand und das Bett wie eine Insel umschloss. Ein Paar Hausschuhe, Kleidungsstücke, eine Schachtel Zigaretten und ein paar Rechnungen, die Texas vom Schreibtisch im Wohnzimmer gefegt haben musste, trieben im Wasser. Das Hausboot wies eine leichte Schlagseite nach achtern auf.

Der Privatdetektiv schloss kurz die Augen, öffnete sie wieder – aber nichts hatte sich verändert. Weder träumte noch halluzinierte er. Die *Titanic* war offensichtlich über Nacht leckgeschlagen und langsam auf den schlammigen Grund der seichten Bucht gesunken.

»Jetzt ist es also passiert!«, murmelte McCoy.

»Habe ich dich nicht immer gewarnt?«, lamentierte Lucky, der mit hochgezogenen Pyjamahosen im Wasser stand und dabei so komisch aussah, dass McCoy beinahe gelacht hätte. »Es musste ja so kommen! Anstatt endlich erwachsen zu werden und einen Schlussstrich unter dein ... Hippieleben in dieser Hausbootkolonie zu ziehen, hast du dich hier festgebissen. Nicht mal Vorsichtsmaßnahmen hast du getroffen. Auf diesem Rostkasten hätte man eigentlich nur mit Rettungsweste schlafen dürfen. Wir hätten beide im Schlaf ersaufen können!«

»Nicht mal ein Gnom könnte hier ertrinken! Wir hatten nur ein paar Fuß Wasser unter dem Kiel. Die *Titanic* ist so tief gesunken, wie sie nur sinken kann, und ruht jetzt sicher im Schlick«, erwiderte McCoy beruhigend. »Die Zimmer stehen ein bisschen unter Wasser, das ist alles.«

Lucky schüttelte verständnislos den Kopf. »Wie kannst du nur so ruhig bleiben, Mike? Na ja, ein Gutes hat diese Beinahekatastrophe doch.« Er machte eine dramatische Pause. »Das ist das Ende der *Titanic*!«

»Das sehe ich anders«, meinte der Privatdetektiv. »Aber es wird eine hübsche Stange Geld kosten, das Hausboot wieder flottzumachen.« Allein die Kosten für den Hebekran und die

Reparatur im Trockendock würden ein paar Tausender ausmachen.

Er bückte sich und fischte einen länglichen Streifen Papier aus dem Wasser. Es war sein Kontoauszug von der letzten Woche. Er hatte noch genau sechshundertvierzehn Dollar und achtunddreißig Cent auf der Bank. Das reichte noch nicht mal für einen neuen Unterwasseranstrich, geschweige denn für Hebung, Reparatur im Trockendock und Innenarbeiten. Sein Blick fiel auf das Telefon und er verzog das Gesicht. Es sah ganz so aus, als würde er sich doch noch anhören müssen, was Scott Kinley ihm anzubieten hatte.

Der Job riecht nach Ärger

»Ich verstehe überhaupt nicht, weshalb wir uns ausgerechnet hier treffen mussten«, beklagte sich Scott Kinley mit gesenkter Stimme. »Warum bist du nicht sofort zu mir ins Büro gekommen?«

»Weil dein Vorzimmerdrachen einen Kaffee zusammenbraut, der so belebend ist wie Spülwasser«, erwiderte McCoy trocken.

»Himmel, wir hätten meinetwegen auch ins beste Restaurant gehen können – auf Firmenkosten: Da wären wir zumindest unter uns.«

»Wir sind unter uns. Jenny und Lucky sind meine Freunde, die ruhig hören können, was du zu sagen hast. Aber wenn dir das nicht passt...«

Sie standen auf der Gangway, die vom wackeligen Anlegepier auf die *Sunflower* führte. Jennifer Blake wohnte auf dem ehemaligen Fischkutter, der direkt neben der *Titanic* vertäut lag. Sie hatte das gesamte Oberdeck in einen prachtvollen Blumen- und Gemüsegarten verwandelt, sodass der Kutter seinem Namen alle Ehre machte. Die ersten Strahlen der über der San Francisco Bay aufgehenden Sonne fielen auf die Beete und tauchten sie in warmes Licht. Aus der Kombüse drangen Luckys Stimme und der Duft starken Kaffees zu ihnen hinaus.

»Ist ja schon gut«, fiel Kinley ihm hastig ins Wort. Er trug einen maßgeschneiderten Nadelstreifenanzug und eine schmale Seidenkrawatte zu einem blütenweißen Hemd. Seine betont konservative Eleganz passte jedoch schlecht in diese Umgebung. »Ich habe nicht die Zeit, um mit dir zu streiten.«

Mike McCoy lächelte kaum merklich. Scott sah reichlich blass und mitgenommen aus. Er hatte noch nicht einmal bemerkt, dass die *Titanic* ein gutes Stück tiefer im Wasser lag als sonst. Aber anderthalb Millionen waren ja auch kein Pappenstiel.

Sie gingen unter Deck.

Lucky saß am Tisch und schaufelte sich gerade einen beachtlichen Berg Bratkartoffeln auf den Teller, auf dem schon ein Omelett lag. Als er Scott Kinley erblickte, spießte er ein Stück von dem goldgelben Omelett auf die Gabel, winkte ihm damit zu und begrüßte ihn mit noch vollem Mund: »Hi, Scotty!... Schon früh auf den Beinen, um neue Policen einzusammeln?« Er war der Einzige, der darüber lachte: »Komm, schnapp dir einen Stuhl und lang zu. Jenny hat ein üppiges Frühstück gemacht. Solltest dir an ihr ein Beispiel nehmen, Mike!«

»Danke«, erwiderte Scott Kinley reserviert. »Mir ist nicht nach Essen zumute.«

Jenny kam mit einer Kanne Kaffee aus der Kombüse. Sie begrüßte den Juniorchef der *Royal Insurance* und überredete ihn, zumindest eine Tasse Kaffee mit ihnen zu trinken, während sie frühstückten.

Jenny war Mitte zwanzig, schlank und dunkelhaarig. Ihr lockiges Haar schimmerte blau-schwarz und fiel ihr bis auf die

Schultern. Ihr apart geschnittenes Gesicht mit den ausdrucksvollen dunklen Augen war sonnengebräunt.

Doch Jenny war nicht nur äußerst attraktiv, sondern auch intelligent und zielstrebig. Sie arbeitete als freie Journalistin und war auf dem Wege, sich einen Namen in der Branche zu machen.

Scott Kinley setzte sich steif auf einen Stuhl. Er rutschte unruhig hin und her und wartete offenbar darauf, dass McCoy den Anfang machte. Doch der Privatdetektiv dachte gar nicht daran. Er hatte Scotts hochnäsige Abfuhr noch allzu gut in Erinnerung. Deshalb schwieg er beharrlich.

Schließlich hielt Kinley es nicht länger aus und platzte heraus: »Mike, es tut mir Leid! Ich habe das gestern Abend nicht so gemeint. Wirklich nicht!... Okay, es war ein dummer Fehler, dass ich deinen Tipp nicht ernst genommen habe...«

»Einen Fehler, der dich anderthalb Millionen Dollar kosten kann, nennst du dumm? Meinst du nicht, dass du da untertreibst?«, fragte McCoy leicht sarkastisch.

»Wie wär's mit saudumm?«, schlug Lucky ungefragt vor und grinste in die Runde.

Jenny, von McCoy längst über alles unterrichtet, konnte sich ein Schmunzeln nicht verkneifen. »Das kommt der Wahrheit schon näher.«

Scott Kinley wurde rot im Gesicht. »Also gut, ich war vielleicht wirklich zu überheblich«, gab er widerstrebend zu. »Aber in meinem Geschäft muss man nun mal vorsichtig sein... Mike, wer immer dein Informant war, du musst Kontakt mit ihm aufnehmen und ihm mitteilen, dass meine Firma verhandlungsbereit ist!«

»Immer der Reihe nach«, sagte McCoy. »Zuerst will ich mal wissen, worum es überhaupt geht. Wer ist wann, wo und wie ausgeraubt worden?«

Scott Kinley atmete tief und berichtete vom Überfall auf die

Micro-World-Electronics. »Diese Firma stellt winzige Mikroprozessoren her, auch Chips genannt, die die Computertechnik revolutioniert haben. Die Dinger sind kaum so groß wie eine Fingerkuppe und leisten doch so viel wie früher Rechengeräte von der Größe eines Kleiderschrankes. Und von diesen Chips haben die Gangster eine ganze Containerladung im Wert von über anderthalb Millionen geklaut.«

»Und wie haben die Gangster das angestellt?«, wollte McCoy wissen.

»Durch Geiselnahme und Erpressung«, antwortete Kinley und berichtete, was George Stockwell bei der Vernehmung zu Protokoll gegeben hatte. »Die Schweinehunde haben die Wachtposten vom Werkschutz mithilfe des Pförtners in eine Falle gelockt, sie niedergeschlagen und gefesselt und dann das Lager restlos ausgeräumt. Um kurz vor eins war alles gelaufen, doch erst um fünf löste Stockwell Alarm aus. Sie hatten gedroht, seine Tochter zu töten, wenn er vor fünf die Polizei benachrichtigen würde.«

»Vier Stunden Vorsprung«, sagte McCoy ernst. »Das reicht natürlich, um Spuren zu verwischen und die Beute sicher zu verstecken.«

Scott Kinley nickte und sagte grimmig: »Und dabei haben sich die Gangster noch nicht einmal an ihr Versprechen gehalten. Die Polizei fand Linda Stockwell mit einer lebensgefährlichen Schussverletzung im Strandhaus. Eigentlich hätte sie tot sein müssen. Einem Wunder ist es zu verdanken, dass die Kugel ihr Herz nur um ein Haar verfehlt hat. Die Gangster hatten sie für immer zum Schweigen bringen wollen.«

»Wie geht es ihr?«, fragte Jenny.

»Sie liegt auf der Intensivstation und ist nicht bei Bewusstsein. Doch sie wird wohl durchkommen.«

»Und ihr Verlobter?«, fragte Lucky und kippte sich Ketschup über die Kartoffeln.

»Tom Parker ist mit einer leichten Gehirnerschütterung davongekommen. Doch er hat weder etwas gesehen noch gehört. Die Gangster hatten ihn gefesselt und geknebelt in einem Nebenzimmer eingeschlossen. Nein, von dieser Seite ist keine Hilfe zu erwarten. Mike, du bist der Einzige, der Bewegung in den Fall bringen kann! Du weißt ...«

Mike McCoy fiel ihm sofort ins Wort, um erst gar keine übertriebenen Hoffnungen aufkommen zu lassen. »Ich weiß so gut wie nichts«, stellte er klar. »Ich bin gestern nur gebeten worden, dir den Tipp quasi blind zum Verkauf anzubieten. Wer den Coup für dreihunderttausend Dollar verraten wollte, entzieht sich meiner Kenntnis. Denn der, der die ganze Sache verraten wollte, der hatte noch einen Mittelsmann zwischengeschaltet, der dann mit mir Kontakt aufgenommen hat.«

»Aber dein Kontaktmann wird es wissen!«, meinte Kinley hoffnungsvoll.

Der Privatdetektiv dachte an Dandys Geschäftsprinzip und schüttelte den Kopf. »Das bezweifle ich.«

»Der könnte aber den Kontakt zwischen dir und dem unbekannten V-Mann herstellen, oder?«

»Möglicherweise«, räumte McCoy ein.

»Du musst es versuchen!«, beschwor Kinley ihn.

»Was genau soll ich versuchen?«

»Mir wird schlecht bei dem Gedanken, einem Verbrecher dreihunderttausend Dollar zahlen zu müssen«, sagte Kinley gequält. »Doch das ist mir immer noch lieber, als eine Versicherungssumme von anderthalb Millionen auszahlen zu müssen.«

»Mit dreihundert Riesen wärst du *gestern* im Spiel gewesen, Scott«, korrigierte der Privatdetektiv ihn. »Wer immer der Verräter ist, sein Preis wird *heute*, nachdem der Coup sauber unter Dach und Fach ist, um einiges höher sein. Zudem müssen noch andere Hände geschmiert werden.«

»Unter anderem deine, he?« Kinley warf ihm einen schiefen Blick zu. »Was verlangst du, Mike?«

Der Privatdetektiv dachte an sein im Schlamm sitzendes Hausboot, an ruinierte Teppichböden und aufgequollene Möbel und an einige andere Dinge, die ihn viel Geld kosten würden. Geld, das er nicht hatte.

»Zweihundert Dollar pro Tag plus Spesen ...«

»Hundertfünfzig ist dein normaler Tagessatz!«, protestierte Scott Kinley.

»Richtig, aber hier handelt es sich ja auch nicht um einen normalen Auftrag«, stellte McCoy klar. »Das ist mal wieder so ein Job, den sonst keiner haben will. Gestern hatten wir es noch mit Typen zu tun, die einen Coup geplant hatten. Mittlerweile sind daraus Schwerverbrecher geworden, auf deren Konto Geiselnahme, bewaffneter Raubüberfall, Erpressung und versuchter Mord stehen, mein Lieber. Wenn sie geschnappt werden, ist ihnen ›lebenslänglich‹ sicher. Und wer sich mit ihnen anlegt, läuft Gefahr, in ein tödliches Kreuzfeuer zu geraten.«

»Zweihundert, also gut«, brummte Kinley. »Keiner soll mir nachsagen können, ich wäre kleinlich.«

»Lass dir darüber keine grauen Haare wachsen«, sagte Lucky scheinbar mitfühlend. »Dass du ein Pfennigfuchser bist, ist schon längst bekannt.«

»Du hast mich nicht ausreden lassen, Scott. Ich verlange tausend Dollar Minimum, auch wenn ich nur einen Tag an dem Handel arbeiten sollte, was ich schwer bezweifle«, fuhr McCoy schnell fort, bevor sein Jugendfreund zu einer empörten Erwiderung ansetzen konnte. Dann zählte er seine weiteren Bedingungen auf: »Und diese tausend Dollar will ich im Voraus bar auf die Hand. Sollte ich Erfolg haben, erwarte ich noch einen Bonus in Höhe von zehntausend Dollar. Außerdem verlange ich Verhandlungsspielraum und weitere zwanzigtausend Dollar Handgeld, ebenfalls in bar – und zwar heute noch. Ohne das Handgeld werde ich auf taube Ohren stoßen.«

Scott Kinley schnappte nach Luft. »Bist du größenwahnsinnig geworden?«, erregte er sich. »Tausend Minimum plus zehntausend Bonus! Dafür könnte ich ein halbes Dutzend Privatdetektive anheuern!«

»Aber keinen, der Aussichten hätte, euch anderthalb Millionen Dollar zu ersparen!«, sagte Jenny scharf.

Das Argument wirkte. Kinley zückte seine Brieftasche und zählte acht Hunderter und vier Fünfziger auf den Tisch. Dabei murmelte er etwas von Erpressung und Ausnutzen einer Notlage.

Der Privatdetektiv strich die Scheine ein. Und er fühlte sich absolut nicht so, als hätte er einen Sieg errungen. Gut, er brauchte das Geld dringend. Doch wenn er die Wahl gehabt hätte, hätte er den Auftrag nicht angenommen. Der Job roch ihm schon jetzt nach mehr Ärger, als ein Mann freiwillig auf sich laden sollte.

»Die zwanzig Riesen Schmiergeld hole ich mir nachher bei dir im Büro ab«, sagte McCoy. »Sieh zu, dass es ab zehn Uhr für mich bereitliegt.«

Scott Kinley schob seinen Stuhl zurück und erhob sich. Er sah so aus, als wäre er erleichtert, das Geschäftliche besprochen zu haben und endlich gehen zu können. »Ich erwarte, dass du mich auf dem Laufenden hältst.«

»Werde versuchen, das nicht zu vergessen.«

Kinley nickte Jenny knapp zu, ignorierte Lucky und ging zur Treppe, die an Deck führte. In der Tür drehte er sich noch einmal um. »Oh, das hätte ich fast vergessen, Mike. Ich habe Sergeant Austin natürlich von deinem gestrigen Anruf unterrichten müssen. Das verstehst du doch, nicht wahr? Bürgerpflicht.«

»Natürlich hast du das tun müssen«, erwiderte McCoy sarkastisch. Er hatte das richtige Gefühl gehabt. Es würde Ärger geben. Von allen Seiten.

Scott Kinley lächelte. Die Vorstellung, dass der Sergeant McCoy kräftig unter Druck setzen würde, gefiel ihm offensichtlich. »Dann viel Glück!« Hastig verließ er die *Sunflower*.

»Wie hat so ein mieser Charakter nur jemals dein Freund sein können?«, wollte Lucky erbost wissen.

Mike McCoy zuckte die Achseln und antwortete zweideutig: »Ich scheine bei der Wahl meiner Freunde nun mal keine allzu glückliche Hand zu haben.«

»Na, dem werden wir schon zeigen, was eine Harke ist!«, erklärte Lucky großspurig, als hätte Scott Kinley auch ihn damit beauftragt, die Containerladung Computerchips zu finden und sicherzustellen.

»Mike, wenn ich dir irgendwie helfen kann, musst du es nur sagen«, bot Jenny sich an. »Und natürlich kannst du dein Hauptquartier hier auf der *Sunflower* aufschlagen, bis dein Hausboot wieder flott ist.«

»Das Angebot nehme ich dankend an.«

»Was wirst du zuerst tun?«, fragte Jenny.

»Einen Hebekran bestellen und einen Platz im Trockendock buchen«, antwortete Mike McCoy und fügte mit düsterer Miene hinzu: »Und dann werde ich Sergeant Austin beglücken.«

»Und was können wir tun?«, wollte Lucky wissen.

»Beten, dass Austin mir nicht auf der Stelle die Lizenz abknöpft und mich in Beugehaft nimmt!«

Fargo – das Fischauge

Schweigend, mit verschlossenem Gesicht und ohne sich von der Stelle zu bewegen, stand Fargo vor der Spiegelwand, die voller Staub war und von zahlreichen Rissen durchzogen wurde. Er trug eine extrem dunkel getönte Sonnenbrille, obwohl es im Übungsraum der ehemaligen Tanzschule nicht sonderlich hell war. Das einzige Fenster war mit Zeitungspapier beklebt und ließ nur wenig Licht durch. Ein schmaler rotbrauner Lederkoffer mit Messingschlössern stand zu seinen Füßen. Es war still in dem fünfstöckigen Haus, das in einem Slumviertel nahe der Oakland Bridge lag. Früher einmal hatten hier mehrere kleine Unternehmen ihre Geschäftsräume gehabt – so auch *Roberta's Dance Studio*. Doch jetzt sollte der ganze heruntergekommene Block abgerissen werden und am Ende der Straße hatte eine Kolonne Bauarbeiter schon mit den Arbeiten begonnen.

Steve Elliott lehnte neben Fargo an der Wand und rauchte. Auf der anderen Seite des Raumes standen zwei Tische und ein halbes Dutzend Stühle. Leslie, Skinny und Romero hockten an einem der Tische. Nur Kirk fehlte.

»Warum fangen wir nicht an?«, fragte Romero ungeduldig. »Es ist schon nach neun! Warum zahlst du uns nicht aus, Fargo?«

»Weil wir noch nicht vollzählig sind!«, sprach Steve für Fargo. Seine Stimme war scharf.

»Warum kann der Kerl nicht pünktlich sein?«, knurrte Romero ärgerlich, jedoch so leise, dass nur Leslie und Skinny ihn verstehen konnten. »Ich will meine hundert Riesen abkassieren und aus Frisco verschwinden.«

Skinny grinste breit. »Mann, wer von uns will das nicht? Ich meine, die Kohle einfahren. Glaube aber nicht, dass ich mich von hier absetzen werde. Fischauge ist nicht gerade der Typ, den ich mir als Kumpel für 'ne Sauftour wünschen würde. Aber er weiß, wie man einen fetten Coup sauber landet. Und darauf kommt's an. Habe nichts dagegen, bei seinem nächsten Coup wieder mit von der Partie zu sein. Ich gehe jede Wette ein, dass er schon an einem neuen Ding tüftelt.«

Romero blickte unauffällig zu Fargo hinüber und schüttelte den Kopf. »Nee, *ein* Coup mit Fischauge reicht mir«, raunte er.

»Mir auch«, pflichtete Leslie ihm bei.

Romero warf ihm einen verächtlichen Blick zu, als wollte er sagen: Wer hat denn dich gefragt?

Das Gespräch verstummte und für eine Weile war nur das rhythmische Knattern und Hämmern der Pressluftbohrer der Bauarbeiter zu hören.

Und dann waren eilige Schritte zu vernehmen.

Steve stieß sich von der Wand ab und ging zur offen stehenden Tür hinüber, die in den Hausflur führte. Er warf einen Blick in den Gang, drehte sich zu Fargo um und nickte ihm zu. Es war Kirk Brennan.

Der schwergewichtige Gangster trat Augenblicke später in den Raum mit der verspiegelten Längswand. Steve schloss die Tür hinter ihm.

»Na endlich, Mann!«, rief Romero unfreundlich. »Wegen dir steht der ganze Betrieb still.«

»Konntest du dich denn nicht an die vereinbarte Zeit halten?«, maulte auch Skinny.

»Ich glaube, ihr spinnt wohl!«, brauste Kirk Brennan auf, und sein linkes Augenlid begann wieder, unkontrolliert zu zucken. »Bin lächerliche zehn Minuten über die Zeit. Also redet nur nicht solchen Schwachsinn daher.«

Steve schaute zu Fargo hinüber.

Fargo nickte.

Steve ging zu Kirk Brennan und schlug ohne Vorwarnung

zu. Der untersetzte Gangster schrie gellend auf, als sich die Faust in seinen Magen bohrte. Sein Schrei ging jedoch in Sekundenschnelle in ein atemloses Röcheln über. Er klappte nach vorn und legte seine Arme in einem Reflex vor seinen Unterleib, als könnte ihn das vor weiteren Schmerzen bewahren.

Doch Steves zweiter Hieb zielte auf den Kopf seines überraschten Opfers. Der wuchtige Kinnhaken riss Kirk hoch. Schmerz und Fassungslosigkeit standen auf seinem verzerrten Gesicht, als er nach hinten taumelte und vergeblich versuchte, Steves Haken und Geraden zu entkommen.

Leslie, Romero und Skinny waren überrascht von ihren Stühlen aufgesprungen, als Steve zugeschlagen hatte. Und ihre anfängliche Verständnislosigkeit verwandelte sich in unverhohlene Missbilligung. Steve trieb ihren Komplizen mit einem Hagel von Schlägen vor sich her und machte ihn systematisch fertig.

»He, Boss!«, protestierte Romero. »Das ist 'n bisschen dick aufgetragen!«

»Kirk zusammenschlagen zu lassen, weil er zehn Minuten zu spät war, ist verdammt dick aufgetragen!«, erregte sich auch Leslie.

Fargo hielt plötzlich einen Revolver in der Hand. »Ich rate jedem ab, sich da einzumischen!«, warnte er sie mit kalter Stimme.

Sie starrten ungläubig in die Revolvermündung und blieben wie versteinert stehen. Und insgeheim bereute auf einmal jeder, sich mit so einem eiskalten Burschen wie Fischauge eingelassen zu haben.

Kirk Brennan schmeckte Blut auf der Zunge und sah Steve nur noch durch einen roten Schleier. Er stürzte gegen die Spiegelwand und ganze Glassegmente brachen splitternd und klirrend aus ihren Halterungen. Stöhnend sackte er zu Boden.

»Genug!«, rief Fargo scharf. »Bring ihn herüber!«

Steve zerrte den Benommenen quer durch den Raum und stieß ihn dann auf einen Stuhl.

»War das nötig?«, fragte Skinny aggressiv.

Steve sah ihn grimmig an. »Die Prügel waren nicht für die Verspätung!«

»Wofür denn?«

»Für den Mordversuch an Linda Stockwell!«, meldete sich Fargo zu Wort. »Kein unnötiges Blutvergießen, hatte ich befohlen.«

»Doch er hat sich nicht daran gehalten!«, sagte Steve zornig. »Er hat ihr eine Kugel verpasst! Glücklicherweise ist er als Killer nur ein Stümper. Sie hat die Schussverletzung überlebt. Aber Mordversuch bleibt es trotzdem. Und das kann uns ›lebenslänglich‹ in San Quentin bringen!«

Skinny stieß einen lästerlichen Fluch aus.

»Verdammt, und wir haben diesen Mistkerl auch noch bemitleidet!« Romero war wütend.

»Ich dachte bloß, es wäre sicherer«, keuchte Kirk Brennan und leckte sich vorsichtig über die aufgeplatzten Lippen.

Fargos Mund wurde zu einem schmalen, blutleeren Strich. Er klappte die Trommel seines Revolvers auf, zog fünf der sechs Patronen aus den Kammern und ließ das Rundmagazin wieder einschnappen. Mit dem Daumen stieß er die Trommel an, sodass sie mehrmals rotierte. Dann setzte er Kirk Brennan den Lauf an die Schläfe.

»Du scheinst das Risiko zu lieben und gern mit deinem Leben zu spielen«, zischte er. »Also gut, spielen wir eine Runde russisches Roulette!«

»Nein!«, schrie Kirk Brennan entsetzt. Er wollte hochspringen, doch da packte Steve schon von hinten zu. Es gab kein Entkommen für ihn.

»Deine Chancen zu überleben stehen 5:1. So gute Chancen hat Linda nicht gehabt!«, sagte Fargo kalt.

»Nicht!... Tu es nicht!«, flehte Brennan.

Leslie, Romero und Skinny schluckten und hielten den Atem an. Keiner von ihnen wagte, Fargo in den Arm zu fallen. Außerdem hatte Kirk das verdient.

Fargo zog den Schlaghammer zurück.

Kirk bäumte sich auf. »Nein!... Nicht!... O Gott!«

Der Gangsterboss drückte ungerührt ab.

Fargos Komplizen verkrampften sich in Erwartung des Schusses. Leslie wandte den Kopf ab. Er wollte nicht mit ansehen, wie Kirk starb.

Doch der peitschende Schuss blieb aus. Es klickte nur metallisch. Der Schlaghammer hatte eine leere Patronenkammer getroffen.

»Noch mal davongekommen.« Fargo ließ die Waffe sinken und drohte mit eisiger Schärfe: »Das nächste Mal werden die Chancen nicht 5:1 für dich stehen, sondern 6:0. Dann werden alle Kammern mit Patronen gefüllt sein! Und diese Warnung gilt für jeden, der glaubt, sich meinen Befehlen widersetzen zu können!«

Ein heftiges Zittern durchlief Kirk Brennans Körper. Skinny, Leslie und Romero schwiegen beklommen.

Drei, vier Sekunden angespannter Stille verstrichen und verstärkten die Wirkung der Drohung. Dann brach der weißblonde Bandenchef das Schweigen, indem er Steve aufforderte, ihm den rot-braunen Aktenkoffer zu bringen.

Fargo steckte den Revolver weg, öffnete die Ledertasche und entnahm ihr vier mit Gummibändern umwickelte Geldpacken. Er verteilte sie und ließ auch Kirk Brennan nicht aus. Ihm schmiss er das Geldbündel mit einer verächtlichen Geste vor die Füße.

Romero riss das Gummiband ab, fächerte die Scheine auf und runzelte die Stirn. »Das kann nicht ganz stimmen, Boss«, sagte er vorsichtig.

Steve hob die Augenbrauen. »Was stimmt nicht?«

»Das sind alles Hunderter, insgesamt nicht mehr als zehn Riesen.«

»Es sind genau zehntausend Dollar«, erklärte Steve.

»Aber ausgemacht waren hundert Riesen für jeden! Das war unsere Abmachung!«, brauste Romero auf und wedelte mit den Hundertern. »Jeder von uns hat seinen Hals riskiert und getan, wofür er angeheuert war ... Kirk vielleicht ausgenommen. Der Coup ist sauber gelaufen. Und ich denke nicht daran, mich jetzt mit lausigen zehntausend abspeisen zu lassen!«

Fargo nahm die Sonnenbrille ab und fixierte ihn scharf. »Hat irgendjemand gesagt, dass ihr keine hunderttausend bekommt, Romero?«

»Ja, aber ...« Romero hatte Mühe, dem starren Blick des Albinos standzuhalten.

»Ich stehe zu meinem Wort. Die zehntausend sind nur eine Anzahlung«, erklärte Fargo kühl. »Die restlichen neunzigtausend kommen später.«

»Wann ist später?«, fragte Skinny.

»Noch innerhalb dieser Woche«, antwortete Fargo.

»Der Boss muss auch Rücksicht auf unseren Aufkäufer nehmen«, fügte Steve ausgleichend hinzu. »Er braucht ein paar Tage Zeit, um so viel Bargeld aufzutreiben. Ein so großes Geschäft lässt sich nun einmal nicht im Handumdrehen bei einem Hinterhofhehler abwickeln.« Er machte eine Pause. Und als er fortfuhr, war der freundliche Tonfall völlig aus seiner Stimme verschwunden. »Bis das Geschäft unter Dach und Fach ist, verhält sich jeder wie besprochen. Alles bleibt beim Alten. Sollte dennoch jemand anfangen, den großen Macker zu spielen und mit dem Geld um sich zu schmeißen, wird er für die Dummheit bezahlen.« Er brauchte nicht auszusprechen, dass derjenige solch einen gefährlichen Leichtsinn mit seinem Leben bezahlen würde.

Leslie, Romero, Skinny und Kirk waren nicht gerade begeistert von der Nachricht, dass sie sich noch in Geduld üben sollten. Doch niemand hielt es für ratsam, Fargo deswegen anzugreifen. Schon gar nicht nach Fargos brutaler Machtdemonstration an Kirk. So nahmen sie die zehntausend und verließen nacheinander das leer stehende Haus.

Steve und Fargo setzten sich als Letzte ab. Sie vergewisserten sich, dass sie weder beobachtet noch verfolgt wurden. Dann stiegen sie in einen alten Impala, der mit seinen Lackkratzern und kleinen Beulen ganz und gar unauffällig war. Der Achtzylinder unter der Motorhaube war jedoch alles andere als alt, sondern brandneu und sportwagenfrisiert.

»Das hätte schwer ins Auge gehen können«, sagte Steve und bog auf den Embarcadero in Fahrtrichtung Fisherman's Wharf ein. »Zum Glück hat Kirk uns einen ausgezeichneten Anlass geboten, ihnen nachdrücklich vor Augen zu halten, wer hier das Sagen hat. Deine russische Rouletteeinlage werden die Burschen so schnell nicht vergessen. Das ist ihnen höllisch in die Knochen gefahren. Romero wäre sonst nicht so zahm gewesen.«

Ein geringschätziges Lächeln flog über Fargos Gesicht. »Romero ist ein Großmaul, das beim ersten Peitschenknall zusammenzuckt und kuscht.«

»Die Frage ist nur, wie lange er kuscht«, wandte Steve ein. »Noch wissen sie nicht, dass Morrison, der uns die Containerladung Chips abnehmen wollte, im Leichenschauhaus liegt und wir ohne einen Abnehmer dastehen. Und bis wir einen neuen Aufkäufer gefunden haben, kann mehr als eine Woche vergehen. Und dann werden die Brüder anfangen, unangenehme Fragen zu stellen. Skinny vielleicht ausgenommen. Den sollten wir uns für weitere Coups warm halten.«

»Morrison! Dieser verdammte Idiot!«, schnaubte Fargo wütend. Es war für ihn ein Schock gewesen, als er am Morgen vom tödlichen Unfall des internationalen Schiebers erfahren hatte. Jake Morrison war nach durchzechter Nacht mit seinem Sportwagen auf der kurvigen Küstenstraße bei Carmel, südlich von San Francisco, von der Fahrbahn abgekommen. Der Wagen hatte die Leitplanke durchbrochen und war in den Abgrund gestürzt. Morrison war auf der Stelle tot gewesen.

»Wird nicht leicht sein, einen neuen Großkunden für die Chipsladung zu finden«, sagte Steve düster.

Fargo holte den Revolver hervor und klappte die Trommel auf, die nur die eine Patrone enthielt. »Es wird sich alles finden! Lass das man meine Sorge sein. Und was Romero, Kirk und Konsorten betrifft, so verursachen sie mir die wenigsten Kopfschmerzen.« Hohn und Verachtung klangen aus seiner Stimme. »Sie halten sich für besonders clever und sind doch in Wirklichkeit nichts weiter als austauschbare Marionetten. Nicht einer von ihnen hat gemerkt, dass das russische Roulette nur ein Bluff war!« Er zog die Patrone, deren Schießpulverkapsel leer war, aus der Kammer und warf sie aus dem Fenster.

Wie Hund und Katze

Larry Austin vergeudete weder Zeit noch Atem mit unnötigen Floskeln. Er kam sofort zur Sache, kaum dass Mike McCoy sein Büro betreten hatte.

»Diesmal sind Sie zu weit gegangen, McCoy!«, polterte der dicke Sergeant los. Der Zorn trieb ihm das Blut ins Gesicht und er lief sozusagen aus dem Stand zu explosiver Höchstform auf. »Sie haben sich zum Mittäter mehrerer Schwerverbrechen gemacht. Und wir sprechen hier von Geiselnahme, Erpressung, bewaffnetem Raubüberfall und Mordversuch. Und Sie haben davon gewusst!«

»Ich habe nicht den blassesten Schimmer von all dem gehabt!«, widersprach McCoy ruhig.

Austin ging überhaupt nicht darauf ein. »Das kostet Sie Ihre Lizenz!«, donnerte er und fuchtelte mit den Händen wild durch die Luft. »Lizenz? Ach, was rede ich da für ein dummes Zeug. Das bringt Sie auf die Anklagebank, McCoy! Ich habe immer gewusst, dass Sie den Bogen eines Tages überspannen würden. Und jetzt sind Sie reif! Jetzt wird Ihnen der Hintern gewaltig auf Grundeis gehen, das schwöre ich Ihnen, so wahr ich Larry Austin heiße!« Er schnappte nach Luft.

McCoy nutzte die Pause, um sein Lederetui auf den Schreibtisch zu werfen.

Austin furchte die Stirn. »Was ist das?«

»Meine Lizenz. Sie sind doch so scharf darauf, nicht wahr? Sie können sie behalten, falls Sie *nach* unserer Unterhaltung, die bisher ein wenig einseitig war, noch immer der Meinung sind, ich sei reif für die Anklagebank«, erklärte McCoy kühl. »Die Androhung von Beugehaft können Sie sich auch sparen. Stellen Sie Ihre Fragen und ich gebe Ihnen eine ehrliche Antwort ... sofern Sie mir Gelegenheit zum Antworten geben.«

Der Sergeant blickte verdutzt drein. Dann schnauzte er: »Machen Sie erst mal die Tür zu und setzen Sie sich!« Er ahnte, dass er sich gewaltig vergaloppiert hatte.

Der Privatdetektiv nahm auf dem unbequemen Stuhl vor Austins Schreibtisch Platz und berichtete kurz und knapp, welche Rolle er bei dem Angebot an Scott Kinley gespielt hatte.

»Wer hat Sie eingeschaltet, McCoy?« Austin wollte den Namen des Kontaktmannes.

McCoy erlaubte sich ein Lächeln. »Diamond Dandy.«

Der Sergeant hob überrascht die Augenbrauen und unterdrückte im letzten Moment einen ärgerlichen Fluch. Er presste die Lippen zusammen und starrte auf das Lederetui.

»Sie können Diamond Dandy natürlich zum Verhör herzitieren und versuchen, ihm Daumenschrauben anzulegen und Informationen aus ihm herauszupressen«, sagte Mike McCoy und zündete sich eine Zigarette an. »Aber meiner ganz bescheidenen Meinung nach wird das nichts bringen. Diamond Dandy hat mir gesagt, dass er selbst nicht weiß, worum es geht. Und ich glaube ihm. Wenn Sie jedoch meinen ...«

Larry Austin fiel ihm ungehalten ins Wort. »Das reicht! Sie wissen ganz genau, dass ich nicht so dumm bin, Diamond Dandy unter Druck zu setzen.«

Was der Sergeant sagte, stimmte. Mike McCoy wusste sehr wohl, dass Austin diesen Fehler nicht begehen würde. Der Schwarze war nicht gerade ein Ehrenmann mit blütenweißer Weste. Er war geldgierig, gerissen und auf seine Art skrupellos. Aber er war kein Schwerverbrecher, sondern ein buchstäblich hochkarätiger Informant, dessen Dienste schließlich auch die Polizei gerne in Anspruch nahm.

»Und wenn Diamond Dandy sagt, dass er nichts weiß, dann weiß er auch nichts«, brummte Austin vor sich hin. »Denn wenn er was wüsste, würde er einem entweder seinen Preis für die Information nennen oder geradeheraus sagen, dass die Info unverkäuflich ist.« Er nahm McCoys Lederetui und warf es ihm wieder zu. Das war seine Art, sich zu entschuldigen.

Mike McCoy war zu klug, um Genugtuung oder gar Schadenfreude zu zeigen. Er war beruflich hier. »Haben Ihre Ermittlungen schon irgendetwas ergeben?«

Austin schüttelte den Kopf. »Keine Fingerspuren oder sonstigen Hinweise. Da waren Profis am Werk. Eine Gang von mindestens vier Mann, wahrscheinlich aber fünf oder sechs. Bisher sieht es nicht so aus, als hätte die Bande Hilfe von einem Insider gehabt.«

Mike McCoy drückte seine Zigarette aus. »Na, denn ...«

»Kinley hat Sie angeheuert, nicht wahr?«

»Ja. Ich soll versuchen, Kontakt mit dem Mann aufzunehmen, der ihm gestern Nacht den heißen Tipp für dreihunderttausend verkaufen wollte.«

Austin musterte ihn scharf. »Und Sie glauben, das könnten Sie schaffen?«

McCoy überlegte kurz und entschied sich für Offenheit. Diesmal würde er Austin nicht im Dunkeln tappen lassen können. »Mit viel Glück und Handgeld – vielleicht.«

»Halten Sie mich auf dem Laufenden.«

Mike McCoy verzog das Gesicht. »Den Spruch habe ich heute schon mal gehört.«

»Spielen Sie Ihr Spielchen, McCoy. Aber wenn Sie auf einen Namen oder eine Adresse stoßen, sind Sie verdammt gut beraten, wenn Sie mich umgehend darüber informieren. Ich hoffe, wir verstehen uns!«

»Da gibt es nicht viel misszuverstehen«, antwortete McCoy säuerlich.

»Oh, das hätte ich ja fast vergessen!«, rief Larry Austin, als der Privatdetektiv schon in der Tür stand.

»So? Was denn?«, fragte McCoy.

Austin lächelte, was sonst so gar nicht seine Art war. »Ich wollte wissen, wann denn Vittorio Lentinis Männergesangverein zur Pflege des italoamerikanischen Liedgutes seinen ersten öffentlichen Auftritt hat. Sicher werden Sie mir Freikarten besorgen, McCoy. Denn das Ereignis möchte ich auf keinen Fall versäumen.«

»Tut mir Leid, Sergeant. Aber ich bin schon wieder aus dem Verein ausgetreten.«

»So? Sind Sie etwa in den zweiten Stimmbruch gekommen?«, fragte Austin mit beißendem Spott.

»Nein, der Anlass waren Missstimmigkeiten bei der Liederauswahl«, log McCoy mit ausdruckslosem Gesicht.

»Missstimmigkeiten!«, fauchte Larry Austin und schleuderte eine Schachtel Kleenextücher nach ihm. »Verschwinden Sie! Raus!«

Mike McCoy folgte der eindringlichen Aufforderung unverzüglich.

Im Clinch mit Cling Clong

»Ich verlange einen Rechenschaftsbericht!«, betonte Scott Kinley geschäftsmäßig, als Mike McCoy Punkt zehn in seinem eleganten Direktorenzimmer stand, um die zwanzigtausend Dollar Schmiergeld abzuholen. »Ich will genau wissen, wo das Geld geblieben ist.«

Der Privatdetektiv bedachte ihn mit einem spöttischen Blick. »Du wirst dich schon auf mein Wort verlassen müssen, Scotty. Gewöhnlich haben Zuträger aus der Unterwelt eine verständliche Abneigung gegen das Ausstellen von Quittungen jeglicher Art. Ich dachte, das wäre sogar schon zu dir in deine Wolkenkratzerschreibstube gedrungen.«

Dass McCoy seine sündhaft teure Direktorensuite über den Dächern von San Francisco als Schreibstube bezeichnete, missfiel dem Juniorchef der *Royal Insurance* gewaltig. Kinleys Miene wurde noch verdrossener. »Und wer garantiert mir, dass du die Tausender nicht mit offenen Händen zum Fenster hinauswirfst?«

»Willst du meine Ehrlichkeit infrage stellen und mich beleidigen?«, fragte McCoy scharf. Hier hörte der Spaß auf. »Ich gebe dir fünf Sekunden Zeit, dich zu entscheiden. Entweder du vertraust mir, dann brauchst du auch keine Angst um dein verdammtes Geld zu haben. Oder aber du vertraust mir nicht. In dem Fall suchst du dir besser einen anderen. Bestimmt findest du jemand, der dir Quittungen vorzulegen verspricht. Nur werden die natürlich getürkt sein.«

»Vergiss es«, brummte Scott Kinley und reichte ihm schnell den Umschlag mit dem Geld. »Mach damit, was du für richtig hältst. Wenn du mir nur die Containerladung Mikrochips wieder beschaffst!«

»Werde mir alle Mühe geben, dich um die zehntausend Dollar Erfolgsprämie zu erleichtern«, versicherte Mike McCoy, steckte das Geld ein und ging.

Erfolg war alles, was zählte. Erfolg rechtfertigt gewöhnlich im Nachhinein so manches. Und mit dem Gewinner legt man sich nicht so leicht an. Doch wehe, der Erfolg bleibt aus. Dann wird aufgerechnet.

Mike McCoy wusste, was ihn erwartete, falls er diesen Auftrag in den Sand setzte. Für ihn stand viel mehr auf dem Spiel als nur die Zukunft der *Titanic*.

Diamond Dandy nach Einbruch der Dunkelheit im Hexenkessel von Downtown San Francisco zu finden, war keine große Kunst. Gewöhnlich drehte er mit seinem Caddy seine Runden und wickelte hinter den dunklen Scheiben der Limousine seine Geschäfte ab. Man brauchte eigentlich nur im Vergnügungsviertel North Beach oder irgendwo in Chinatown an einer Straßenecke zu warten. Die Chancen, dass sein Schlachtschiff innerhalb von einer halben Stunde auftauchte, standen zehnmal besser als die, in derselben Zeit im Hochsommer am Fisherman's Wharf auch nur zehn Einheimische im Meer der Touristen zu finden.

Doch Diamond Dandy tagsüber zu erreichen, war ein Problem. Mike McCoy hatte es bisher noch nie so dringend gehabt, dass er nicht bis zum Abend hätte warten können. Deshalb wusste er jetzt nicht, wo er mit seiner Suche nach ihm beginnen sollte.

Da hatte er die rettende Idee: Snake. Vielleicht konnte der ihm einen Tipp geben, der ihm etliche Stunden und eine Menge Schweiß ersparte. Snake aufzustöbern, war zwar auch nicht gerade einfach, aber immerhin wusste McCoy so ungefähr, wo sich Snake gewöhnlich herumtrieb.

Mike McCoy wertete es als günstiges Omen, dass er seinen zuverlässigsten Zuträger schon nach zwei Stunden Suche in einem stickigen Billardschuppen auf der Market Street fand.

Der kleine schwarzäugige Ganove, der wirklich so schnell und wendig war wie eine Schlange, beteiligte sich nicht am Billardspiel. Er hockte allein an der Bar und manikürte sich die Finger. Im Vergleich zu Diamond Dandy war er zwar nur ein kleiner Fisch, doch in seinem Revier wurde er respektiert. Und am Hungertuch nagte er auch nicht gerade.

Snake begrüßte ihn mit dem typischen Singsang der Schwarzen. »Cool, dass du dich mal wieder zeigst, Mann. Dachte schon, dich hätten se auf Eis gelegt, Mann. Frisco is 'ne mächtig raue Stadt geworden.«

»Da ist was dran, Snake.« Mike McCoy zog sich einen Barhocker heran und setzte sich zu ihm. »Doch du machst ganz den Eindruck, als könntest du mit der Entwicklung lässig mithalten.«

Snake grinste. »He, Mann, wer in diesem Sumpf keinen Dreck an die Hose kriegen will, muss smart sein und den coolen Gang draufhaben.«

McCoy nickte. »Offenbar hast du den drauf.«

»He, was kann 'n dummer Nigger für 'nen cleveren Weißen tun?«, spottete Snake.

»Ich suche Diamond Dandy.«

Snake pfiff leise. »He, Mann, da vergreifste dich schwer im Kaliber!«

»Ich bin nicht hinter ihm her, sondern ich will mit ihm sprechen. Wir haben gemeinsame Geschäftsinteressen. Und was ich ihm zu sagen habe, kann nicht bis zum Abend warten.« Er legte einen Hunderter auf den Tisch.

Snake runzelte die Stirn. »DD ist ein verdammt cooler Typ. Hält sich tagsüber bedeckt, wenn du verstehst, was ich meine.«

Der Privatdetektiv verstand sehr wohl und legte noch einen zweiten Hunderter dazu. »Wo kann ich ihn finden?«

»He, Mann, Frisco is nich 'n Buschdorf mit drei Bambushütten und 'ner weißen Missionsstation«, lamentierte Snake, um den Preis hochzutreiben. »Die Stadt is 'n heißer Asphaltdschungel, Mann, wo jeder ums Überleben kämpft.«

»Okay, dreihundert«, sagte der Privatdetektiv hart. »Aber das ist die Grenze, Snake. Habe nichts dagegen, wenn du dir deine Scheibe vom Kuchen abschneidest. Aber wenn du dich auf meine Kosten überfressen willst, kriegst du nicht mal 'nen lausigen Krümel. Notfalls warte ich bis heute Nacht.« Und er imitierte Singsang und Slang des Schwarzen, als er betont provokativ hinzufügte: »Is das cool genug für 'nen weißen Schnüffler, Mann?«

Snake griff sich die drei Scheine und ließ seine weißen Zähne aufblitzen. »Yeah, Mann. Das ist cool genug für 'nen weißen Schnüffler.«

»Das beruhigt mich ungemein«, sagte Mike McCoy trocken. »Und wenn du jetzt noch mit dem Tipp rausrückst, bin ich beinahe wunschlos glücklich.«

»Du findest Diamond Dandy im *Xanadu*. Das is 'n supercooler Schuppen unten in North Beach, Mann. 'ne Mischung aus Nobeldisko, Zuhältertreff und Haus der afrikanischen Kunst. Verrückte Bude. Hat rund um die Uhr geöffnet. Hab gehört, dass DD dort tagsüber seinen großen Wigwam aufschlägt. Soll sich eine von den Logen gemietet haben. Muss ihn 'ne Kiesgrube voll Schotter gekostet haben. Die Preise im *Xanadu* ziehen dir die Schuhe aus, Mann. Bestell Whisky on the rocks – und du bist allein zehn Flocken für die drei Eiswürfel los, von der Kohle für den Fingerhut voll Whisky ganz zu schweigen.«

»Okay«, sagte McCoy und rutschte vom Barhocker.
»Noch was, Mann.«
McCoy blieb stehen und blickte Snake fragend an.
»Das ist 'n Schuppen nur für Schwarze, Mann!«, warnte ihn Snake. »Da verstehen die keinen Spaß. Das einzig Weiße, das die Brüder ins *Xanadu* lassen, is 'ne Prise Koks zum Antörnen, Mann. Sogar das Klopapier ist so braun wie Karamell.«

»Denke nicht, dass ich mich so lange im *Xanadu* aufhalten werde, dass ich mir über die Farbe des Klopapiers Gedanken machen müsste«, erwiderte McCoy mit vorgetäuschter Gelassenheit. Er hatte Snakes Warnung sehr wohl verstanden. Aber in seinem Job konnte er es sich nicht erlauben, Unsicherheit oder gar Furcht zu zeigen. So etwas sprach sich im Milieu zu schnell herum. Er hatte gar keine andere Wahl, als sein Glück im *Xanadu* zu versuchen – und seine Haut zu riskieren.

Mike McCoy kam nicht weit, was ihn auch nicht überraschte. Dass er überhaupt ins *Xanadu* gelangte, zumindest ins Foyer, war schon ein Wunder. Er verdankte das dem glücklichen Umstand, dass der Türsteher Augenblicke zuvor ans Telefon gerufen worden war.

Der Privatdetektiv fand gerade genug Zeit, um sich in dem mit savannabraunem Teppichboden ausgelegten und mit afrikanischen Masken dekorierten Vorraum umzusehen, bevor der ungemütliche Teil begann.

Ein gutes Dutzend Schwarze hielt sich in dem Raum auf. Alle waren auffallend modisch und teuer gekleidet, einige übertrieben auffällig. Soulmusik, natürlich von einer schwarzen Gesangsgruppe, drang aus den angrenzenden Räumen der Disko.

Das Stimmengewirr brach bei seinem Eintreten abrupt ab. Die Männer drehten sich zu ihm um. Und während einige ungläubiges Erstaunen über seine Tollkühnheit zeigten, bedachten ihn doch die meisten mit unverhohlener Feindseligkeit.

»He, Clong!«, rief einer höhnisch. »Da hat sich 'n Schneehuhn zu uns verirrt!«

Alle Augen richteten sich auf den Schwarzen, der an der Garderobentheke lehnte, ihnen den Rücken zukehrte und telefonierte. Der Schwarze wandte sich um. Sein Blick fiel auf den Weißen in ihrer Mitte. Augenblicklich beendete er sein Gespräch. »Ruf dich später wieder an, Honey.«

Mike McCoy gab sich äußerlich unbeeindruckt von der Feindseligkeit, die ihm entgegenschlug. Seine innere Anspannung verbarg er hinter einer Pokermiene. Der Anblick des Rausschmeißers bestätigte Snakes Warnung und seine eigenen schlimmsten Befürchtungen.

Clong kam auf ihn zu. Sein Gang hatte etwas gefährlich Geschmeidiges an sich. Und er bewegte sich im Takt der Musik. Er war nicht übermäßig groß, doch breitschultrig und muskulös wie ein Topsparringspartner im Schwergewicht. Zu hautengen, goldglänzenden Hosen trug er ein eierschalenfarbenes Hemd, das mit afrikanischen Motiven bestickt war und einen Großteil seiner Brust unbedeckt ließ. Schwere Goldketten mit gleichfalls goldenen Anhängern schmückten seinen Oberkörper und klirrten bei jedem Schritt.

Mike McCoy registrierte, dass Clong fast an jedem Finger Ringe mit dicken Steinen trug. An manchen steckten sogar zwei Klunker. Und diese Sammlung war in einer Schlägerei vermutlich wirkungsvoller als ein Schlagring.

»Verpiss dich!«, befahl Clong und stieß ihm zwei Finger hart und schmerzhaft vor die Brust.

»Diamond Dandy erwartet mich«, bluffte McCoy ungerührt.

»Dich erwartet was ganz anderes, wenn du nicht auf der Stelle die Platte putzt, Mann!« Erneut rammte er ihm zwei Finger so hart vor die Brust, dass der Privatdetektiv unwillkürlich rückwärts taumelte.

McCoy wusste, dass einige Männer hinter ihm standen, die nur darauf warteten, dass er klein beigab und sich umdrehte. Ungeschoren würde er aus dem *Xanadu* nicht herauskommen.

»Okay, du hast deinen Spruch aufgesagt, für den du hier bezahlt wirst«, konterte Mike McCoy kaltschnäuzig. »Und jetzt hol Diamond Dandy aus seiner Loge. Glaube nicht, dass er viel Verständnis dafür hätte, wenn du ihm ein Geschäft vermasselst.«

»Bist du taub, Mann?«, zischte Clong. »Du verpestest hier die Luft!«

Mike McCoy stellte sich auf das Unausweichliche ein. »Okay, du hast gewonnen.« Er schien einen Rückzieher machen zu wollen, denn er wandte sich zum Gehen. »Aber was den Pestgestank betrifft, so musst du 'ne Menge Dreck in deiner Nase sitzen haben, Cling Clong!«

Die Augen des Rausschmeißers funkelten unheildrohend. Diese Beleidigung würde er nicht hinnehmen. Er riss seine Rechte hoch und schlug mit voller Wucht zu.

Mike McCoy hatte mit dem Schlag gerechnet. Und er hätte ihm ausweichen können. Doch das tat er nicht. Er nahm die brutale Gerade mit der linken Gesichtsseite hin, als hätte ihn der Fausthieb völlig unvorbereitet getroffen. Doch gleichzeitig riss er den Kopf zurück und ließ damit einen Großteil der Schlagkraft ins Leere gehen.

Der Rest reichte aber immer noch aus, um ihn umzuwerfen.

Er spürte, wie die Haut über dem Wangenknochen aufplatzte. Und den Schrei, den er im Stürzen ausstieß, brauchte er nicht vorzutäuschen. Er war so echt wie der glühende Schmerz und die Wärme des Blutes, das über seine linke Wange rann.

Ihm war von Anfang an klar gewesen, dass er in einem offenen Kampf keine Chancen hatte. Clong war kein Amateurschläger. Er hatte seine Lektionen im Ring gelernt und würde ihn zu Brei schlagen. Nur ein riskantes Täuschungsmanöver, das Clong zur Unvorsichtigkeit verleitete, konnte ihn retten.

Mike McCoy wälzte sich stöhnend am Boden und hoffte, dass Clong nicht gemerkt hatte, wie er die Wucht des mörderischen Schlages abgefangen hatte. Und er gab sich alle Mühe, die Rolle des schwer angeschlagenen Großmauls überzeugend zu spielen. Er wimmerte, versuchte, sich hochzustemmen, kippte zur Seite weg und kam erst beim dritten Versuch in eine halbwegs kniende Stellung. Er musste einen jämmerlichen Anblick bieten, wie er da vor Clong kniete – blutverschmiert, stöhnend und mit dem glasigen Blick eines Mannes, der gegen die drohende Bewusstlosigkeit ankämpfte.

»Gib ihm den Rest, Clong!«, schrie jemand begeistert.

»Mach diese weiße Ratte fertig!«, brüllte ein anderer.

»An diesem Waschlappen ist nicht viel fertig zu machen. Noch ein Schlag und er spuckt bis Neujahr Blut und Zähne«, erklärte Clong verächtlich und zerrte den Privatdetektiv so locker hoch, als hätte er es mit einer federleichten Stoffpuppe zu tun.

Mike McCoy setzte ihm bewusst keinen Widerstand entgegen und ließ sich wie ein nasser Sack hochzerren. Scheinbar benommen torkelte er gegen Clong. Der Schwarze hielt ihn nun nicht mehr für einen ernst zu nehmenden Gegner, dem er mit höchster Vorsicht begegnen musste.

Diese fatale Fehleinschätzung machte sich McCoy zunutze.

Aus der torkelnden Bewegung heraus ging er zum Gegenangriff über. Mit aller Kraft rammte er Clong die rechte Faust in den Magen und setzte mit einer blitzschnellen Links-Rechts-Kombination auf die Rippen nach.

Clong gab einen merkwürdig hohen Schrei von sich, als die Faustschläge ihm die Luft aus den Lungen pressten. Er würgte, als müsste er sich jeden Moment übergeben.

»Ein bisschen mehr Haltung, Cling Clong!«, stieß McCoy mit kaltem Groll hervor und setzte ihm die geballte Faust auf die Nase.

Der Rausschmeißer brüllte gellend auf. Der Koloss war angeschlagen, doch noch längst nicht in die Knie gezwungen. Mike McCoy wusste, dass Schnelligkeit seine einzige Chance war. Clong durfte keine Sekunde Zeit haben, sich von den Konterschlägen zu erholen. Deshalb ignorierte er die Schmerzen in seinen Händen und deckte den bulligen Schwarzen mit einer wilden Serie von Geraden, Haken und Kombinationen ein. Er ließ ein Trommelfeuer los, das all seine Kräfte kostete.

Dem war Clong nicht gewachsen. Er wich zurück, versuchte vergeblich, dem Hagel der Schläge auszuweichen, und musste dabei mehrere solide Volltreffer einstecken.

»Auf die Matte, Cling Clong!«, knurrte McCoy. Seine Knöchel waren aufgeschlagen und schmerzten, als hätte ihm jemand kochendes Öl über die Hände gegossen. Lange würde er dieses Tempo nicht mehr durchhalten.

Der Privatdetektiv nagelte ihn an der Rezeption fest. Clong konnte seinen Schlägen nicht länger ausweichen. Er riss die Arme schützend vors Gesicht. Doch McCoy durchbrach die schwache Deckung und schickte ihn endlich mit einem Kinnhaken zu Boden.

Er wartete gar nicht ab, bis Clong am Boden lag. Sein sechster Sinn signalisierte ihm, dass ihm Gefahr von hinten drohte. Er war alarmiert, noch bevor er das metallische Klicken in seinem Rücken hörte. Es war das hässliche Geräusch eines Klappmessers, dessen Klinge aufschnappte.

Mike McCoy warf sich herum. Er sah ein halbes Dutzend dunkler, verschwommener Gesichter vor sich und links von sich den Mann, der das Stilett in der Hand hielt. Er wandte sich ihm zu und bemerkte im selben Augenblick die Bewegung rechts hinter sich. Er hatte einen Fehler gemacht.

Bevor er ihn korrigieren konnte, explodierte etwas an seinem Hinterkopf. Die Kraft schien urplötzlich aus seinen Beinen gewichen zu sein. Sie versagten ihm den Dienst, während sich gleichzeitig ein nebliger Vorhang vor seine Augen senkte.

Der weiche Teppichboden dämpfte seinen Aufschlag. Er hörte Stimmen, die irgendwo aus der Ferne durch den Nebel drangen. Dann legte sich eine Tonnenlast auf seine Brust. Dann war nichts mehr.

»Du hast eine prächtige Visitenkarte hinterlassen, Gummisohle«, sagte Diamond Dandy mit einer Mischung aus Spott und Respekt.

»Bin immer bemüht, einen guten Eindruck zu machen«, brummte Mike McCoy.

»Clong ist nicht gerade der Liebling der Stammgäste. Und so gesehen hast du dir mehr Freunde als Feinde geschaffen. Noch ein paar von diesen schlagkräftigen Einlagen, und du kriegst vielleicht wegen besonderer Verdienste eine Ehrenmitgliedskarte für das *Xanadu*.«

»Danke, aber darauf verzichte ich besser, Diamond Dandy. Das *Xanadu* trifft doch nicht ganz meinen Geschmack. Zu sehr wildes Afrika. Kann euren Stammesriten nicht viel abgewinnen.« Mike McCoy verzog das Gesicht, als er den Eisbeutel vom Hinterkopf nahm und auf die linke, angeschwollene Gesichtshälfte presste.

Diamond Dandy und Mike McCoy saßen in der Ecknische

einer schummerigen Bar, die schräg gegenüber vom *Xanadu* lag. Der Schwarze hatte einen giftgrünen Mintdrink vor sich stehen, während der Privatdetektiv wartete, dass sich die beiden Alka-Seltzer-Tabletten in seinem Wasserglas auflösten. Mit einem leichten Schaudern erinnerte er sich an den Augenblick, als er aus der kurzen Bewusstlosigkeit erwacht war und die Stilettklinge an seiner Kehle gespürt hatte. Und wenn Diamond Dandy nicht gerade in dem Moment ins Foyer gekommen wäre, hätten Clongs Freunde ihm ohne Zweifel einen langen Aufenthalt im Krankenhaus verschafft – im günstigsten Fall.

»Man hat mir geflüstert, du hättest Clong gegenüber etwas von einem Geschäft erwähnt, das du mit mir machen wolltest.«

Die Kopfschmerztabletten hatten sich aufgelöst und McCoy leerte das Glas mit einem Zug. Er schüttelte sich. »Scott Kinley hat mich angeheuert.«

Der Schwarze zeigte sich nicht im Geringsten überrascht. »Ich habe von dem Coup in den Nachrichten gehört.«

»Scott hat mich beauftragt, Kontakt mit dem Burschen aufzunehmen, der gestern den Tipp für dreihundert Riesen verkaufen wollte. Jetzt ist er bereit, einige Hunderttausender für den Tipp hinzublättern, der zur Sicherstellung der Containerladung Mikrochips führt. Für dich ist eine satte Provision drin, sofern du in das Geschäft mit einsteigst. Ohne dich habe ich keine Chance, an den Mann heranzukommen.«

»Weiß Scott von mir?«

»Nein.«

»Gut.«

McCoy legte einen Briefumschlag neben Diamond Dandys giftgrünen Drink. »Zehn Riesen als Anzahlung. Interessiert?«

Der Schwarze hob mit dem Zeigefinger die Lasche des Briefkuverts, warf einen flüchtigen Blick auf die Geldscheine und zupfte dann nachdenklich an seinem Rüschenärmel. »Interessiert bin ich immer, Gummisohle. Doch die Identität des Mannes steht nicht zum Verkauf.«

»Habe auch nicht erwartet, dass du mir Namen und Adresse des Mannes verkaufen würdest.«

»Wie hast du dir das denn vorgestellt?«

»Du weißt, wie und wo du ihn erreichen kannst?«

Diamond Dandy nickte zögernd. »Unter Umständen – ja.«

»Okay. Alles, was du zu tun hast, ist, ihm auszurichten, was ich dir eben gesagt habe. Und wenn er Interesse an dem Geschäft hat, soll er mit mir Kontakt aufnehmen. Er kann mich anrufen. Damit riskiert er nicht mehr als zwanzig Cent für ein Ortsgespräch.«

Mike McCoy zog Notizblock und Kuli hervor und schrieb Jennys Telefonnummer auf. »Bin unter der Nummer rund um die Uhr zu erreichen. Was meinst du, Diamond Dandy?«

Der Schwarze zuckte die Achseln. »Für meine Meinung werde ich nicht bezahlt, Gummisohle. Aber natürlich kann ich versuchen, ihm deine Nachricht und Telefonnummer zu übermitteln. Doch eine Garantie, dass er dich anruft, kann ich dir nicht geben.«

»Das hätte mich auch an deiner Seriosität zweifeln lassen«, erwiderte McCoy.

Diamond Dandy lachte. »Und was machst du, falls der Bursche nicht mehr scharf auf den Judaslohn ist und sich für absolute Funkstille entschlossen hat?«

Mike McCoy gab einen Stoßseufzer von sich und antwortete zur sichtlichen Verwirrung des Schwarzen: »Dann wird es Zeit, dass ich mich nach einem billigen Apartment an Land umschaue.«

Der Anruf

Die *Titanic* löste sich mit einem schmatzenden Geräusch aus ihrem Schlammbett und verursachte einen gurgelnden Strudel, als die Seilwinden des Krans zu arbeiten begannen.

Mike McCoy stand am Bug der *Sunflower* und beobachtete mit sehr gemischten Gefühlen, wie sein Hausboot aus dem Schlick gehoben und zum Trockendock geschleppt wurde.

Jenny trat an Deck und kam zu ihm. Mitfühlend schaute sie ihn an. »Nicht gerade ein Tag zum Jubilieren, nicht wahr?«

Er zuckte mit den Achseln und zwang sich zu einem Grinsen, das jedoch ein wenig schief ausfiel. »Habe schon mieserere Tage gesehen.«

Jenny schwieg einen Augenblick. »Ich weiß, die Ungewissheit ist das Schlimmste.«

Mike McCoy stieß sich von der Reling der *Sunflower* ab. »Komme mir wie ein Tiger im Käfig vor!«, brummte er.

Gut vierundzwanzig Stunden waren schon vergangen, seit er mit Diamond Dandy gesprochen hatte. Der Schwarze hatte ihn am gestrigen Spätnachmittag kurz angerufen und ihm mitgeteilt: »Telefonnummer und Nachricht sind bei deinem Mann angekommen, Gummisohle. Den Rest müsst ihr unter euch ausmachen.« Mike McCoy war den ganzen Tag nicht vom Telefon gewichen. Die Nacht hatte er auf der Couch neben dem Apparat verbracht. Und nun war es mittlerweile schon wieder Mittag. Und der Mann hatte noch immer keinen Kontakt mit ihm aufgenommen.

McCoy fuhr aus seinen trüben Gedanken auf, als plötzlich das Telefon unter Deck schrillte. Er hastete den Niedergang hinunter, schaltete mit der Linken das ans Telefon angeschlossene Tonbandgerät ein und riss den Hörer von der Gabel. »Ja, Mike McCoy hier...«

Es war Scott Kinley, der noch nervöser war als der Privatdetektiv und an diesem Tag schon zum dritten Mal anrief. »Hat sich schon was ergeben?«

»Himmelherrgott!«, explodierte Mike McCoy. »Ich habe dir jetzt schon bestimmt zehnmal gesagt, dass ich dir Bescheid gebe, sobald ich was erfahre. Also höre auf, mir auf den Nerv zu gehen. Außerdem blockierst du das Telefon!« Ärgerlich knallte er den Hörer auf die Gabel und spulte das Tonband zurück.

»Ich glaube, ich mixe uns erst mal einen eiskalten Fruchtdrink«, meinte Jenny und ging in die Kombüse.

Als sie fünf Minuten später mit zwei hohen, eisbeschlagenen Gläsern zu McCoy in die Hauptkajüte der *Sunflower* zurückkam, klingelte wieder das Telefon. Der Privatdetektiv drückte automatisch die Aufnahmetaste, hob ab und meldete sich. Vermutlich war das Lucky oder der Manager der Trockendockanlage, der wissen wollte, wo denn der versprochene Scheck blieb.

Doch es war keiner von beiden.

»Sind Sie Diamond Dandys Mann?«, hörte er jemanden hastig fragen.

Mike McCoy war wie verwandelt. Aufgeregt nickte er Jenny zu, die ihn erwartungsvoll anblickte. Schnell erwiderte er: »Ja, der bin ich. Bedaure, dass das Geschäft gestern nicht geklappt hat.«

»Hirnverbrannte Idioten!«

»Die Versicherung ist sehr daran interessiert, die Containerladung Mikrochips unbeschädigt sicherzustellen. Und ich bin autorisiert, mit Ihnen über den Preis zu verhandeln.«

Der Anrufer lachte nervös. »Gestern wären sie mit dreihundert Riesen billig davongekommen. Da hätten sie zugreifen sollen.« Wut klang aus der Stimme des Mannes, die wegen der starken Hintergrundgeräusche nicht allzu deutlich war.

»Was gestern war, lässt sich nicht mehr ändern. Lassen Sie

uns deshalb von heute sprechen. Was haben Sie sich vorgestellt?«

»Es muss schon ein verdammt gutes...«, begann der Anrufer in seiner gedehnten, lang gezogenen Sprechweise und brach auf einmal mitten im Satz ab.

Mike McCoy hörte im Hintergrund eine andere, ungeduldige Männerstimme, die irgendetwas brüllte. Er verstand jedoch nur Satzfetzen: »... bleibt ... die ... Bilge ... verdammt ... Les ... das ...«

Und dann war die Leitung tot. Der Mann hatte aufgehängt.

»Was ist?«, fragte Jenny, als sie seinen verwirrten Gesichtsausdruck bemerkte.

»Der Kerl hat einfach aufgelegt. Ich glaube, irgendjemand hat ihn beim Telefonieren gestört. Jemand, der ihn gut kennt und mit ihm arbeitet. Die Geräusche im Hintergrund klangen nämlich so, als hätte er irgendwo aus einer Werkstatt oder Fabrikhalle angerufen. Verdammter Mist! Hoffentlich ruft er wieder an und lässt mich nicht noch mal zwanzig Stunden wie auf Kohlen sitzen!«

Er rief wieder an. Zwanzig Minuten später. Die Hintergrundgeräusche waren dieselben.

»Wir waren dabei, über den Preis zu verhandeln«, sagte Mike McCoy. »Natürlich setzen wir voraus, dass Sie wissen, wer die Ladung aufgekauft hat oder wo sie versteckt ist.«

»Die Sore ist noch nicht verscherbelt, und ich weiß, wo das Zeug versteckt ist. Aber mir geht es nicht allein um die Kohle, Mann«, sagte der Anrufer, und Furcht vor der eigenen Courage schwang in seiner Stimme mit. »Ich will außer fünfhundert Riesen noch Straffreiheit und eine neue Identität.«

Der Privatdetektiv wünschte, sein Gesprächspartner hätte ihm nicht zu erkennen gegeben, dass er an dem Millionencoup aktiv beteiligt gewesen war. Und das würde er Sergeant Austin mitteilen müssen.

»Ich bin nur berechtigt, mit Ihnen im Namen der Versicherung zu verhandeln«, stellte McCoy widerstrebend klar. »Was Straffreiheit und eine neue Identität betrifft, so ist das eine Angelegenheit von Polizei und Justiz, Mister. Doch wenn Sie sich bereit erklären, für die Anklage als Kronzeuge aufzutreten und Ihre Komplizen…«

»Ich bin doch nicht lebensmüde!«, fiel ihm der Mann in die Rede. »Du kennst unseren Boss nicht. Der lässt mich umlegen, bevor der Prozess vorbei ist! Nein, ich will die Kohle, und ich will untertauchen, bevor die anderen wissen, was gespielt wird.«

»Das kann ich Ihnen nicht versprechen.«

»Dann vergiss es, Mann!«

»Warten Sie! Legen Sie nicht auf!«, beschwor ihn der Privatdetektiv. »Bestimmt können wir einen Kompromiss aushandeln, der Ihnen Sicherheit garantiert!«

»Ich sagte, vergiss es!«, stieß der Gangster hervor. »Ich lass mich doch nicht von einem Schnüffler reinlegen! Die Sache ist gestorben, verstanden? Bin kein Selbstmörder. Und bleib mir bloß von der Pelle, kapiert?!« Und damit unterbrach er die Leitung.

Mike McCoy unterdrückte einen Fluch. »Die elende Warterei – alles für die Katz!«

»Spiel das Gespräch mal ab«, bat Jenny.

Er ließ das Band zurücklaufen und schaltete auf Wiedergabe. Aufmerksam verfolgte Jenny die beiden Telefonate. »Ganz so für die Katz war es vielleicht doch nicht«, sagte sie am Schluss. »Er hat einen Fehler gemacht und von seiner Arbeitsstätte aus angerufen… zumindest klingt es so.«

McCoy stimmte ihr zu.

»Und ich bin sicher, dass der Zuruf der Männerstimme im ersten Telefongespräch unserem Mister X gegolten hat. Deshalb hat er auch eingehängt. Wenn es uns gelänge, diesen Zuruf zu entschlüsseln und die Hintergrundgeräusche zu bestimmen, hätten wir eine gute Chance, ihm auf die Spur zu kommen.«

»Ja, wenn...«, seufzte Mike McCoy und zuckte dann mit den Achseln. »Aber einen Versuch ist es allemal wert.«

Sie saßen auf dem Achterdeck im Schatten eines Sonnenschirmes, vor sich das Tonbandgerät und ein Dutzend voll gekritzelte Blätter.

»Mir reicht's!« Mike McCoy haute auf die Stopptaste des Tonbandgerätes und nahm die Kopfhörer ab. Seit nun schon zwei Stunden hörten sie die Aufzeichnung der beiden Telefongespräche immer wieder ab. »Mir brummt der Schädel. Und ich kann allmählich meine eigene Stimme nicht mehr hören!«

»Wir haben Fortschritte gemacht«, sagte Jenny aufmunternd. »Immerhin wissen wir, dass der Anrufer mit Vornamen Leslie heißt...«

»Vermutlich.«

»Und wir wissen, dass der Mann im Hintergrund ihm irgendetwas von einer Bilgepumpe zugerufen hat, die irgendwo eingebaut werden sollte. Woraus sich die logische Folgerung ergibt, dass Leslie in einer Bootswerft arbeitet.«

Mike McCoy wollte gerade etwas erwidern, als er ein schnittiges Motorboot bemerkte, das auf die *Sunflower* zuhielt. Es war etwa achtzehn Fuß lang und hatte vorn im Bug eine kleine Kabine. Der Rumpf trug einen roten, glitzernden Metallicanstrich.

Jenny folgte seinem Blick, beschattete die Augen mit der flachen Hand und runzelte die Stirn. »Siehst du, was ich sehe, Mike?«

»Ich sehe einen Burschen, der eine goldbestickte Admiralskappe trägt und eine Pfeife im Mund hat... und Lucky verdammt ähnlich sieht.«

Jenny lachte. »Es *ist* Lucky.«

Augenblicke später kam Lucky mit seinem auffälligen Boot längsseits. Lässig warf er Mike McCoy die Bugleine zu, stellte den Motor ab und sprang an Bord der *Sunflower*.

»Na, wie gefällt euch meine neue Errungenschaft?«, fragte er mit strahlenden Augen und sog heftig an der Pfeife mit dem knorrigen Kopf. Hustend sagte er: »Habe den heißen Flitzer *Firebird* getauft. Ich sage euch, der Vogel geht ab wie eine Rakete.«

»Ketschup wäre auch kein schlechter Name gewesen«, meinte McCoy kopfschüttelnd. »Rot genug ist er dafür.«

»Sag bloß, du hast das Boot wirklich gekauft?«, wollte Jenny wissen.

»Warum nicht? Ich lebe jetzt schon eine halbe Ewigkeit am rauschenden Pazifik und wollte immer schon ein eigenes Boot haben. Und da mein Geschäft jetzt so gut geht, warum nicht?«

»Und in welchem Kostümverleih hast du den Lamettahut und den Tabakkocher Marke Rübezahl aufgestöbert?«, spottete McCoy. »Oder war das bei diesem Sonntagskreuzschiff mit dabei?«

»Ich dachte, das passt zu mir«, meinte Lucky leicht verunsichert, zog die Admiralskappe in die Stirn und betrachtete die klobige Pfeife.

»Ja, das passt so gut zu dir wie Kaviar zu Pommes frites«, meinte McCoy sarkastisch.

»Aus dir spricht der Neid des Besitzlosen, mein Freund«, erklärte Lucky, der nach einem Moment der Unsicherheit wieder zu seiner alten Großspurigkeit zurückgefunden hatte. »Aber ich werde nicht so kleinlich sein und dich dann und wann an Bord lassen. Doch ob ich dich meinen einflussreichen Freunden vom Jachtklub vorstelle, muss ich mir erst noch reiflich überlegen.«

»Von welchen Jachtklubfreunden sprichst du?«, fragte McCoy verwundert.

»Ich spreche von zukünftigen Freunden. Vorhin habe ich den Aufnahmeantrag für den *Golden Gate Yacht Club* ausgefüllt und abgegeben.«

»Einen vornehmeren Klub hättest du dir wirklich nicht aussuchen können«, meinte Mike McCoy kopfschüttelnd. Lucky war in der Tat ein unverbesserlicher Träumer, wenn er glaubte, dass er in diesen elitären Klub aufgenommen würde.

Lucky wollte sie zu einer Bootsfahrt einladen. Doch Jenny und Mike McCoy lehnten ab. Sie berichteten ihm von den beiden Telefongesprächen und den Problemen, mit denen sie sich herumschlugen.

»Bist gern dazu eingeladen, auch einmal Horcher vom Dienst zu spielen«, forderte McCoy ihn mehr im Spaß auf. Doch Lucky war sofort Feuer und Flamme. Er legte Kappe und Pfeife zur Seite und stülpte sich die Kopfhörer über. Dreimal hörte er sich die Aufzeichnungen an.

»Ich weiß überhaupt nicht, was daran so schwer sein soll, die Bootswerft zu finden, wo dieser Leslie arbeitet!«, sagte er dann.

»Willst du uns auf den Arm nehmen?«, fragte Jenny.

Lucky verneinte. »Mensch, habt ihr denn nicht beim zweiten Anruf diese mexikanische Blasmusik im Hintergrund gehört?«

»Ja, jetzt wo du es sagst, fällt es mir wieder ein«, bestätigte McCoy. »Aber diese Radiomusik ...«

»Das war keine Radiomusik«, fiel Lucky ihm ins Wort. »Da haben keine Profis gespielt. Das war die Schulband der mexikanischen Highschool. Heute war doch der große Umzug aller Schulkapellen von San Francisco!«

»Richtig!«, rief Jenny.

»Na klar liege ich richtig«, fuhr Lucky fort. »Wenn ihr noch wisst, wann genau der Bursche angerufen hat, braucht ihr euch doch bloß bei der Stadtverwaltung oder beim Umzugskomitee zu erkundigen, in welcher Gegend der Umzug zu diesem Zeitpunkt gewesen ist. Für jede derartige Veranstaltung gibt es doch einen richtigen Streckenplan. Und an so vielen Bootswerften ist der Umzug bestimmt nicht vorbeigekommen!... Was ist?... Was starrt ihr mich so an? Das ist doch eine lächerlich primitive Überlegung, auf die man sofort kommt... sofern man genug Grips hat, um zumindest Kaviar von Pommes frites zu unterscheiden, oder wie seht ihr das?«

Auf Kollisionskurs

Der knallrote Kabinenkreuzer *Firebird* pflügte mit hoher Geschwindigkeit durch die ruhige See der San Francisco Bay. Die Bucht von Sausalito mit den dahinter jäh aufsteigenden Bergen war hinter ihnen zu einer vagen landschaftlichen Kontur zusammengeschrumpft. Gleichzeitig kam San Francisco, insbesondere der Küstenabschnitt östlich der Golden Gate, immer näher und die Einzelheiten gewannen an Schärfe.

»Da drüben ist es!«, rief Lucky, die Admiralskappe verwegen in die Stirn gezogen und das Boot lässig mit zwei Fingern steuernd. »Das ist die einzige Werft, in deren Nähe der Umzug gekommen ist!«

»Wir werden sehen!«, gab Mike McCoy zurück. Er bewahrte sich eine gesunde Portion Skepsis, obwohl sich Luckys Vermutung bisher als durchaus zutreffend erwiesen hatte. Lucky hatte sie wahrlich schwer blamiert. Wie hatte ihm das mit dem Umzug und der nicht so ganz sauber gespielten Blasmusik nur entgehen können?

Lucky nahm das Gas zurück, als vor ihnen die hellen Bojen im Wasser auftauchten. Ein Stück dahinter erstreckte sich das gewaltige Hafengelände mit scheinbar endlosen Bootsstegen, hunderten von stolzen Segeljachten jeglicher Größe und Besegelung sowie einem Meer von schnittigen Motorjachten. Ein Anblick, der das Herz eines jeden Bootsfreundes höher schlagen ließ. An Land reihten sich Werkstätten, Trockendocks, hohe Hallen, in denen dutzende von Booten bis zu einer bestimmten Größe in den »Lagerfächern« von vierstöckigen Stahlgerüsten aufbewahrt wurden, und andere Gebäude aneinander.

Vorsichtig steuerte Lucky das Boot um die Außenmole herum und nahm Kurs auf einen breiten Anlegesteg mit vier Tanksäulen und einer Telefonzelle.

Mike McCoy brach der Schweiß aus. Der kühlende Fahrtwind hatte ihn vergessen lassen, wie heiß es noch war. Am liebsten hätte er das Jackett ausgezogen. Doch dann hätte er auch auf das Achselholster und den Revolver verzichten müssen. Und das wollte er nicht riskieren.

»Ihr bleibt besser hier im Boot und wartet«, sagte der Privatdetektiv, als die *Firebird* ans Pier glitt. »Wenn gleich drei Leute Fragen stellen, erregt das zu viel Aufmerksamkeit. Und genau das will ich vermeiden.«

»Das ist aber nicht fair!«, protestierte Lucky. »Ich gebe euch den heißen Tipp...«

»Wenn sich dein Tipp als Volltreffer erweist«, fiel Mike McCoy ihm ins Wort, »hast du schon mehr als genug getan. Den Rest überlass bitte mir!« Seine Stimme ließ keinen Widerspruch zu. Dann sprang Mike McCoy aufs Pier.

Direkt vor ihm lag ein lang gestreckter, weiß gekalkter Bau. Eine Coke-Reklame hing neben der Tür, und ein längliches Schild verkündete, dass man hier seine Tankrechnung begleichen und auch Bootszubehör, frische Köder zum Fischen sowie nicht alkoholische Drinks und Sandwiches kaufen konnte.

McCoy stieß die Tür auf und ein Eishauch schlug ihm entgegen. Die Klimaanlage lief auf vollen Touren. Nach der Hitze draußen fühlte er sich hier wie in einem Eiskeller.

Zwei Männer hielten sich im Geschäft auf. Der eine von ihnen, seinem ölverschmierten Overall nach ein Mechaniker, lehnte bei der Registrierkasse an der Ladentheke, kaute auf einem Sandwich und nippte gelegentlich an einer Dose Coke. Er blätterte in einem Katalog für Ersatzteile. Der andere Mann war der Verkäufer hinter der Theke. Er kam sofort zu McCoy hinüber und fragte nach seinen Wünschen.

»Ich suche Leslie«, erklärte Mike McCoy freundlich, aber so bestimmt, als ob er genau wüsste, dass hier jemand namens Leslie arbeitete. »Er arbeitet hier irgendwo«, fügte er hinzu.

»Leslie?«, wiederholte der Verkäufer gedehnt.

»Ja, ein Bursche unten aus dem Süden«, erklärte Mike McCoy beiläufig. »Hat einen schweren Slang. Man kann gar nicht überhören, dass er nicht von hier ist.«

Der Verkäufer blickte ihn forschend an und schüttelte dann den Kopf. »Kenne keinen Leslie, der hier arbeitet. Tut mir Leid, Mister. Da müssen Sie sich geirrt haben.«

»Sind Sie sicher?«

»Absolut sicher, Mister.«

»He, wart mal, Dave!«, rief da der Mechaniker und blickte vom Katalog auf. »Na klar haben wir hier einen Leslie. Du hast doch heute Morgen noch selbst mit ihm gesprochen.«

Der Verkäufer zuckte mit der Achsel. »Hier laufen doch ständig neue Kerle rum«, sagte er mürrisch.

Der Mechaniker wandte sich nun dem Privatdetektiv zu. »Sein Name ist Leslie Sloyan, nicht wahr? Und er spricht so, als hätte er nicht nur alle Zeit auf Erden gepachtet, sondern auch noch Gummi zwischen den Kiefern.«

Mike McCoy nickte. »Genau den Leslie meine ich. Wo finde ich ihn? Und woran kann ich ihn erkennen?«

»Er schrubbt ein Boot drüben in Halle C. Hinter diesem

Haus ein Stück nach links. Sie können die Werkstatt gar nicht übersehen. Zwei aufgebockte Twin-Diesel-Kähne Marke *Trojan* stehen direkt davor. Und Leslie erkennen Sie an seinem weinroten Overall.«

»Besten Dank.«

Mike McCoy nickte ihm zu und trat wieder hinaus in die Hitze. Er ging am Fenster vorbei und sah nicht, wie der Mann hinter der Ladentheke zum Telefon griff.

Leslie Sloyan kniete auf dem harten Betonboden von Halle C vor einem auf Blöcken sitzenden Motorboot. In der linken Hand hielt er einen Bunsenbrenner und in der rechten einen breiten Spachtel. Er ließ die fauchende Flamme des Bunsenbrenners über ein handlanges Stück Rumpfplanke tänzeln, bis die alte Farbe Blasen schlug. Dann schabte er sie mit dem Spachtel vom Holz.

Er fluchte lautlos vor sich hin, während ihm der Schweiß über das Gesicht rann. Er verfluchte Fargo. Wenn er sie, wie vereinbart, am Tag nach dem Coup ausgezahlt hätte, hätte er seinen elenden Job hier an den Nagel hängen können. Doch Fischauges Befehl, vorerst alles beim Alten zu belassen, zwang ihn dazu, sich bei der Hitze weiterhin mit Bunsenbrenner und Spachtel abzuquälen.

Leslie verfluchte nicht nur Fargo, sondern auch sich selbst und seine Unentschlossenheit. Er hatte zu viele Stunden verstreichen lassen, nachdem er auf der *Barrakuda* das Gespräch zwischen Steve und Fischauge belauscht und die Information über die Versicherung aufgeschnappt hatte. Er hätte die brandheiße Information sofort über Diamond Dandy vermarkten sollen. Als er dann Angst und Skrupel überwunden hatte, war es schon zu spät gewesen.

»Hallo, Leslie.«

Die Stimme in seinem Rücken riss den Gangster aus seinen

trüben Gedanken. Er drehte sich um, kam hoch und fuhr sich mit dem rechten Unterarm über die schweißnasse Stirn, während er den blonden Mann in der legeren Sommerjacke musterte. Er hatte ihn noch nie zuvor gesehen. Doch der Fremde kannte seinen Namen und das alarmierte ihn.

»Wer sind Sie?«, fragte er schroff.

Mike McCoy hatte den rechten Daumen hinter den Hosenbund geklemmt, um notfalls schnell an seinen Revolver heranzukommen. »Wir haben gemeinsame Interessen, Leslie. Warum legst du den Flammenwerfer nicht aus der Hand und wir bereden in aller ...«

Der Gangster erkannte plötzlich die Stimme. Er verschwendete keinen Gedanken daran, wie es dem Privatdetektiv gelungen war, seinen Namen und seine Arbeitsstelle ausfindig zu machen. Dass er es geschafft hatte, genügte ihm. Denn es wurde ihm klar, dass fünfzehn Jahre San Quentin erschreckend schnell Wirklichkeit werden konnten.

Die sich jäh weitenden Augen warnten Mike McCoy und sagten ihm, dass der Gangster begriffen hatte, aus welcher Richtung der Wind wehte. Worte waren als Argumente nicht mehr gefragt. Überzeugen konnten jetzt nur noch Argumente von wirklich durchschlagendem Kaliber. Und seine Rechte fuhr unter das Jackett zum Achselholster hoch, um den Gangster einen Blick auf seine Argumentationshilfe werfen zu lassen.

Leslie Sloyan war jedoch nicht scharf darauf, mit McCoys Revolver nähere Bekanntschaft zu schließen. Mit einer blitzschnellen Bewegung riss er den Bunsenbrenner herum und richtete die fast armlange Stichflamme auf McCoy.

Mike McCoy hatte den Revolver aus dem Holster und wollte ihn auf Leslie anlegen, als die Feuerzunge quer über seinen Handrücken leckte. Er schrie auf, sein Griff um den Revolverkolben löste sich automatisch und die Waffe entglitt seinen Fingern. Sie schlug auf dem Betonboden auf. Schnell schleuderte McCoy sie mit dem Schuh zur Seite, um sie außer Reichweite des Gangsters zu bringen, der auf einmal die Trümpfe in der Hand hielt. Die Waffe verschwand zwischen einer Reihe von hohen Spanplatten neben dem Hallentor.

»Schnüffler!«, zischte Leslie Sloyan und handhabte den Flammen speienden Bunsenbrenner wie ein Feuerschwert. »Ich werd dich mit dem Ding grillen wie ein Steak, du Mistkerl!«

»Aber nur halb durch, wenn's geht«, erwiderte McCoy mit Galgenhumor und wich einem Angriff aus, der auf sein Gesicht gerichtet war. Deutlich spürte er den Feuerhauch und die Flamme versengte ein paar Stirnhaare.

»Du ruinierst meine Frisur, Leslie!«, stieß McCoy wütend hervor. »Und ich hasse nichts mehr als Brandlöcher in meinem Haar. Pass auf, dass ich nicht ungemütlich werde!«

Mike McCoy wich langsam zurück und versuchte, den Gangster mit seinen Sprüchen abzulenken. Er hatte die Latten bemerkt, die vorn am Bug des Bootes standen. Noch zwei, drei Schritte, und er konnte es wagen.

»Ich werde dich rösten, dass sogar Fischauge seine wahre Freude daran hätte!«

»Fischauge?«, stieß McCoy hervor und ignorierte den Bunsenbrenner, der ihm gefährlich nahe gekommen war. »Was für ein sonniger Name. Ich nehme an, du sprichst von eurem Boss, vermutlich eine Seele von einem warmherzigen Menschen.«

»Du wirst damit nichts anfangen können, Schnüffler. Du kommst hier nicht mehr raus! Ich hatte dich gewarnt, Mann! Lasse mich von keinem nach San Quentin ...«

Mike McCoy wirbelte herum, bekam die Latte mit beiden Händen zu fassen und schwang sie mit voller Wucht herum. Er erwischte den Gangster oberhalb der Hüfte.

Leslie Sloyan brüllte vor Schmerz und Wut auf. Doch er ging nicht zu Boden. Er konnte eine Menge einstecken. Er torkelte nur zwei Schritte zurück – und begriff im selben Augenblick, dass er nicht gewinnen konnte, ganz egal, ob er den Schnüffler umlegte oder nicht. So oder so, er war schon auf der Flucht gewesen, als der Privatdetektiv die Halle betreten hatte – nur war er sich dieser unabänderlichen Tatsache nicht sofort bewusst geworden.

»Fahr zur Hölle!«, fluchte Leslie.

»Ein wenig frommer Wunsch... und vor allem ein wenig realistischer«, entgegnete Mike McCoy und hielt ihn sich mit der massiven Latte vom Körper. »Sieht eher so aus, als würdest du demnächst ein Quartier beziehen, das dir einen guten Vorgeschmack auf die Hölle gibt... wenn man anderen Lebenslänglichen Glauben schenken darf.«

»Mich kriegst du nicht, Mann!«

»Aber die Bullen kriegen dich, Leslie. Du kommst nicht weit. Die Großfahndung nach dir läuft, sobald du das Hafengelände verlassen hast«, sagte McCoy. »Also warum gibst du nicht auf und spielst den Kronzeugen? Wer immer Fischauge...«

Leslie Sloyan dachte nicht daran, sich zu stellen. Er versuchte einen letzten Trick – und er hatte Erfolg. Er ging erneut zum Angriff über. Mike McCoy dachte, der Gangster wollte ihm mit dem Bunsenbrenner jetzt das Gesicht verbrennen. Doch das war nur ein Täuschungsmanöver.

Leslie Sloyan schleuderte ihm den Bunsenbrenner auf den rechten Fuß. McCoy erkannte seinen Fehler, doch es gelang ihm nicht mehr, dem schweren Wurfgeschoss ganz auszuweichen. Der Bunsenbrenner traf ihn in Knöchelhöhe, als er den Fuß hochzog. Die schwere Flasche hätte ihm unweigerlich den Fuß gebrochen, wenn er ihn nicht rechtzeitig noch vom Betonboden wegbekommen hätte. Doch auch so war der Schmerz betäubend.

Leslie Sloyan flüchtete aus der Halle.

Mike McCoy stöhnte unterdrückt auf und humpelte ihm mit schmerzverzerrtem Gesicht hinterher. Die Latte benützte er als provisorische Krücke. Er verlor kostbare Sekunden, als er seinen Revolver mit der Latte zwischen den Spanplatten herausfischte. Als er aus der schattigen Halle in die blendende Helle des Nachmittags trat, sah er gerade noch, wie Leslie über einen Steg rannte und in ein blau-weißes Boot mit erhöhtem Steuerstand und zwei Außenbordmotoren sprang.

Der Privatdetektiv fluchte laut und humpelte nun, so schnell er konnte, zum Pier hinunter, wo Lucky und Jenny im Boot auf ihn warteten.

»Um Gottes willen, was ist passiert?«, rief Jenny erschrocken, als McCoy keuchend und stöhnend über den Pier gehumpelt kam.

»Ein bisschen aus dem Tritt gekommen?«, frotzelte Lucky.

»Schmeiß den Motor an und sieh zu, dass du so schnell wie möglich hier rauskommst, ohne einen Unfall zu bauen!«, drängte der Privatdetektiv und schwang sich über die Reling. »Leslie versucht, mit einem Boot zu türmen.«

»Das werden wir ihm versalzen!« Lucky startete die schwere Maschine und gab Gas.

»Da vorn ist er!«, rief McCoy, als sie aus dem Hafen heraus waren. Leslie Sloyan steuerte nach Nordwesten, als beabsichtigte er, unter der Golden Gate herzufahren und die Pazifikküste am Nordende der Brücke zu erreichen. »Jetzt kannst du uns zeigen, was in deinem Kahn steckt. Ob er wirklich wie eine Rakete abgeht oder nur eine lahme Bleiente ist!«

»Bleiente?«, wiederholte Lucky empört und schob die beiden Gashebel so weit nach vorn, dass die Zeiger der Tourenmesser fast in den roten Gefahrenbereich ausschlugen.

Die Maschine heulte auf und der Bug stieg steil in den Himmel. Einen Augenblick schien es so, als wollte das Boot wirklich wie eine Rakete abheben. Doch kaum hatte sich der größte Teil des Rumpfes aus dem Wasser gehoben, als sich der Bug auch schon wieder senkte. Luckys *Firebird* raste wie ein Geschoss über die Bay und nur ein kurzes Heckstück mit den Doppelschrauben war noch im Wasser. Jede größere Welle war wie ein Hindernis aus Beton und schlug hart durch.

»Wir holen auf!«, schrie McCoy gegen Fahrtwind und Motorengedröhn an.

»Lahme Bleiente, ha?«, brüllte Lucky stolz.

Mike McCoy grinste und brüllte zurück: »Sie kommt recht nett vom Fleck.« Was wirklich reichlich untertrieben war. Der Vorsprung, den der Gangster hatte, schmolz immer mehr zusammen. Leslie Sloyan konnte ihnen nicht entkommen, zumindest sah es nicht so aus. Aber es hing alles davon ab, wie gut der Gangster sein Boot im Griff hatte und wessen Benzintanks zuerst leer waren. Der Anzeige nach waren die Tanks der *Firebird* nur noch zu einem Drittel voll.

Leslie Sloyan war nicht entgangen, dass er verfolgt wurde. In immer kürzeren Abständen drehte er sich um. Und jedes Mal war ihm das knallrote Boot ein deutliches Stück näher gekommen. Es war offensichtlich, dass sein Boot langsamer war.

»Wir kriegen ihn!«, rief Lucky, als der Vorsprung des Gangsters keine hundert Yards mehr betrug.

Die Befürchtung schien auch Leslie Sloyan zu haben, denn plötzlich riss er sein Boot in eine scharfe Linkskurve – und schien auf Kollisionskurs mit einer hochseetüchtigen Segeljacht zu gehen. Er kreuzte den Kurs des Segelschiffes und schoss am Bugspriet der Jacht vorbei. Mit höchstens einer halben Motorbootlänge Abstand. Brodelnde Heckseen begleiteten das gefährliche Manöver.

Lucky konnte ihm nicht sofort auf dem neuen Kurs folgen, denn nun lag die Segeljacht zwischen ihm und dem Gangster. Er musste einen Bogen fahren, was sie kostbare Sekunden kostete.

»Riskantes Manöver, aber clever«, sagte McCoy mit widerwilligem Respekt.

»Der Bursche ist ein Kamikaze zu Wasser!«, brüllte Lucky, als der Gangster Minuten später erneut einen waghalsigen Haken auf der belebten Bay fuhr. Doch diesmal kam das abrupte Abhängemanöver nicht überraschend für Lucky. Auch er hatte den Frachter gesehen, der mit rauschender Bugwelle Kurs auf die offene See jenseits der Golden Gate hielt. Und er hatte sofort gewusst, dass der Gangster diese Chance nicht ungenutzt verstreichen lassen würde.

»Festhalten!«, schrie Lucky warnend und zog die *Firebird* fast in derselben Sekunde wie Leslie Sloyan sein Boot brutal nach links. Mit nur noch sechzig, siebzig Yards Abstand rasten die beiden Motorboote an der Backbordseite des Frachters entlang. Der stählerne Rumpf des Schiffes schien rechts von ihnen bis in den Himmel zu ragen.

Der Bug des Frachters kam näher.

Jenny riss erschrocken die Augen auf. »Lucky! Du wirst doch wohl nicht ...«

Sie kam nicht mehr dazu, ihre Befürchtung ganz auszusprechen. Leslie Sloyan zwang sein Boot in einem zweiten, lebensgefährlichen Manöver vor den Bug des Frachtschiffes und hinüber auf die Steuerbordseite.

Und Lucky nahm die Herausforderung an. Mit Entsetzen sah Jenny zum Bug hoch, der unaufhaltsam näher kam. Das stählerne Ungetüm war zum Greifen nahe. Im nächsten Augenblick musste der Bug ihr Boot zertrümmern und der Sog die Wrackteile in die Tiefe reißen. Ihr war, als würde ihr Herz stillstehen.

Doch die Katastrophe blieb aus. Die *Firebird* vollendete die scharfe Rechtskurve und schoss dann an der Steuerbordseite des Frachters in Richtung Heck entlang. Vor ihnen holte Leslie das Letzte aus seinem Boot heraus. Doch das riskante Manöver hatte ihm diesmal nicht viel genützt. Seine Verfolger ließen sich weder abschütteln noch austricksen.

»Keine Bange, Mike!«, rief Lucky stolz und mit einem breiten Grinsen, als er den Blick seines Freundes auffing. »Ihr seid bei Captain Manzoni in sicheren Händen. Das Meer ist meine zweite Heimat.«

»Wenn das Glücksspiel deine erste Heimat ist, können wir uns ja auf was gefasst machen«, erwiderte der Privatdetektiv, musste jedoch insgeheim zugestehen, dass Lucky gute Nerven und schnelles Reaktionsvermögen bewiesen hatte. Und niemand konnte ihm absprechen, dass er den roten Flitzer wirklich gut im Griff hatte. Oder war das vielleicht nur das sprichwörtliche Glück des Anfängers? Es war besser, nicht weiter darüber nachzudenken.

Mike McCoy bekam dazu auch keine Gelegenheit. Kaum war das Motorboot des Gangsters über das Heck des Frachters hinausgeschossen, als Leslie das Steuer wieder ganz scharf nach links einschlug. Diesmal versuchte er jedoch keinen Haken, sondern er vollführte einen Kurswechsel um 180 Grad und raste nun geradewegs auf die *Firebird* zu.

Luckys Lächeln verschwand augenblicklich. Erschrecken und Fassungslosigkeit lagen in seiner Stimme: »Er versucht, uns zu rammen! Himmelherrgott, das *ist* ein Kamikaze!«

Das blau-weiße Boot jagte auf sie zu.

Mike McCoy sah plötzlich einen Lichtreflex und dann den Revolver, den der Gangster auf sie gerichtet hielt. Die Waffe musste sich an Bord des Bootes befunden haben. »Runter!«, brüllte McCoy und ging in Deckung. »Er schießt!«

Jenny warf sich vor der Tür der Bugkabine zu Boden, während Lucky das Steuer herumwarf und gleichzeitig in die Knie ging.

Leslie Sloyan feuerte dreimal. Die Detonationen klangen merkwürdig dünn und gingen fast im hochtourigen Dröhnen der Motoren unter. Das erste Geschoss bohrte sich mit einem dumpfen Laut seitlich in den Bug. Die zweite Kugel durchschlug die Windschutzscheibe über dem Steuerstand und jaulte über Luckys Kopf hinweg, während es Splitter regnete. Das dritte Projektil durchschlug die Motorabdeckung.

Dann war das Boot des Gangsters an ihnen vorbei.

Mike McCoy hatte die *Firebird* schon wieder auf Verfolgungskurs gebracht, als Lucky auf die Beine kam, ganz blass im Gesicht. Von seiner anfänglichen Begeisterung war nicht mehr viel übrig geblieben. »Mike, sieh dir das an!« Er wies auf die zertrümmerte Windschutzscheibe. »Das Boot ist noch nicht einmal bezahlt! Habe nichts gegen eine Verfolgungsjagd, aber als Zielscheibe stelle ich mein Boot nicht zur Verfügung!«

»Das hättest du dir eher überlegen sollen! Jetzt gibt es kein Zurück mehr. Oder glaubst du, dass ich auf eine Umsteigemöglichkeit warte und den Gangster entkommen lasse?«

»Und wer bezahlt mir den Schaden?«, protestierte Lucky.

»Scott Kinley!«, beruhigte ihn Mike McCoy. »Fällt alles unter Spesen, mein Freund. Vielleicht kannst du sogar noch einen kleinen Gewinn machen, indem du ihm eine Rechnung schickst – für eine Bootscharterung mit Gefahrenzulage.«

Lucky strahlte. »Vergiss, was ich gesagt habe!«, rief er begeistert. »Bei meinen seefahrenden Vorfahren, ich werde diesen Westentaschen-Seeteufel schon dazu bringen, beizudrehen und die Segel zu streichen!«

Die *Firebird* holte wieder auf. Der kurzzeitige Vorsprung des Gangsters schmolz wie Eis in der Sonne. Leslie Sloyan feuerte noch dreimal auf sie. Doch er verriss alle drei Schüsse. Von einem mit hoher Geschwindigkeit dahinrasenden Boot über fünfzig, sechzig Yards einen Treffer anzubringen, kann nur einem Meisterschützen gelingen – oder einem Glückspilz. Leslie Sloyan war keines von beiden. Die Kugeln schlugen weit vor der *Firebird* oder viele Yards seitlich davon ins Wasser.

Die Golden Gate warf ihnen ihren Schatten entgegen. Leslie Sloyan hielt Kurs auf den nördlichen Pfeiler. Offensichtlich wollte er ganz knapp daran vorbeifahren, um so schnell wie möglich Land zu erreichen, nachdem sich seine Hoffnung, die Verfolger auf dem Meer abzuschütteln, nicht erfüllt hatte.

»Verdammt!« Lucky hieb auf das Armaturenbrett.

»Was ist?«, fragte Mike McCoy.

»Wir verlieren Sprit, und zwar verdammt viel und schnell!« Er deutete auf die Tankanzeige. Die Nadel bewegte sich deutlich nach links, erreichte den roten Bereich der Reserve und fiel stetig weiter auf null zu.

Die Kugel, die die Motorabdeckung durchschlagen hatte, musste eine Benzinleitung leckgeschlagen haben. Das Boot zog eine gut sichtbare Benzinspur hinter sich her.

Mike McCoy riss die Motorhaube hoch, in der Hoffnung, das Leck vielleicht abdichten zu können und somit noch mit dem Boot bis an die Küste zu kommen.

»Mike!«, schrie Jenny in diesem Augenblick.

Der Privatdetektiv ließ die schwere Abdeckung fallen und fuhr herum. Sein Blick ging zum Boot des Gangsters hinüber. Leslie Sloyan hing in einer merkwürdigen Haltung über dem Steuer. Und sein Motorboot raste genau auf den gewaltigen Brückenpfeiler zu!

»O Gott, er wird zerschellen!«, rief Jenny entsetzt. »Was ist mit ihm …? Warum tut er nichts?«

Lucky riss die Gashebel zurück.

Mit aufgerissenen Augen starrten sie auf das Boot vor ihnen, das mit unverminderter Geschwindigkeit auf den Brückenpfeiler zuschoss.

Mike McCoy spannte die Bauchmuskeln an und umklammerte die Bootsreling. Er wollte die Augen schließen, blickte jedoch starr und wie hypnotisiert auf die entsetzliche Szene vor ihnen.

Das Motorboot rammte den Pfeiler fast in einem 90-Grad-Winkel und zerschellte unter grässlichem Bersten und Splittern. Dann verschwand das zertrümmerte Boot in einem grellen Feuerball, der aus dem dunklen Wasser vor dem Pfeiler hochzuschießen schien. Die Benzintanks waren explodiert. Feuer umhüllte den Pfeiler, während Wrackstücke wie lodernde Fackeln in die Luft geschleudert wurden und mit einem Zischen ins Wasser fielen.

»O mein Gott! Was für ein grauenhafter Tod!« Jenny war aschfahl im Gesicht.

Mike McCoy bezweifelte, dass Leslie Sloyan den Tod beim Zusammenprall mit dem Brückenpfeiler gefunden hatte. Obwohl er keinen Schuss gehört hatte, war er doch davon überzeugt, dass der Gangster schon vorher tot gewesen war. Erschossen.

Er blickte sich um. Von wo war der tödliche Schuss gekommen? Zahlreiche Boote bevölkerten die San Francisco Bay. Es befanden sich auch einige große Segel- und Motorjachten darunter. Er konnte die Namen von mehreren entziffern. Eine dieser stolzen Motorjachten mit schneeweißen Aufbauten trug den Namen eines Raubfisches – *Barrakuda*.

Wer ist dieser Blonde?

»Saubere Arbeit, Skinny«, sagte Fargo auf der mit Mahagoni getäfelten Kommandobrücke der *Barrakuda*. Seine Stimme hatte einen beiläufigen Tonfall, ganz so, als ginge es um eine geringfügige Angelegenheit – und nicht um kaltblütigen Mord.

»Und genau im richtigen Moment«, fügte Steve Elliott anerkennend hinzu und nahm seinen Blick nicht von der Feuersäule am Brückenpfeiler. Brennendes Motoröl und Plastik schickten schwarze Qualmwolken zur Golden Gate hoch. »Sieht ganz nach dem katastrophalen Unfall eines leichtsinnigen Wassersportlers aus. Die Polizei wird nicht mehr viel finden, was sie untersuchen könnte.«

»Ich verfehle nie mein Ziel. Und Leslie war so leicht zu treffen wie 'ne Blechscheibe in 'ner Schießbude«, antwortete der hagere Scharfschütze mit bedrückter Miene. Normalerweise kannte er keine Skrupel. Er war ein berufsmäßiger Killer, der nicht das geringste Mitleid mit seinen Opfern kannte. Doch dieser Fall lag anders. »Aber musste das sein? Leslie war einer von uns.«

»Nicht länger!«, widersprach Fargo augenblicklich. »Leslie hat einen schweren Fehler begangen! Frag mich nicht, was für einen, Skinny. Ich weiß es nicht. Aber dass er irgendetwas verdammt Gefährliches ins Rollen gebracht hat, steht wohl außer Frage, oder? Und ich sehe nicht tatenlos zu, wenn uns jemand die Bullen auf den Hals zu hetzen droht!«

»Woher willst du wissen, dass das Bullen sind, die Leslie verfolgt haben?«, fragte Skinny mürrisch und sicherte das Präzisionsgewehr, das mit einem hochwertigen Zielfernrohr und einem plump aussehenden Schalldämpferaufsatz ausgerüstet war. Die handbreite Öffnung zwischen den goldbraun getönten Panoramascheiben der Kommandobrücke, aus der Skinny den tödlichen Schuss auf seinen Komplizen abgefeuert hatte, hatte Steve schon längst wieder geschlossen.

Ein kühles, spöttisches Lächeln flog über Fargos Gesicht. »Wenn Dave mich anruft und mir berichtet, dass sich jemand mit einem Ballermann unter dem Jackett für Leslie interessiert, genügt mir das, um mir Gedanken über meine eigene Zukunft zu machen, Skinny. Und als Leslie dann mit lebensgefährlichen Manövern vergeblich versuchte, seine Verfolger abzuschütteln, war es allerhöchste Zeit, die Notbremse zu ziehen.«

»Leslie muss einen verdammt guten Grund dafür gehabt haben, dass er bei diesen haarsträubenden Bootsmanövern sein Leben aufs Spiel gesetzt und auf die drei im roten Boot gefeuert hat«, sagte Steve.

»Gut möglich«, räumte Skinny ein. Wenn er nicht dieselbe Befürchtung gehabt hätte, hätte er den tödlichen Schuss auch nicht abgegeben. Vielleicht war es wirklich ein glücklicher Zufall für sie alle gewesen, dass Fargo ihn ausgerechnet an diesem Nachmittag auf seine Jacht eingeladen hatte, um mit ihm über eine weitere Zusammenarbeit zu sprechen. Doch zu diesem Gespräch war es nicht gekommen. Denn kaum waren sie ausgelaufen, als Fischauge den Anruf erhielt.

»Wir werden herausfinden, warum Leslie in Panik geraten ist und wer dieser Blonde ist!«, erklärte Fargo entschlossen. »Steve, hol die Kamera mit dem 300er Tele und halte dich bereit. Ich will ein paar scharfe Bilder von Leslies Verfolgern.«

»Okay, Boss.«

»Und was wird hiermit?«, wollte Skinny wissen und hob das Gewehr an. Es stammte aus Fargos beachtlichem Waffensortiment, das im Maschinenraum der Jacht untergebracht war – gut versteckt in einem stählernen Hohlraum mit dem Volumen eines Wohnzimmerschranks.

»Zerleg es in seine Einzelteile«, forderte ihn der Albino auf. »Wir werden sie über Bord werfen, sowie wir offene See erreicht haben und unbeobachtet sind.«

Steve kehrte mit der Kamera in die Kommandozentrale zurück. Er ging nach Backbord hinüber, schob eines der Fenster einen Spalt auf und nickte dann. »Bin bereit, Boss.«

Die *Barrakuda* nahm wieder Fahrt auf und ging mit gedrosselter Maschinenleistung auf westlichen Kurs, der die Jacht in einem respektablen Sicherheitsabstand von gut sechzig Yards am »Unfallort« und am rot glitzernden Verfolgerboot vorbeiführen würde. Fargo hatte nach dem gelungenen Anschlag nicht daran gedacht, abzudrehen und sich verdächtig zu machen. Es hatte keine verräterische Detonation gegeben und der Schalldämpfer hatte auch das Mündungsfeuer geschluckt. Leslies Verfolger mochten vielleicht gesehen haben, wie er, von der Kugel getroffen, nach vorn über das Steuer geschleudert worden war. Doch es war absolut unmöglich, auch nur zu erahnen, aus welcher Richtung die Kugel gekommen war. Dafür war die Bay zu belebt. Und wenn sie nur ein bisschen Glück hatten, würde die Polizei noch nicht einmal schlüssig feststellen können, ob Leslie wirklich erschossen worden war oder nicht.

Die Kamera klickte in rasender Folge, als sich die *Barrakuda* mit dem metallicroten Kabinenkreuzer auf einer Höhe befand. Steve fluchte mehrmals. Die Jacht passierte den Brückenpfeiler, an dem Leslies Boot zerschellt war, und hielt ihren westlichen Kurs.

»Von dem kleinen Kerl hinter dem Steuer habe ich mehr Mütze als Gesicht im Bild«, brummte Steve unzufrieden. »Und da war noch eine Frau an Bord. Aber die ist vorn in der Kabine verschwunden. Wenn wir drehen und noch mal ...«

Fargo schnitt ihm das Wort ab. »Und der Blonde?«

»Den habe ich mehrfach im Profil und von vorn im Sucher gehabt – und zwar scharf«, versicherte Steve. »Der ist uns auf dem Film hundertprozentig sicher.«

»Das genügt«, entschied Fargo. »Wenn wir Gewehrteile, Zielfernrohr und Schalldämpfer da draußen zu den Fischen geschickt haben, kehren wir wieder um. Du wirst dann den Film entwickeln und herausfinden, wer der Blonde ist und was er von Leslie gewollt hat. Wenn er ein Bulle ist, lässt du ihn in Ruhe.«

»Und wenn er kein Bulle ist und dennoch zu viel weiß?«, fragte Steve.

»Dann ist er reif für 'nen schnellen Trip ins Jenseits«, meinte Skinny.

Fargo starrte hinaus auf das Meer, das unter der gleißenden Sonne lag. Er nickte kaum merklich. »Wir werden sehen. Zuerst will ich wissen, wer er ist und was er weiß. Und dann werde ich meine Entscheidung treffen.«

Unternehmen Barrakuda

»Sie sind die einzigen Augenzeugen des Vorfalls, die glauben, etwas gesehen zu haben, das auf Mord hindeutet«, brummte Sergeant Austin.

»Wir *haben* es gesehen!«, korrigierte Jenny ihn scharf.

Lucky nickte. »Halten Sie uns etwa für voll blind?«

Larry Austin verzog das Gesicht. »Unsere Pathologen haben Ihren Verdacht nicht bestätigen können.«

»Was nicht verwunderlich ist, wenn man bedenkt, wie wenig von ihm übrig geblieben ist«, sagte McCoy.

»Ob nun Mord oder Unfall«, polterte der Sergeant, »es hätte vermieden werden können, wenn Sie nur rechtzeitig mit Ihren Informationen zu mir gekommen wären. Ich hätte die notwendigen polizeilichen Schritte zur Festnahme dieses Mannes eingeleitet.«

»Welche Informationen?«, fragte McCoy sarkastisch. »Sprechen Sie von dem Fetzen Blasmusik, der Luckys Vermutung nach von einer mexikanischen Schulband stammte? Oder von unserer vagen Vermutung, dass der Anrufer irgendwo in einer Bootswerft arbeiten müsste? Ausgelacht hätten Sie mich, Sergeant. Und die einzigen Schritte, die Sie eingeleitet hätten, hätten mich auf der Stelle aus Ihrem Büro geführt!«

»Sie hätten mir zumindest die Möglichkeit einer Entscheidung geben können!«

»Und Leslie die Möglichkeit, sich abzusetzen!«, konterte der Privatdetektiv.

»Himmelherrgott, müssen Sie immer so halsstarrig und unkooperativ sein?«, beklagte sich Austin verärgert.

»Ich fühle mich Ihrem Beispiel verpflichtet«, erwiderte Mike McCoy nicht weniger verstimmt.

»Mike!... Sergeant!... Keinen Streit, bitte!« Scott Kinley rang verzweifelt die Hände. Er hatte diese Zusammenkunft, die in seinem feudalen Direktorenzimmer stattfand, arrangiert. Denn seit Leslie Sloyans Tod waren schon vierundzwanzig Stunden vergangen, ohne dass die Ermittlungen neue Erkenntnisse erbracht hätten. Wenn nicht bald etwas geschah, würde die *Royal Insurance* die Auszahlung der Versicherungssumme nicht länger hinauszögern können. Und diesen Verlust würde man ihm in die Schuhe schieben. »Wir sind doch zusammengekommen, um Informationen auszutauschen und uns auf ein gemeinsames Vorgehen zu einigen!«

»Von mir aus können wir damit beginnen«, sagte Mike McCoy. »Alles, was *ich* weiß, habe ich an Sergeant Austin weitergegeben. Bin gespannt, was er mit diesen Informationen hat anfangen können. Erteilen wir ihm doch das Wort.«

Larry Austin warf ihm einen grimmigen Blick zu und klappte einen schmalen Schnellhefter auf. »Informationen! Lächerliche Bruchstücke waren das. Fischauge ist kein so seltener Spitzname. Der Computer hat eine ellenlange Liste mit fast sechs Dutzend Namen von Gangstern ausgespuckt.«

»Aber die Zahl derjenigen Gangster, die den Spitznamen Fischauge tragen und Besitzer einer großen Jacht sind, wird sich doch in Grenzen halten, oder?«, fragte Jenny.

»Nicht eines der Boote, die Sie mir genannt haben«, Austins Blick glitt über McCoy, Jenny und Lucky, »gehört einem Gangster oder jemandem, der unter dem Spitznamen Fischauge bekannt wäre.«

Der Privatdetektiv war nicht überrascht. Er hatte nicht angenommen, dass der Drahtzieher dieses Millionencoups ein polizeibekannter Verbrecher mit einem langen Vorstrafenregister war. »Der Schuss *muss* aber von einer der Jachten abgefeuert worden sein. Also warum nehmen wir die Besitzer der infrage kommenden Boote nicht einmal näher unter die Lupe?«

Scott Kinley griff den Vorschlag begierig auf und drängte auf Einsicht in Larry Austins Ermittlungsunterlagen, die der Sergeant wie seinen Augapfel hütete. Am liebsten hätte er den Stand der Polizeiarbeit vor McCoy geheim gehalten, doch die Familie Kinley besaß einen nicht unbeträchtlichen politischen Einfluss. Und schließlich gab er nach.

Aufmerksam hörte Mike McCoy zu. Die ersten drei Bootsbesitzer waren über jeden Zweifel erhaben. Doch als Sergeant Austin den Bericht über den Eigner der *Barrakuda* vorlas, wusste McCoy sofort, dass er mit seinem Verdacht richtig lag. Dieser Andrew Fargo war ihr Mann! Die Polizei hatte über Fargos Herkunft und seine Aktivitäten nicht das Geringste in Erfahrung bringen können. Er war offenbar sehr vermögend. Doch niemand wusste, womit er sein Vermögen gemacht hatte. Er schien ein unbeschriebenes Blatt zu sein. Doch einen Schönheitsfehler gab es: Die *Barrakuda* hatte ihren Liegeplatz genau in jenem Teil des Hafens, in dem auch Leslie Sloyan gearbeitet hatte! Und Sloyan war mehrfach auf Fargos Jacht gewesen, um verschiedene Wartungsarbeiten auszuführen.

»Diesem Fargo sollten wir mal auf den Zahn fühlen«, schlug McCoy vor und entnahm Sergeant Austins Miene, dass er genau das vorgehabt hatte – jedoch allein.

»Wir werden jeder Spur nachgehen!«, erklärte Austin nichts sagend und klappte seine Mappe zu.

Mike McCoy wandte sich an Kinley. »Ich weiß von Leslie, dass die Containerladung Chips noch nicht verscherbelt ist.

Deshalb schlage ich vor, dass wir einen Köder auslegen und den Gangsterboss in die Falle locken. Wir können einen Mann in die Unterwelt einschleusen, der als Aufkäufer auftritt...«

Wie der Privatdetektiv erwartet hatte, mischte sich Larry Austin sofort ein. »Meine Abteilung arbeitet schon an einem ähnlichen Plan. Sie können sich also Mühe und Kosten sparen, Mister Kinley«, versicherte er.

»So?«, fragte McCoy skeptisch. »Wie will die Polizei in der kurzen Zeit einen wirklich überzeugenden Aufkäufer in der Unterwelt aufbauen, wenn ich mal fragen darf? Wer immer hinter dem Coup steht, er wird garantiert nicht wie ein Anfänger auf einen getarnten Polizeiagenten hereinfallen. Der Drahtzieher dieses Verbrechens ist so misstrauisch, gerissen und schnell wie...«

»... wie ein Barrakuda«, meinte Lucky.

Mike McCoy nickte. »Richtig, wie ein Barrakuda. Und haben Sie schon einmal versucht, einen Barrakuda an den Haken zu bekommen, Sergeant?«

»Nein«, brummte Austin. »Ich fische nicht... weder im Trüben noch sonst wo!«

»Ein Barrakuda schnappt nicht blind nach dem Köder, Austin. Er wittert den Haken förmlich, wenn er nicht gerade besonders geschickt gesetzt ist. Und dann reißt er den fetten Brocken von der Seite, ohne den Zacken des Hakens auch nur nahe zu kommen.« Mike McCoy schüttelte den Kopf. »Nein, dieser Aufkäufer braucht nicht nur einen Koffer voll Bargeld, Sergeant. Er muss vor allem den richtigen Stallgeruch haben. Und den können Sie Ihrem Mann auf die Schnelle nicht beschaffen.«

Scott Kinley nickte zustimmend. »Da muss ich Mike Recht geben, Sergeant.«

Austin starrte den Privatdetektiv an. »Und Sie meinen, Sie könnten das mal wieder besser, ja?«

»Nicht *mal wieder*, Sergeant«, korrigierte ihn McCoy. »Aber in diesem Fall sicherlich.«

»Und wie?«

»Einige Leute in der Unterwelt sind mir noch diesen und jenen Gefallen schuldig«, erklärte Mike McCoy. »Und die gedenke ich für dieses Unternehmen ... nennen wir es Unternehmen Barrakuda ... einzuspannen.«

»Aber ich werde nicht zulassen, dass das Unternehmen Barrakuda zu einem Ihrer berüchtigten Alleingänge wird!«, erwiderte Sergeant Austin hart und gab gleichzeitig zu verstehen, dass er Mike McCoys Plan mehr Gewinnchancen einräumte als seinem eigenen. »Sie können Ihren Köder zusammen mit Mister Kinley auslegen, McCoy. Doch ich werde dieses Unternehmen mit einem Sonderkommando absichern. Ihnen mag es ja nur auf die Containerladung Mikrochips ankommen, Mister Kinley. Doch ich will die Verbrecher einkassieren.«

»Gelegentlich lassen sich zwei Fliegen mit einem Schlag erledigen«, sagte McCoy spöttisch.

»Mir recht«, brummte der Sergeant. »Ich überlasse Ihnen gern die Hauptrolle, McCoy. Doch gewöhnen Sie sich frühzeitig an den Gedanken, dass in diesem Stück nur einer die Regie führen kann – und das bin ich!«

Das Treffen mit Diamond Dandy fand noch am selben Tag statt, das heißt in der Nacht. Und zwar an einem für den Schwarzen recht ungewöhnlichen Ort. Nämlich im fünften Stock eines Parkhauses.

Mike McCoy hatte die beiden Neonleuchten ausgedreht und wartete in völliger Dunkelheit auf den rosa Caddy. Als der Straßenkreuzer um halb zwölf die Rampe hochkam und langsam an den Betonsäulen vorbeifuhr, trat Mike McCoy aus einer Nische, gab Pisco mit einer Taschenlampe das verabredete Lichtzeichen und saß Augenblicke später neben Diamond Dandy im Fond.

»Bist du auf der Flucht, Gummisohle?«, fragte der Schwarze spöttisch. »Ist doch sonst nicht deine Art, das Licht zu meiden wie der Teufel das Weihwasser.«

Mike McCoy fuhr sich mit der Hand über seinen Stoppelbart. Er würde sich daran gewöhnen müssen. »Leslie Sloyan hat mir nicht viel gebracht, Dandy.«

Der Schwarze hob bedauernd die Hände. »Habe nie behauptet, dass er dich zu seinem Beichtvater machen würde.«

»Sieht so aus, als hätten ihm seine eigenen Komplizen zu einem spektakulären Abgang von der weltlichen Bühne verholfen«, sagte McCoy.

Diamond Dandy gab dazu keinen Kommentar und nickte nur, was vieles bedeuten konnte. Dann fragte er geschäftsmäßig: »Was steht heute auf deiner Wunschliste, Gummisohle?«

Mike McCoy sagte es ihm.

Der Schwarze schlug das Angebot rundheraus ab. »Ich ergreife keine Partei, McCoy. Weder für die angebotenen fünfzig Riesen noch für hundert oder mehr!«, erklärte er kategorisch. »Ich weiß, dass ich dir noch einen Gefallen schuldig bin. Aber meine Schuld ist nicht so groß, als dass ich mit dir auf diese Weise gemeinsame Sache machen müsste. Ich verkaufe Informationen, Gummisohle. Und auf dieses Geschäft beschränke ich mich ohne jede Ausnahme. Wenn ich mich auf deine Seite stelle und dir helfe, diese Brüder an den Haken zu kriegen, wird das nicht lange ein Geheimnis bleiben. Und dann bin ich aus dem Geschäft. Für immer. Und zu Recht. Nein, auf mich kannst du nicht zählen.«

Der Privatdetektiv ließ die fünfzigtausend Dollar, die Kinley ihm nach langem Jammern schließlich ausgezahlt hatte, auf der Theke der kleinen Bar liegen. Er hatte mit dieser Reaktion gerechnet. »Angenommen, eine angesehene Persönlichkeit aus deinen Kreisen bittet dich, eine gewisse Information an den richtigen Mann zu bringen.«

Diamond Dandy überlegte nicht lange. »Kein Problem. Informationen an den Mann zu bringen ist mein Geschäft. Und wie würde die Information lauten?«

»Dass jemand daran interessiert ist, eine Containerladung Mikrochips aufzukaufen. Unter der Hand und zu einem fairen Hehlerpreis.«

»Das kommt ganz darauf an, wer diese Persönlichkeit ist. Es müsste schon jemand sein, der mich dadurch, dass er mich in dieses Geschäft als zweiten Mittelsmann einschaltet, nicht in den Geruch eines Polizeikomplizen bringt«, schränkte Diamond Dandy ein.

»Du würdest das Angebot im Namen von Vittorio Lentini weiterreichen. Sowie der Kontakt gemacht ist, bist du aus dem Spiel. Es ist Vittorio, der dir die Provision zahlt. Und er wird die Verhandlung über Preis und Übergabeprozedur zwischen Verkäufer und Aufkäufer führen.«

Diamond Dandy hob die Augenbrauen. »Sieh an, Lentini!« Er ließ seine Diamanten blitzen. »Das ist natürlich eine hervorragende Visitenkarte. Dass Lentini mit den Bullen niemals gemeinsame Sache macht, ist bekannt.«

»Er macht auch keine gemeinsame Sache mit der Polizei!«, erklärte McCoy und log noch nicht einmal. Lentini wusste nicht, dass Sergeant Austin mit einem Sonderkommando an dem Unternehmen Barrakuda beteiligt war. Vittorio Lentini stand in McCoys Schuld, und so hatte er sich sofort bereit erklärt, ihm in jeder Beziehung zu helfen.

»Dann sehe ich keine Schwierigkeiten ... und keinen Grund, Vittorios Provision nicht anzunehmen«, sagte Diamond Dandy mit einem breiten Lächeln. Und damit war der Köder ausgelegt. Doch würde der Barrakuda auch danach schnappen?

Der 750 000-Dollar-Köder

Mike McCoy kehrte nicht nach Sausalito zurück, sondern quartierte sich auf Drängen von Vittorio Lentini in dessen Haus in Buena Vista ein. Eine hohe Mauer umgab das herrliche Anwesen, das an einen italienischen Gutshof erinnerte. Von seinem Zimmer aus hatte er einen fantastischen Ausblick auf den Golden Gate Park. Und jenseits davon erhoben sich die beiden hohen Türme der wohl berühmtesten Brücke der Welt.

Anderthalb endlos lange Tage des Wartens vergingen. Mike McCoy erhielt Anrufe von Jenny, Lucky, Austin und Kinley – doch der wichtigste Anruf blieb aus. Am Abend des zweiten Tages meldete sich schließlich am Telefon von Vittorio Lentini ein Fremder. Der Anrufer hatte ein Geschäft anzubieten – eine Containerladung Mikrochips!

Der »Barrakuda« hatte noch längst nicht angebissen, doch er wagte sich aus seinem Versteck und beroch und umkreiste den Köder.

Lentini führte die Verhandlungen telefonisch und über Mittelsmänner. Und wegen der Vorsichtsmaßnahmen, die der »Barrakuda« ergriff, zog sich das Feilschen um den Preis über zwei Tage hin. 500 000 hatte McCoy über Lentini anbieten lassen, doch der Fremde verlangte eine glatte Million. Schließlich einigte man sich auf 750 000 Dollar. Einen weiteren Tag später hatten sich der Fremde und Lentini auch über die Art und Weise des Austausches von Geld und Containerladung abgesprochen.

Der »Barrakuda« hatte sein zähnefletschendes Maul aufgerissen, um nach dem fetten 750 000-Dollar-Köder zu schnappen und ihn sich einzuverleiben.

So schien es.

Der verbeulte Kastenwagen bog in eine schmale, dunkle Gasse ein und hielt nach hundert Yards vor einem schmalbrüstigen Mietshaus.

»Viel Glück«, sagte Vittorio Lentini.

Mike McCoy stieß die klemmende Beifahrertür auf. »Danke, das werde ich brauchen.« Er stieg aus und begab sich in den tiefen Schatten des Hauseingangs, während der Kastenwagen anfuhr und sich schnell entfernte.

Der Privatdetektiv wartete geduldig und beobachtete die Straße. Er ließ fast eine Viertelstunde verstreichen. Erst dann war er sich sicher, dass ihnen niemand gefolgt war. Er konnte es also wagen, den geheimen Treffpunkt aufzusuchen, wo die letzte Einsatzbesprechung stattfinden würde. Bestimmt warteten Kinley und Austin schon ungeduldig auf ihn.

Mike McCoy überquerte die Straße, hielt sich im Schatten des Bauzaunes und eilte dann durch den Torbogen in den Hinterhof. Eine Gestalt löste sich vor ihm aus der Dunkelheit. Mike McCoy griff automatisch zu seiner Waffe.

Es war Lucky.

»Was hast du hier zu suchen?«, raunte McCoy.

»Ich hab den Wagen gebracht«, antwortete Lucky und deutete auf den offenen Ford Mustang, der hinter der Ecke der Durchfahrt im Hinterhof stand. Der Gangster hatte darauf bestanden, dass der Aufkäufer in einem Cabrio zum bisher noch ungenannten Übergabeort kam.

»Gut.« Er musterte seinen Freund. »Du siehst reichlich abgeschlafft aus, Lucky. Als hättest du die Nacht mal wieder zum Tag gemacht.«

»Hab ich auch, Mike«, gestand Lucky, räusperte sich umständlich und sagte dann: »Ich weiß, dass Austin dich mit seinem Sonderkommando deckt. Die Burschen mögen ja auf Draht sein. Aber wenn ich an deiner Stelle wäre, würde ich mich nicht darauf verlassen...«

»Lucky, spar dir deinen Atem!«

»Lass mich doch mal erst ausreden, Mike! Du brauchst heute Nacht noch einen Joker im Ärmel. Jemand, auf den du dich hundertprozentig verlassen kannst. Ich habe eine geniale Idee gehabt und ich habe die ganze Nacht...«

Mike McCoy schnitt ihm das Wort ab. »Lucky, meine Antwort ist und bleibt Nein. Du wirst nicht mit von der Partie sein. Und zwar aus gutem Grund. Himmel, wir haben das doch in den letzten Tagen schon zehnmal durchgekaut. Danke, dass du mir das Cabrio besorgt hast. Das Einzige, was du noch für mich tun kannst, ist warten und uns die Daumen drücken.« Er gab Lucky einen freundschaftlichen Schlag auf die Schulter und verschwand in der niedrigen Baracke, die gut die Hälfte des Hinterhofes einnahm.

Lucky stand einen Augenblick unschlüssig im Durchgang. Dann gab er sich einen Ruck. »Von wegen Daumen drücken und warten! Ich werde dafür sorgen, dass du dein fünftes Ass im Ärmel hast, Mike!«, murmelte er und machte sich am Ford Mustang Cabrio zu schaffen. Er würde doch mit von der Partie sein. Denn das fünfte Ass, auf das McCoy seiner Überzeugung nach nicht verzichten konnte, war er selbst, der geniale Lucky Manzoni.

Ausrangierte Flipperautomaten und mehrere demolierte Billardtische standen im Innern der Hinterhofbaracke herum. Sergeant Austin, Scott Kinley und Mike McCoy hielten ihre letzte Einsatzbesprechung an einem der Billardtische ab. Kinley kaute eine Magentablette nach der anderen und blickte immer wieder stirnrunzelnd zu McCoy hinüber. Er war irritiert und er hatte allen Grund dazu.

Als der Privatdetektiv vor wenigen Minuten die Baracke betreten hatte, hätte er ihn fast nicht erkannt. Er hatte mit ihm im Laufe der vergangenen Tage mehrfach telefoniert, ihn jedoch nicht zu Gesicht bekommen – bis zu dieser Stunde. Sein Anblick war ein Schock gewesen.

Mike McCoy trug bleigraue Schuhe, eine schwarze Leinenhose, ein dunkelgraues Hemd und eine weite schwarze Lederjacke mit einem halben Dutzend Reißverschlüssen. Die bauschige Jacke kaschierte das Achselholster mit dem Revolver. Doch es war nicht die für ihn ungewöhnliche Kleidung, es war McCoys ganzes Aussehen, das ihn verstörte. Die mittellangen blonden Haare waren gefallen. Er hatte jetzt einen streichholzkurzen Mecki wie ein Armeerekrut – und zwar in Schwarz. Schwarz gefärbt war auch der kurze, stoppelige Vollbart. Getönte Kontaktlinsen gaben seinen blauen, klaren Augen eine graue Färbung. Kurzum: Er war nicht wieder zu erkennen und sah auf beunruhigende Weise gefährlich aus.

Auf der Tischplatte mit dem zerfetzten grünen Filz lag ein grauer Hartschalenkoffer mit drei vierstelligen Zahlenschlössern, der die vereinbarten 750 000 Dollar in gebrauchten und nicht durchgehend nummerierten Geldscheinen enthielt.

»Wir haben einen Peilsender unter dem rechten Kotflügel angebracht«, erklärte Sergeant Austin, »der eine Reichweite von zwölf Meilen hat.«

»Lebensdauer?«, fragte McCoy knapp.

»Über vier Stunden.«

»Und was ist, wenn der Kerl mich stundenlang kreuz und quer durch Frisco und Umgebung hetzt, von einer öffentlichen Telefonzelle zur anderen?«, fragte der Privatdetektiv. »Ich soll seine erste Anweisung um neun Uhr von einem öffentlichen Telefon auf der Folsom Street aus erhalten. Bis eins müsste das Geschäft dann gelaufen sein, sonst verlieren Ihre Männer meine Spur.«

Austin schüttelte den Kopf und deutete auf den Geldkoffer. »Ein zweiter Sender ist im rechten Schloss eingebaut und wird aktiviert, wenn Sie den vierten Zahlenring von null auf neun

229

drehen. Zum Öffnen und Schließen des Koffers brauchen Sie jeweils nur die ersten drei Zahlenringe.«

Mike McCoy nickte anerkennend. »Und wie bleibe ich mit Ihnen in Kontakt?«

»Ein Walkie-Talkie im Cabrio ist zu auffällig und zu gefährlich. Und falls Sie den Wagen verlassen müssen, müssten Sie es zurücklassen«, erklärte der Sergeant und reichte ihm einen scheinbar ganz gewöhnlichen Kugelschreiber, in dem jedoch ein Minimikrofon und Sender eingebaut waren. »Stecken Sie den Kugelschreiber außen in die Brusttasche Ihrer Jacke und sprechen Sie leise vor sich hin, wenn Sie mir eine wichtige Nachricht zukommen lassen wollen. Oh, Sie können damit natürlich auch schreiben.«

Der Privatdetektiv klemmte den Kuli an die Reißverschlussleiste seiner linken Brusttasche. »Sonst noch etwas?«

»Das ist alles. Mehr brauchen Sie auch nicht.«

»Gut. Vergessen Sie aber nicht, mir Raum zu geben, Austin«, erinnerte ihn McCoy. »Eine zu enge Beschattung ...«

Larry Austin unterbrach ihn. »Ich habe nicht nur achtzehn zivile Wagen im Einsatz, die sich ständig ablösen werden, sondern auch noch zwei Helikopter. Wir können Ihnen deshalb reichlich Ellbogenfreiheit lassen. Wir bleiben außer Sichtweite. Doch wenn es ernst wird, haben wir den ›Barrakuda‹ festgenagelt, bevor er weiß, was gespielt wird!«

»Hoffentlich«, murmelte Kinley. Seine einzige Sorge galt dem Koffer voll Geld.

»Irgendetwas Neues bezüglich Fargo?«, fragte McCoy.

Der Sergeant verneinte. »Seine Jacht liegt im Hafen. Die Maschinen werden überholt. Unsere Experten sagen, dass die *Barrakuda* frühestens in zwei Tagen wieder einsatzbereit sein kann.«

»Der letzte Akt wird also auf festem Boden stattfinden.«

»Haben Sie je daran gezweifelt, McCoy? Eine Containerladung Mikrochips übergibt man nicht auf See«, meinte Austin spöttisch.

Mike McCoy zuckte die Achseln. »Was ist mit Fargo selbst?«

»Untergetaucht«, knurrte der Sergeant.

»Ihre Männer haben sich abhängen lassen?«

»So was passiert schon mal – sogar dem Besten«, sagte Austin mürrisch. »Aber Fargos Verschwinden soll Sie nicht stören, McCoy. Falls er unser Mann ist, wird er mit seinen Komplizen den nächsten Sonnenaufgang hinter Gittern erleben. Der ›Barrakuda‹ ist uns so gut wie sicher ... es sei denn, Sie erlauben sich einen bösen Schnitzer!«

Der Privatdetektiv nahm den Geldkoffer vom Billardtisch. Sein Gesicht war verschlossen. »Sie scheinen vergessen zu haben, wer hier sein Leben riskiert, Sergeant!«, erwiderte er mit einem scharfen, warnenden Unterton. »Wenn Sie und Ihre Männer sich nicht an unsere Abmachung halten, steige ich aus ... und zwar auf der Stelle. Ich hoffe, wir haben uns verstanden!«

»Schnitzer?«, rief Scott Kinley alarmiert. »Niemand kann sich hier einen Schnitzer erlauben! Dafür steht zu viel auf dem Spiel! Mike, lass den Koffer bloß nicht aus den Augen! Ich bin erledigt, wenn die Sache nicht klappt!«

Mike McCoy hatte einen bitteren Geschmack im Mund und er spürte das Verlangen nach einer zornigen Erwiderung. Doch er beherrschte sich. »Halte die zehntausend Dollar Bonus bereit«, sagte er nur und verließ die Hinterhofbaracke. Es war zwanzig vor neun, als er den Geldkoffer in den Kofferraum des Ford Mustang einschloss und sich auf den Weg zur Telefonzelle auf der Folsom Street machte.

Zehntausend Dollar wollte er sich verdienen – doch was auf ihn wartete, war der Tod.

Die Lichter der Hausboote spiegelten sich auf dem ruhigen Wasser der Bucht. Beladen mit zwei schweren Einkaufstüten, balancierte Jenny über die wackelige Gangway auf ihre *Sunflower*. Sie setzte die Tüten neben der Tür des Niedergangs ab und zog ihren Schlüsselbund hervor, um aufzuschließen. Doch die Tür war offen.

Einen kurzen Moment lang war sie verunsichert. Sie hätte schwören können, abgeschlossen zu haben, als sie von Bord ihres umgebauten Fischerbootes gegangen war. Seit in der Hausbootkolonie die Zahl der Einbrüche sprunghaft angestiegen war, hatte sie es sich zur Gewohnheit gemacht, stets alle Türen und Luken zu verriegeln.

Doch dann zuckte sie die Achseln, nahm ihre Tüten und ging unter Deck. Sie musste in Gedanken gewesen sein und es diesmal vergessen haben, was nicht allzu verwunderlich war. An diesem Tag ging ihr einfach zu viel durch den Kopf. Sie machte sich Sorgen um McCoy. Er hatte sie beruhigt, als er sie gegen sechs angerufen hatte. Aber sie war weit davon entfernt, ruhig zu sein. Dass Sergeant Austin ihn mit seinem Sonderkommando deckte, reichte nicht aus, um ihr ein gutes Gefühl zu vermitteln.

Mit einem schweren Seufzer stellte Jenny die Tüten auf den Tisch, schaltete die Wandleuchte ein und griff zum Telefonhörer. Sie musste einfach mit jemandem sprechen und so wählte sie Luckys Nummer.

Niemand hob bei ihm zu Hause ab.

Jenny wollte gerade auflegen, als sie bemerkte, dass die Sprechmuschel nur locker im Gewinde saß. Sie stutzte. Dann schraubte sie, einer spontanen Eingebung folgend, die Muschel ganz ab. Und ihr Puls beschleunigte sich mit jeder Drehung.

Das Blut wich aus ihrem Gesicht, als sie in der Ausbuchtung die Abhörwanze entdeckte. Der Mithörspion war nicht viel größer als ein Bonbon.

Die Erkenntnis, dass jemand ihre Telefongespräche mit McCoy und Lucky abgehört hatte, traf sie wie ein Schlag. Der »Barrakuda« war längst über die Falle informiert, die McCoy und Austin ihm stellen wollten. Und so würde er nicht an den Haken gehen, sondern aus dem Jäger einen Gejagten machen! Seine eigene Falle würde Mike zum Verhängnis werden!

Jenny kämpfte gegen das aufsteigende Übelkeitsgefühl an. Sie musste Mike zurückhalten, ihn vor der Gefahr warnen und notfalls Sergeant Austin alarmieren. Doch nicht von diesem Telefon aus.

Jenny griff zu ihrer Handtasche.

In dem Moment wurde die Kombüsentür links von ihr aufgestoßen. Ein maskierter Mann stürzte sich auf sie, presste seine behandschuhte Hand auf ihren Mund und drückte ihr etwas Rundes, Hartes, Kaltes in den Nacken. Und heißer Atem traf sie, als ihr der Eindringling ohne Eile die Drohung ins Ohr hauchte: »Ein Laut, eine hektische Bewegung – und die Welt ist um eine junge Schönheit ärmer!«

Jenny stand steif und stumm vor Entsetzen.

Auf Nummer sicher

Das öffentliche Telefon auf der Folsom Street klingelte auf die Sekunde um neun Uhr. Mike McCoy hob beim dritten Klingeln ab und meldete sich wie vereinbart mit seinem Decknamen und den letzten beiden Zahlen der Telefonnummer, die in Augenhöhe hinter einem Plastikschild am Apparat geschrieben stand: »Grover ... 17.«

»Charley ... 99«, lautete die Antwort. Der Gangster nannte sich Charley, und es war seine Aufgabe, die ersten beiden Ziffern der Telefonnummer zu nennen. »Prächtiger Mustang, den Sie da spazieren fahren, Grover. Doch Sie stehen im Halteverbot. Das kann Sie einen Zwanziger kosten.«

Mike McCoy verstand den Wink sofort. Charley wollte keine höflichen Floskeln mit ihm austauschen, sondern gab ihm damit zu verstehen, dass er beobachtet wurde.

»Ich werd's verschmerzen. Okay, wo ist der nächste Kontakt, Charley?«

»Sloat Boulevard kurz vor La Plaza. Nicht zu übersehen, Grover. Die Scheiben der Zelle sind eingeschlagen. Anruf erfolgt in genau ... dreißig Minuten.«

»He, das ist ja drüben am Pazifik!«, protestierte Mike McCoy. »Am anderen Ende der Stadt. Dreißig Minuten sind dafür verdammt knapp.«

Charley antwortete nicht. Er hatte die Leitung schon unterbrochen. Fluchend sprang der Privatdetektiv in den offenen Mustang und sagte laut: »Ich wusste doch, dass der Bursche mich zuerst einmal kreuz und quer durch die Stadt jagen würde!«

Der Verkehr in der Innenstadt war dicht. Mike McCoy war schweißgebadet, als er zwei Minuten vor Ablauf der halben Stunde vor der Zelle abstoppte. Und er fragte sich, ob Austin und seine Einsatzwagen ihm hatten folgen können. Er zwang sich, nicht zum Himmel hochzublicken und nach den beiden Hubschraubern zu forschen. Er hoffte, dass sie in der Nähe waren, auch wenn er kein Rotorengeräusch hören konnte.

Das Telefon klingelte.

»Grover ... 47.« Er klemmte den Hörer mit der Schulter fest und zog seine Zigarettenschachtel hervor.

»Charley ... 26. Lassen Sie die Zigaretten stecken, Grover. Es geht sofort weiter.« Und der Mann nannte ihm eine neue Kontaktadresse.

Beim vierten Mal platzte dem Privatdetektiv der Kragen.

Diesmal ließ er den anderen nicht zu Wort kommen. »Jetzt reicht's, Charley. Habe nichts gegen ein paar Vorsichtsmaßnahmen. Aber jetzt kurve ich schon eine verdammte Stunde hin und her. Ich hab die Nase voll, Mann. Entweder wir machen einen konkreten Treff aus, oder aus dem Geschäft wird nichts.«

Charley lachte spöttisch. »Nehmen Sie den Mund nicht so voll... Grover. Glaube nicht, dass Sie das Geschäft abblasen werden. Außerdem hatte ich sowieso geplant, ab jetzt mit dem blutigen Ernst zu beginnen. Aber bevor wir zur Überraschung kommen, eine Warnung, die von diesem Augenblick an Geltung hat, Grover: Jede Antwort von Ihnen, die nicht aus einem simplen Ja oder Nein besteht, führt zum Tod. Auch ein Laut des Erschreckens. Ich wiederhole: Alles, was nicht ja oder nein ist, führt zum Tod von... *Jennifer Blake*. Haben Sie das verstanden, *Mike McCoy*?«

Der Privatdetektiv zuckte wie unter einem schmerzenden Hieb zusammen. Es kostete ihn große Willenskraft, sich von seinen Gefühlen nicht übermannen zu lassen. Sie wussten, wer er war, und sie hatten Jenny.

»Ja«, antwortete er schließlich.

»Freut mich, dass wir uns verstehen, Schnüffler. Ich nehme an, Sie möchten einen Beweis dafür, dass die Kleine in unserer Obhut ist, nicht wahr?«

»Ja.« Mike McCoy hatte Mühe, normal zu sprechen.

Jennys Stimme drang aus dem Hörer. »Mike, sie haben mich entführt. Es tut mir Leid. Ich... ich weiß nicht, wer sie sind, doch sie sind über alles informiert. Sie haben mein Telefon angezapft und...«

»Das reicht«, meldete sich Charley wieder. »Wir haben nicht viel Zeit, McCoy. Ich weiß, was gespielt wird. Vergessen Sie Sergeant Austin und sein Sonderkommando, wenn Sie Jenny lebend wieder sehen wollen. Ich werde Ihnen gleich ein paar Fragen stellen. Und ich rate Ihnen, gut zu überlegen, ob Sie mich anlügen und damit Jennifers Leben riskieren wollen. Ich bin kein Amateur, der nicht weiß, wie so eine Polizeiaktion geplant und ausgeführt wird. Haben Sie das?«

»Ja.«

»Okay. Erste Frage: Stehen Sie mit Austin in Sprechverbindung?«

»Ja.«

»Walkie-Talkie?«

»Nein.«

»Wanze?«

»Ja.«

»Kann Austin hören, was Sie sagen?«

»Ja.«

»Tragen Sie die Wanze bei sich?«

»Ja.«

»Ist sie leicht zu entfernen?«

»Ja.«

»Okay, darauf kommen wir später noch mal zurück. Geben Sie dem Bullen erst mal was zu kauen, damit er nicht misstrauisch wird. Und zwar sagen Sie gleich: ›Bakersfield? Ist das nicht unten bei Los Angeles?... Himmel, das ist ja eine Fahrt von sechs, sieben Stunden.‹ Los, wiederhole!«

Mike McCoy folgte dem Befehl.

Charley lachte. »Weiter im Text. Der Wagen ist mit Peilsender gespickt, stimmt's?«

»Ja.«

»Einer?«

»Ja.«

»Lügen Sie mich nicht an!«, zischte der Gangster. »Kein Bulle lässt Sie ohne einen zweiten Reservesender losziehen. Habe ich Recht?«

»Ja.«

»Dieser zweite Sender klebt nicht am Wagen, stimmt's?«
»Ja.«
»Dann muss er im Geldkoffer versteckt sein.«
»Ja.«
»Ist er aktiviert?«
»Nein.«
»Hören Sie jetzt gut zu, McCoy. Gleich wird ein junger Schwarzer aus der Bar schräg gegenüber von der Zelle kommen. Er wird Ihnen ein auf Empfang geschaltetes Walkie-Talkie geben, das wie ein Walkman aussieht. Sie werden es sich um den Hals hängen. Von diesem Moment an höre ich jeden Ihrer Atemzüge. Sollten Sie an dem Ding herumfummeln, können Sie sich schon mal einen Spruch für eine Kranzschleife ausdenken, klar?«
»Ja.«
»Wunderbar. Wenn Sie sich das Walkie-Talkie umgehängt haben, händigen Sie dem Schwarzen die Polizeiwanze und den Peilsender aus. Daraufhin wird er Ihnen ein Briefkuvert geben, das weitere Anweisungen enthält. Und noch etwas: Keiner von Ihnen wird dabei auch nur ein Wort reden! Der Schwarze gehört selbstverständlich nicht zu meinen Männern, McCoy. Er tut nur, wofür er bezahlt wird. Ihn ausquetschen zu wollen, wäre absolut sinnlos... und würde Jennys Tod zur Folge haben, verstanden?«
»Ja.«
»Sagen Sie jetzt laut und deutlich: ›Ja, ich bin einverstanden. Gut, treffen wir uns auf dem Truck-Stop an der Interstate 95... In Ordnung... Ich fahre sofort los...‹ Und sowie Sie das Walkie-Talkie haben, hängen Sie ein. Los jetzt!«

Mike McCoy wusste, dass ihm keine andere Wahl blieb. Und kaum hatte er den Truck-Stop erwähnt, als ein vielleicht achtzehnjähriger Schwarzer aus der gegenüberliegenden Bar trat und zu ihm kam. Er hatte Turnschuhe an, sodass keine

Schritte zu hören waren, und er hatte eine Leinentasche umhängen.

Schweigend reichte ihm der Schwarze das Walkie-Talkie, das auf Empfang gestellt war. McCoy hängte sich das flache, leichte Gerät um den Hals und legte auf. Dann gab er dem Boten den Kugelschreiber. Der Neger holte einen Kassettenrekorder und eine Rolle Tesafilm aus seiner Tasche. Er klebte den Wanzenkuli mit Tesa seitlich an den Rekorder und drückte dann die Abspieltaste. Aus dem Lautsprecher drang das Schlagen einer Wagentür. Ein Motor sprang an und beschleunigte; Verkehrsgeräusche waren zu hören. Austin würde die Geräusche zweifellos für die des Ford Mustang halten.

Der Schwarze sah ihn fragend an und deutete auf das Cabrio. McCoy verstand, ging zum rechten Kotflügel und entfernte den magnetisch haftenden Peilsender.

Der Schwarze nickte, reichte ihm einen verschlossenen Briefumschlag und lief die Straße hoch. Der Privatdetektiv blickte ihm nach, und als er die große Neonreklame des Busbahnhofes der Greyhound-Linie sah, wusste er, dass Sergeant Austin bald ahnungslos dem Expressbus San Francisco-Los Angeles folgen würde. Nein, Charley war in der Tat kein blutiger Anfänger.

Mike McCoy riss den Briefumschlag auf. Ein Zimmerschlüssel des exklusiven Hotels *Hyatt Regency* fiel ihm entgegen. Er trug die Nummer 408. Und die Nachricht auf dem beigefügten Hotelbriefbogen besagte:

> Sie fahren auf der Stelle zum HR. Parken Wagen vor Haupteingang. Legen Wagenschlüssel und Papiere in Aschenbecher. Sie nehmen Geldkoffer und kommen in Zimmer Nr. 408. Zimmer ist auf Namen McCoy eingetragen und bezahlt. Alles Weitere dort. Keine Tricks. Werden ständig beobachtet, Schnüffler!... Sagen Sie laut und deutlich »Verstanden!« und fah-

ren Sie los. Und vergessen Sie nicht, dass wir Jennifer Blake haben!

Mike McCoy knüllte den Briefbogen in ohnmächtiger Wut zusammen. »Verstanden!«, stieß er hervor und ließ den Motor aufheulen. Und während er zum Hotel fuhr, das am Embarcadero lag, jagten sich die Gedanken hinter seiner Stirn. Er suchte nach einem Ausweg aus dieser tödlichen Sackgasse, in die er und Jenny geraten waren.

Der Hoteleingang im vierten Stock lag ausgestorben vor ihm. Vor Zimmer 408 setzte Mike McCoy den schweren Koffer ab. Mit der Linken schloss er vorsichtig auf, während seine Rechte den Revolver in der Tasche der bauschigen Lederjacke schussbereit umklammert hielt. Falls man ihn hier überrumpeln und um die 750 000 Dollar erleichtern wollte, würde er nicht unvorbereitet sein.

Er stieß die Tür auf. Und fast hätte er den Finger um den Abzug gekrümmt. Doch das, was in der ersten Schrecksekunde wie eine auf die Tür gerichtete Waffe aussah, war in Wirklichkeit eine Funkvideokamera auf einem Stativ.

Mike McCoy atmete tief durch. Niemand hielt sich im Zimmer auf. Alle Schranktüren standen weit offen, ebenso die Tür zum Bad.

Er schob den Koffer ins Zimmer, verriegelte die Tür hinter sich und bemerkte mit Verwunderung, dass auf dem Bett Kleidungsstücke und Sandalen von ihm lagen.

Das Telefon neben dem Bett klingelte. Ohne den Revolver aus der Hand zu legen, hob er ab.

Es war Charley. »Sie können den Ballermann wieder sichern, Schnüffler. Sie sind allein im Zimmer. Und Sie vermuten richtig: Ich habe Sie hier vor mir auf dem Bild. Die Froschlinse erfasst das ganze Zimmer vor der Kamera. Sie werden sich jetzt auf eine Höhe mit der Badezimmertür stellen und sich ausziehen, McCoy. Und zwar splitternackt. Ich bin nicht pervers, ich gehe nur auf Nummer sicher. Werfen Sie jedes Kleidungsstück ins Bad. Wenn Sie nackt sind, schließen Sie die Tür zum Bad und ziehen die Sachen an, die auf dem Bett liegen. Wir haben an alles gedacht. Frische Unterwäsche, Socken, Schuhe – alles ist da und von uns auf Wanzen und Peilsender untersucht worden. Wenn Sie diese Klamotten tragen, wissen wir, dass Sie sauber sind. Anschließend können wir uns über das Geschäftliche unterhalten. Sie haben zehn Sekunden, sich zu entscheiden. Wenn Sie bis dahin nicht mit dem Strip angefangen haben, unterbreche ich Telefonleitung und Videoübertragung und schicke Jennifer zur Hölle. Wie ich schon sagte, McCoy, ich gehe auf Nummer sicher. Okay, die Zeit läuft. Zehn ... neun ... acht ...«

Mike McCoys Gesicht war wie aus Granit gemeißelt: kalt, düster und unbeweglich. Doch er begann, sich auszuziehen. Er schleuderte alles ins Bad, knallte die Tür zu und zog die Sachen an, die für ihn auf dem Bett bereitlagen. Dann griff er wieder zum Hörer.

Seine angestaute Wut entlud sich in einem heftigen Ausbruch: »Ich bringe Sie um, Sie verdammter Schweinehund! Sollten Sie Jenny auch nur ein Haar krümmen, ist das Ihr eigenes Todesurteil. Wie clever Sie auch sein mögen, ich werde Sie finden und ...«

»Halten Sie die Luft an!«, fiel ihm der Gangster ins Wort. »Gar nichts wird ihr passieren, wenn Sie tun, was ich Ihnen sage, Mann! Sie kann keinen von uns den Bullen beschreiben. Es besteht also kein Grund, sie umzulegen, Schnüffler. Es sei denn, Sie versuchen irgendwelche krummen Touren. Ich will das Geld, McCoy. Mehr nicht!«

»Wo findet der Austausch statt?«

»Das erfahren Sie während der Fahrt. Packen Sie das Geld in den Koffer um, der auf dem Bett liegt. Dann verlassen Sie das Hotel durch den Ausgang zum Embarcadero. Auf der anderen Straßenseite steht ein schwarzer Ford Escort. Der Wagen ist von Avis gemietet. Papiere, Schlüssel und ein sendestarkes Walkie-Talkie finden Sie im Koffer. Sie fahren von hier aus ohne Umwege über die Golden Gate und folgen der Interstate 101 nach Norden. Bleiben Sie auf Empfang. Wir nehmen Kontakt mit Ihnen auf. Ende.« Er unterbrach die Verbindung, ohne eine Antwort abzuwarten. So sicher war er sich seiner Sache.

Den Revolver in der rechten Hand, lenkte Mike McCoy den Ford Escort über den holprigen Weg. Weit und breit war kein Licht zu sehen. Nirgends ein Haus. Hohe Sträucher standen rechts und links der unbefestigten Straße. Das Wasser war nahe. Er konnte es förmlich riechen. Der Weg führte zu irgendeiner gottverlassenen Bucht an der San Pablo Bay, die sich im Norden der San Francisco Bay erstreckt.

Augenblicke später lag die Bucht vor ihm. Die Scheinwerfer erfassten zwei halb verfallene Lagerschuppen und ein breites Pier, das mindestens fünfzig, sechzig Meter aufs Wasser hinausführte. Die Bucht war klein, lang gezogen wie ein sich zur See hin schließender Flaschenhals. Die beiden hügeligen Ufer waren bewaldet.

Mike McCoy trat auf die Bremse und schaltete die Scheinwerfer aus. Die Umrisse einer Hochsee-Motorjacht, die weit draußen am Ende der Bucht vor Anker lag, hoben sich vom bewölkten Nachthimmel ab. Mit Ausnahme der Positionsleuchten brannte kein Licht auf dem Schiff.

»Okay, hier ist also Endstation«, sagte McCoy in das Walkie-Talkie. »Bringen wir das Geschäft hinter uns, Charley!«

»Unten am Pier liegt ein Schlauchboot vertäut…«

Mike McCoy wollte nichts mehr davon hören und schaltete per Daumendruck auf Sendung. »Mir reicht's, Charley!«, sagte er mühsam beherrscht. »Über eine Stunde dirigieren Sie mich schon kreuz und quer durch das Hinterland. Ich habe genug. Ich lasse mich auf keinen Kuhhandel ein. Vergessen Sie das Motorboot! Bringen Sie Jenny zum Pier. Allein. Und dann können Sie die 750 000 kassieren!«

Spöttisches Lachen drang aus dem Minilautsprecher. »Haben Sie Angst, ich könnte Sie von einem Heckenschützen umlegen lassen? Mein Gott, wenn ich das gewollt hätte, hätte ich dafür schon zehnmal Gelegenheit gehabt. Nein, der Austausch findet auf neutralem Boden statt. Genau zwischen dem Pier und der Jacht schwimmt ein Holzponton im Wasser. Einer meiner Männer wird Jenny auf den Ponton bringen und zur Jacht zurückkehren. Dann nehmen Sie das Schlauchboot, kommen zum Ponton, stellen den Geldkoffer ab, laden Ihre Jenny ein und verschwinden. Ja oder nein, McCoy? Ich lasse nicht mit mir handeln. Und bilden Sie sich nicht ein, Sie könnten herausfinden, wie die Jacht hier heißt und wem sie gehört. Ich habe auch für den Fall Vorkehrungen getroffen. Wie gesagt, ich bin kein Amateur. Also, was ist?«

Mike McCoy überlegte angestrengt. »Okay, aber ich warne Sie, Charley. Ich werde den Geldkoffer mit Benzin überschütten und den Reservekanister mit offenem Verschluss direkt daneben stellen. Was immer Sie auch versuchen, ich werde noch Zeit genug haben, um auf den Kanister zu feuern und den Koffer in Brand zu setzen. Das Geld wird verbrannt sein, bevor jemand da ist, um das Feuer zu löschen.«

»Okay, aber wenn Sie zu nervös sind und das Geld zufällig in Flammen aufgeht, stirbt sie!«, warnte Charley.

Mike McCoy fuhr zum Pier hinunter und beobachtete, wie auf der Jacht ein Boot zu Wasser gelassen wurde. Zwei Gestalten konnte er ausmachen. Er hörte das Geräusch des Außenbordmotors. Kurz darauf legte das Boot am Ponton an. Jemand kletterte auf die schwimmende Plattform und blieb aufrecht stehen. Ein starker Handstrahler leuchtete auf und tauchte die Gestalt in helles Licht. Es war Jenny. Man hatte ihr die Augen verbunden und die Hände gefesselt.

»Jetzt sind Sie an der Reihe«, forderte Charley ihn auf, als das Boot zur Jacht zurückgekehrt war.

Der Privatdetektiv zerrte den Reservekanister hinter der Rückbank hervor und goss ein, zwei Liter über und in den Geldkoffer. Anschließend band er den Griff des offenen Kanisters mit seinem Gürtel an den des Koffers, um beides mit einer Hand tragen zu können. Dann schleppte er die schwere Last zu der Stelle, wo das Schlauchboot lag. Er bewegte sich ganz langsam, die Waffe im Anschlag und auf verdächtige Geräusche lauschend. Sein Herz schlug in einem schnellen, wilden Rhythmus. Er spürte die Gefahr. Irgendwo lauerte sie, er wusste es. Dennoch ging er weiter. Er dachte an Jenny. Alles, was in seiner Macht stand, um sie zu retten, musste er tun.

Er streifte die offenen Schuhe im Gehen ab, stellte Geldkoffer und Benzinkanister ins Boot und löste die Leine. Er zog das Schlauchboot in knietiefes Wasser und warf den Motor an.

Es passierte, als er sich ins Boot schwang. Er hörte ein merkwürdiges, scharfes Zischen in seinem Rücken und warf sich herum. Sein Blick erfasste zwischen den Stützpfeilern des Piers die Silhouette einer Gestalt in einem schwarzen Anzug. Ein Taucher hatte hier auf ihn gelauert!

Mike McCoy sah die Harpune in der Hand des Mannes und im nächsten Augenblick traf ihn etwas am Kopf. Er schrie auf, verlor das Gleichgewicht und fiel ins Wasser. Die dunklen Fluten schlugen über ihm zusammen. Und das Letzte, was ihm noch einfiel, waren Charleys Worte, die ihn hätten warnen sollen: »Ich gehe immer auf Nummer sicher, Schnüffler!«

Ein Glückspilz wie Lucky

Mit schmerzenden Knochen und in Schweiß gebadet, so kauerte Lucky im engen Versteck hinter den Rücksitzen vom Ford Mustang. Es hatte ihn eine ganze Nacht und einen halben Tag harter Arbeit gekostet, den Kofferraum durch eine vorgezogene Trennwand zu verkleinern und dadurch einen Hohlraum zu schaffen. In der Mitte der Rückbank, die sich nur vom dahinter liegenden Versteck aus nach vorn klappen ließ, hatte er einen schmalen Sehschlitz eingebaut.

Dieses geheime Versteck einzubauen und ohne McCoys Wissen mitzufahren, hatte er für eine geniale Idee gehalten. Doch seit sein Freund im *Hyatt Regency* verschwunden war und dieser schwarzhaarige Mexikaner seinen Platz hinter dem Steuer eingenommen hatte, war er sich dessen nicht mehr so sicher. Alles tat ihm weh. Und überall am Körper hatte er blaue Flecken, denn der Kerl hatte einen wüsten Fahrstil. Er riss den Mustang brutal in die Kurven, beschleunigte ruckhaft und bremste so gefühlvoll wie ein Elefant.

Lucky verlor völlig das Gefühl für die Zeit. Er zermarterte sich das Gehirn, was wohl aus McCoy geworden war und wohin ihn der Mexikaner brachte. Und immer wieder tastete er nach seiner schweren Automatik. Was auch geschah, er würde sein Leben teuer verkaufen.

Plötzlich bog der Schwarzhaarige von der asphaltierten Straße ab. Lucky wurde durchgerüttelt und musste sich gegen die Seitenwände stemmen, um nicht pausenlos hin und her geworfen zu werden. Dann wurde der Wagen langsamer.

Lucky schob die Blende des Sehschlitzes hoch. Doch alles, was er ausmachen konnte, war ein schwaches, tanzendes Licht sowie eine Schuppenwand. Dann sah er, wie eine breite

Tür aufschwang. Der Ford Mustang rollte in den Schuppen. Und der Motor erstarb.

»Bist du auch sicher, dass der Wagen sauber ist?«, hörte Lucky jemand fragen.

»Der Schnüffler hat die Wahrheit gesagt, Steve. Der Mustang hatte nur einen Peilsender am Blech«, antwortete der Mexikaner und stieg aus. »Bin mit dem Funkdetektor um den Wagen gegangen. Absolut kein Ausschlag auf der Skala. Die Karre ist sauber. Aber wenn du willst... hier... überzeug dich selbst davon.«

Lucky beobachtete durch den Spalt, wie der Mexikaner ein Gerät vom Nebensitz nahm, das so groß wie ein Kofferradio war. Offenbar ein elektronischer Detektor, der Funksignale nachweisen konnte.

Der Mann namens Steve ging ganz langsam um den Wagen herum. Schließlich hörte Lucky ihn sagen: »Okay, sauber, Romero.«

»Was hast du erwartet, Steve? Dass ich die Bullen zu uns einlade? Ich bin nicht so ein verdammter Amateur wie Leslie.«

»Kein Grund, sich aufzuregen.«

Der Mexikaner trat mit dem Schuh gegen den Ford. »Sollen wir die Kiste nicht besser sofort versenken?«

Lucky bekam einen Heidenschreck.

»Nachher. Der Boss erwartet uns an Bord.«

»Was ist mit dem Geld und dem Schnüffler?«, wollte der Mexikaner wissen, während er sich mit seinem Komplizen vom Wagen entfernte.

»Haben beides aus dem Wasser gefischt, Romero«, sagte Steve mit einem spöttischen Lachen. »Doch der Schnüffler wird wieder zu den Fischen zurückkehren.«

Eine Tür schlug zu und die Stimmen der beiden Gangster entfernten sich. Beklemmende Stille trat ein. Lucky wartete mehrere Minuten. Doch es blieb still um ihn herum. Jetzt erst wagte er es, die Halterungen der Sitzbank zu lösen. Vorsichtig klappte er sie nach vorn und kroch aus seinem Versteck, die schwere Automatik schussbereit in der Hand.

Es war dunkel. Der Ford Mustang stand in einem Lagerschuppen, der nach Fisch stank. Lucky atmete tief durch und reckte sich. Hemd und Hose klebten ihm am Körper.

Auf Zehenspitzen schlich er zum Schuppentor. Die Gangster fühlten sich so sicher, dass sie sich noch nicht einmal die Mühe gemacht hatten, das Tor zu verriegeln. Er drückte es einen Spalt auf – und sah auf einen langen Pier und eine Bucht, in der eine große Motorjacht ankerte. Licht fiel durch die zugezogenen Gardinen auf der Kommandobrücke in die Nacht.

Lucky starrte zur Jacht hinüber. Mike war dort drüben. Und er musste ihn da heraushauen. Aber wie? Jetzt musste ihm etwas *wirklich* Geniales einfallen, wenn Mike nicht bei den Fischen landen sollte...

Als Mike McCoy die Augen aufschlug und den Albino sah, wusste er sofort, was ihn erwartete – der Tod. Der Gangsterboss hätte sich ihm nicht unmaskiert gezeigt, wenn er ihn hätte lebend davonkommen lassen wollen.

»Fargo, nicht wahr?«, stieß der Privatdetektiv mit heiserer Stimme hervor und tastete über die Beule am Kopf, wo ihn das Harpunengeschoss mit der stumpfen Spitze getroffen hatte. Er registrierte, dass er klitschnass war und in einem Korbsessel mit hoher Rückenlehne saß.

Mit einem schnellen Blick erfasste er die geräumige Kommandobrücke. Jenny saß rechts von ihm, gleichfalls in einem Korbsessel. Ihr Gesicht war grau vor Angst, doch sie hatte sich unter Kontrolle. Fargo lehnte, mit einem Glas in der Hand, am Ruderstand. Links von ihm, am Durchgang zum Achterdeck der Jacht, stand ein hoch aufgeschossener, hagerer Bursche mit einer schalldämpferbewehrten Pistole. Die Waffe war auf ihn gerichtet.

Der Albino nickte. »Ja, Fargo. Ersparen Sie sich die Mühe, mir weismachen zu wollen, die Bullen wüssten alles über mich. Ich habe alle Telefongespräche abgehört. Und ich weiß, dass sie gar nichts wissen, McCoy. Und keiner wird ihnen etwas flüstern. Dafür werde ich Sorge tragen.«

»O Gott, Mike«, brachte Jenny mit zitternder Stimme hervor. »Das wollte ich nicht ... bitte ... ver ...«

Fargo brachte sie mit einem kalten Blick und einer knappen, herrischen Handbewegung zum Schweigen.

»Warum dann das ganze Theater?«, fragte McCoy.

»Weil ich auf Nummer sicher gehe und nichts dem Zufall überlasse.«

»Sie können uns beide nicht einfach verschwinden lassen«, sagte der Privatdetektiv in der Hoffnung, den Verbrecher in ein Gespräch verwickeln zu können. Er brauchte Zeit, um einen klaren Kopf zu bekommen und das Gefühl der Schwäche zu überwinden. »Mag sein, dass gegen Sie keine Beweise vorliegen, aber man verdächtigt Sie. Und zwei Morde ...«

Fargo lächelte abschätzig. »Wer spricht hier von zwei Morden? Genau das, was Sie nicht für möglich halten, wird passieren – Sie beide werden spurlos verschwinden. Genauso wie die Containerladung.«

»Eine Containerladung verschwindet genauso wenig spurlos wie zwei Menschen. Es ist nur Ihr Größenwahn, der Sie das glauben lässt. Es bleiben immer Spuren zurück«, widersprach McCoy, der Fargo provozieren wollte.

Es schien, als hätte Fargo nur auf dieses Stichwort gewartet. Er nahm einen Revolver von der Ablage. »Kommen Sie, ich will Ihnen demonstrieren, wie leicht man etwas verschwinden lassen kann, wenn man nur seiner Fantasie freien Lauf lässt. Skinny?«

Der hagere Mann straffte sich. »Ja, Boss.«

»Sollte einer von unseren Gästen eine unbedachte Bewegung machen, feuerst du ohne Warnung!«, befahl Fargo.

Skinny nickte mit unbewegter Miene. »Klar, Boss.« Er zog die Schiebetür auf und stieg die Treppe zum Achterdeck hinab, wo seine Komplizen Kirk und Romero warteten. Mike McCoy und Jenny folgten seinem Beispiel. Skinny und Fargo ließen sie auch nicht eine Sekunde aus den Augen.

»Gib Steve das Zeichen!«, befahl Fargo dem Mexikaner.

Romero richtete eine Taschenlampe auf Steve, der in voller Taucherausrüstung auf der Kante des Pontons saß, und ließ sie zweimal kurz aufleuchten. Steve hob den Arm, stieß sich ab und war im nächsten Moment untergetaucht.

Und während sie warteten, sagte Fargo selbstsicher: »Sie werden natürlich nicht ganz spurlos verschwinden, McCoy. Ich werde ein paar Spuren für die Polizei auslegen. Und man wird vermuten, dass Sie der Verlockung von 750 000 Dollar in bar nicht hatten widerstehen können und sich nach Südamerika abgesetzt haben. Meinen Sie nicht auch, dass dieser Mister Kinley und Sergeant Austin Ihnen das ohne weiteres zutrauen werden?«

»Möglich«, murmelte Mike McCoy beklommen. »Aber niemand wird glauben, dass Jenny mit mir durchgebrannt ist!«

Fargo lächelte. »Lassen Sie das meine Sorge sein, McCoy. Meine Fantasie ist auf diesem Gebiet grenzenlos. Mir wird schon etwas Passendes einfallen...«

Ein Unterwasserscheinwerfer flammte auf. Und von der Jacht aus waren die Luftblasen deutlich zu sehen, die aus der Tiefe perlend zur Oberfläche hochstiegen. Und dann tauchte auf einmal ein silbergrauer Aluminiumcontainer auf und schwamm im Lichtkreis des Unterwasserstrahlers. Ein breiter, gelber Plastikring mit dem Durchmesser einer Abfalltonne umgab den Container.

»Das ist eine von den zwanzig Mikrochipskisten«, erklärte Fargo stolz. »Die Kisten sind wasserdicht verpackt und liegen da unten unter einem Tarnnetz. Um die Container zu heben, braucht man nur diese speziellen Bergungsschläuche. Sie unter Wasser an einen Sauerstofftank anzuschließen und aufzublasen, ist eine Kleinigkeit, McCoy. Und den Rest besorgen die Gesetze der Physik. Sehen Sie, so leicht kann man die gesamte Ladung eines Schwerlasters auftauchen ... und wieder verschwinden lassen.«

Kirk gab Steve ein Lichtzeichen. Daraufhin öffnete dieser die Luftventile der Schläuche, und der Container begann, wieder zu sinken.

»Sag Steve, wenn er zurückkommt, dass er den Ford Escort in den Schuppen bringen soll«, sagte Fargo zu Romero. »Einer von euch stellt den Wagen nachher am Flughafen ab.«

Der Privatdetektiv spürte die Nähe des Todes. Fargo hatte ihm seine Überlegenheit demonstriert und seinen Triumph gehabt. Und jetzt gab es keinen Grund mehr, sie länger leben zu lassen.

Doch es war Jenny, die die rettende Idee hatte, wie sie eine Gnadenfrist gewinnen konnten. »Wenn Sie mich und Mike töten, verschenken Sie Millionen! Mein Vater zahlt Ihnen Lösegeld!«

»Ihr Vater?« Fargo hob ungläubig die Brauen.

»Mein Vater ist Multimillionär«, sprudelte Jenny hervor. »Ihm gehört in Napa Valley ein riesiges Weingut. Und er ist auch noch an anderen Unternehmen beteiligt. Es ist die Wahrheit! Er wird für uns zahlen!«

»Jennys Vater ist so reich, dass er Ihre Jacht als Beiboot für seinen Dampfer kaufen könnte«, sagte Mike McCoy mit Galgenhumor.

Fargo zögerte.

»He, Boss«, mischte sich nun Romero ein, »die Gans, die

goldene Eier legt, schlachtet man nicht. Kostet doch nichts, herauszufinden, was an der Geschichte dran ist. Und umlegen können wir sie doch immer noch.«

»So sehe ich das auch«, pflichtete Skinny ihm bei.

Der Albino zuckte die Achseln. »Okay, bringt sie in den Salon. Wir werden die Wahrheit schnell aus ihnen herausholen...«

Lucky hatte Hemd und Schuhe ausgezogen und die Automatik in einen öligen Lappen gewickelt, den er im Schuppen gefunden hatte. Er hatte sich entschlossen, nicht länger zu warten und zur Jacht hinüberzuschwimmen. Vielleicht gelang es ihm, unbemerkt an Bord zu klettern.

Er wollte aus dem Schuppen schleichen, blieb jedoch wie angewurzelt stehen, als er den Taucher am Pier aus dem Wasser kommen sah. Der Mann legte Flossen, Maske und Bleigurt auf die Bohlen und öffnete den Gurt des Presslufttauchgeräts, das er auf dem Rücken trug. Dann ging er auf den Lagerschuppen zu.

Lucky wich hastig von der Tür zurück. Er kauerte sich hinter den Ford Mustang und wickelte die Automatik aus dem Lappen. Wenn ihn der Gangster hier entdeckte und ein Schuss fiel, war McCoys Leben keinen ausgelaugten Hering mehr wert. Die Verbrecher auf der Jacht würden gewarnt sein.

Lucky hielt den Atem an. Knarrend schwang das Tor auf. Doch dann entfernten sich die Schritte wieder. Als der Motor des Ford Escort ansprang, wusste er, was der Gangster hier wollte – und was er, Lucky der Geniale, zu tun hatte.

Die Scheinwerfer glitten über das Cabrio, als Steve den Escort in den Schuppen fuhr. Kaum rollte der Mietwagen neben den Mustang, als Lucky die Seite wechselte. Er lag zwischen den beiden Wagen flach am Boden, als der Gangster Motor und Scheinwerfer ausschaltete, ausstieg und zum Ausgang ging.

Lucky sprang auf, als ihm der Mann im Taucheranzug den Rücken zukehrte. Mit der linken Hand presste er ihm den Öllappen vor den Mund, während er mit der rechten die Automatik schwang.

»Die Nacht ist zum Schlafen da, Froschmann!«, raunte Lucky und schlug mit dem Knauf der Waffe zu.

Der Gangster gab nur einen erstickten Laut von sich und sackte bewusstlos in sich zusammen. Lucky fing ihn auf, zog ihn weiter zurück in den Schuppen und ließ ihn zu Boden gleiten. Ihm den Taucheranzug vom Körper zu zerren, war kein leichtes Stück Arbeit. Aber fast noch schwerer fiel es Lucky, nun selbst diesen Schutzanzug aus Neopren anzuziehen. Ihm brach der Schweiß aus. Doch endlich hatte er Hose und Jacke an. Seine Automatik ließ er zurück. Der Gangster hatte seinen Revolver in einer wasserdichten Plastiktasche an der Hüfte getragen, die er sich nun anlegte.

»Na, dann auf in die Höhle des Löwen... oder besser der Kojoten«, brummte Lucky, trat aus dem Schuppen, schloss das Tor und ging zum Pier hinunter. Er zwang sich, ohne Hast Flossen, Bleigurt, Maske und Tauchgerät anzulegen. Er öffnete die Luftzufuhr, biss auf das Gummistück der Atemautomatik und watschelte ins Wasser, das belebend kühl war. Langsam schwamm er auf die Jacht zu. Er erreichte die Schwimmplattform am Heck des Bootes und zog sich hinauf.

»Ich dachte schon, du würdest gar nicht mehr zurückkommen, Steve!«, rief ihm jemand oben von der Heckreling zu. »Du kannst mir deine Klamotten anreichen.«

Lucky blickte nicht hoch. Er hatte den Gangster an der Stimme erkannt. Es war der Mexikaner. Schnell streifte er die Flossen ab und warf sie an Deck, um den Gangster von sich abzulenken. Mit den Pressluftflaschen auf dem Rücken und der Maske auf dem Gesicht kletterte er nun die Leiter hoch.

Er schwang sich über die Reling und suchte das Deck ab.

Außer dem Mexikaner hielt sich hier niemand auf. Sein Blick fiel auf die Schiebetüren des Salons. Die rechte stand offen, doch die Gardinen waren vorgezogen. Aber er konnte gedämpfte Stimmen hören. Vorsichtig tastete er nach dem Revolver, während er mit der anderen Hand den Gurt mit den Bleigewichten löste.

»Wo sind die anderen?«, fragte Lucky, ohne das Mundstück des Atemgerätes wegzutun. Er hoffte, das würde seine Stimme hinreichend entfremden, sodass der Mexikaner nicht misstrauisch wurde.

»Im Salon«, antwortete Romero. »Fargo quetscht den Schnüffler und die kleine Schwarze aus. Mann, das hast du ja gar nicht mitbekommen, Amigo. Diese Jenny hat behauptet, das einzige Kind eines Multimillionärs zu sein und ...«

»Jenny?«, stieß Lucky erschrocken hervor und wusste im selben Augenblick, dass er einen schwerwiegenden Fehler gemacht hatte. Und ohne eine Sekunde zu zögern, wirbelte er auf der Stelle herum und schwang den Bleigurt und erwischte damit den Mexikaner. Doch diesmal ging es nicht lautlos vor sich.

Romero stieß einen erstickten Schrei aus, und Lucky wusste, dass er jetzt blitzschnell handeln musste. Ohne sich um den Mexikaner zu kümmern, der wie ein Sack auf die Decksplanken stürzte, rannte er auf die Salontüren zu. Im Laufen öffnete er den Schultergurt, riss das schwere Tauchgerät von den Schultern und schleuderte es mit aller Kraft gegen die linke Glasfront. Seine einzige Chance war es, einen winzigen Vorsprung zu gewinnen, indem er die Schrecksekunde ausnützte.

Die hohen, getönten Scheiben verwandelten sich in ein Meer von Splittern. Und das Bersten der doppelten Glastüren klang wie eine schwere Explosion.

Lucky stürmte schreiend und mit entsichertem Revolver in den Salon, fegte den Vorhang zur Seite und riss sich mit der freien Hand die Maske vom Gesicht. Er sah links von sich einen bulligen Mann und schleuderte ihm die Maske mit großer Wucht vor die Stirn. Lucky spürte Bärenkräfte in sich. Er war entschlossen, alles zu tun, um seine Freunde vom Tod zu retten.

Kirk Brennan schrie vor Schmerz auf, taumelte rückwärts, stieß gegen das Tauchgerät und stürzte in die Glasscherben.

»Polizei! Die Bucht ist abgeriegelt, Fargo!«, brüllte Lucky, so laut er konnte, schon um sich selbst Mut zu machen. Und er feuerte zweimal. Die Kugeln klatschten in die Decke und die Schüsse hallten schmerzhaft in den Ohren nach.

Skinny riss seinen Revolver herum und wollte abdrücken. Doch da war Mike McCoy schon bei ihm. Als die Glastüren zerbarsten, war er instinktiv aufgesprungen. Er warf sich auf ihn.

Skinny drückte ab, verriss den Schuss – und Fargo schrie gellend auf, während er herumgeschleudert wurde und über dem Telefontisch zusammenbrach. Die Kugel seines Komplizen hatte ihn getroffen.

McCoy schlug Skinny den Revolver aus der Hand und packte ihn an der Jacke. »Dein letzter Höhenflug für die nächsten zwanzig Jahre!«, stieß er hervor und schleuderte ihn quer durch den Raum. Skinny riss mehrere Möbelstücke um, bevor die Bordbar seinem unfreiwilligen Flug ein unsanftes und abruptes Ende bereitete.

Lucky hatte sich indessen um Kirk Brennan gekümmert. Der Gangster lag regungslos im Scherbenmeer und starrte entsetzt in die Revolvermündung. Sein Augenlid zuckte wild.

Mike McCoy hob Skinnys Waffe auf. Er fühlte sich merkwürdig benommen, obwohl seine Gedanken klar waren. Noch vor wenigen Minuten hatten sie den Tod vor Augen gehabt. Und plötzlich gehörte diese schreckliche Angst der Vergangenheit an.

Sie waren gerettet. Und das Unternehmen Barrakuda war gescheitert. Lucky hatte eine unabwendbar erscheinende Niederlage in einen Triumph auf ganzer Linie verwandelt. Fargo und seine Komplizen waren überwältigt, die Kisten mit den Mikrochips und die 750 000 Dollar sichergestellt. Der Fall war abgeschlossen.

Es war plötzlich sehr still geworden.

Jenny erhob sich ein wenig unsicher aus dem Sessel. Sie schüttelte den Kopf. Alles war so unglaublich schnell gegangen. Der schreckliche Albtraum hatte ein Ende. Sie blickte Lucky an, Tränen in den Augen. »Ich weiß nicht, wie du das gemacht hast, Lucky. Aber dich hat der Himmel geschickt.«

Mike McCoy nickte nur. Ihm fehlten die Worte. Er war dankbar und auch irgendwie stolz, einen Freund wie Lucky zu haben, egal, was für Fehler dieser auch hatte.

Die schreckliche Anspannung wich von Lucky. Und er grinste plötzlich. »Sagt mal, war das alles?«, fragte er großspurig und war wieder ganz der alte Sprücheklopfer. »Und damit seid ihr nicht allein fertig geworden? Freunde, nehmt es mir nicht übel ... aber ihr müsst noch eine Menge lernen!«

Rainer M. Schröder
Die Falken-Saga

Europa um 1830:
Es ist die Zeit der Geheimbünde,
Erfindungen und Entdeckungsreisen.
Noch ahnt der 16-jährige Tobias Heller
nicht, in welches Abenteuer ihn der Besitz
eines ägyptischen Ebenholzstocks stürzt.
Der Stock mit dem Falkenknauf birgt ein
Geheimnis, von dem der zwielichtige Graf
von Zeppelfeld nur zu gut weiß. Eine
gefährliche Flucht durch ganz Europa
beginnt – und die Jagd nach dem Schatz
der Pharaonen ...

Band 1
Im Zeichen des Falken
OMNIBUS 20212

Band 2
Auf der Spur des Falken
OMNIBUS 20230

Band 3
Im Banne des Falken
OMNIBUS 20176

Band 4
Im Tal des Falken
OMNIBUS 20187

Die Bände der Falken-Saga
gibt es auch im Schuber:

Falken-Saga
Band 1-4
OMNIBUS 20973

www.omnibus-verlag.de

K. A. APPLEGATE

EverWorld

Die Wirklichkeit hinter der Wirklichkeit
Ab 12

Kaum hat David die rätselhafte Senna kennen gelernt, bricht seine Welt entzwei: Senna wird von der Erde verschlungen! David und seine Freunde April, Christopher und Jalil folgen Senna – und finden sich in einer von mythischen Göttern erschaffenen Welt wieder, in Everworld, dem Universum magischer Wesen, Trolle und Zauberer. Krieg, Zerstörung und List regieren. Überleben kann nur, wer jede Sekunde auf der Hut ist. Nur mit Sennas Hilfe könnten die Freunde den Rückweg in ihre Welt finden, doch Senna treibt ein undurchsichtiges Spiel ...

Band 1: Die Suche beginnt
ISBN 3-570-12588-2

Band 2: Die grausame Gottheit
ISBN 3-570-12589-0

Band 3: Der Pakt mit dem Zauberer
ISBN 3-570-12590-4

Band 4: Im Angesicht des Bösen
ISBN 3-570-12591-2

Band 5: Im Dienste des Drachen
ISBN 3-570-12592-0

Band 6: Im Land des Ka Anor
ISBN 3-570-12593-9

Band 7: Das Tor zu den Göttern
ISBN 3-570-12594-7

Band 8: Der Opfergott
ISBN 3-570-12595-5

Band 9: Im Innern der Illusion
ISBN 3-570-12596-3

Weitere Titel in Vorbereitung.

C. Bertelsmann JUGENDBUCH
www.bertelsmann-jugendbuch.de